"十三五"国家重点图书出版规划项目

城市安全风险管理丛书

编委会主任：王德学　总主编：钟志华　执行总主编：孙建平

社会心理风险与应急心理管理
Psychosocial Risk and Emergency Psychological Management

王文杰　潘晓慧　编著

同济大学出版社
Tongji University Press

图书在版编目(CIP)数据

社会心理风险与应急心理管理 / 王文杰,潘晓慧编著. —上海:同济大学出版社,2021.12
(城市安全风险管理丛书 / 钟志华总主编)
"十三五"国家重点图书出版规划项目
ISBN 978-7-5608-8670-1

Ⅰ.①社… Ⅱ.①王… ②潘… Ⅲ.①城市社会心理学—研究—中国 Ⅳ.①C912.81

中国版本图书馆 CIP 数据核字(2021)第 115525 号

"十三五"国家重点图书出版规划项目
城市安全风险管理丛书

社会心理风险与应急心理管理
Psychosocial Risk and Emergency Psychological Management
王文杰　潘晓慧　编著

出 品 人：华春荣
策划编辑：高晓辉　吕　炜　马继兰
责任编辑：李　杰
责任校对：徐逢乔
装帧设计：唐思雯

出版发行	同济大学出版社　www.tongjipress.com.cn (地址:上海市四平路1239号　邮编:200092　电话:021-65985622)
经　　销	全国各地新华书店、建筑书店、网络书店
排版制作	南京文脉图文设计制作有限公司
印　　刷	上海安枫印务有限公司
开　　本	787mm×1092mm　1/16
印　　张	12.5
字　　数	312 000
版　　次	2021年12月第1版　2021年12月第1次印刷
书　　号	ISBN 978-7-5608-8670-1
定　　价	80.00元

版权所有　侵权必究　印装问题　负责调换

内容简介

本书分别从社会心理风险的形成和应对两个维度,阐释了在百年未有之大变局、百年未有之大疫情时代背景下,构建社会心理风险管控体系的必要性和紧迫性,提出了防范社会心理风险、加强应急心理能力建设的战略思想和实践路径,初步形成了公共安全管理领域中关于社会心理风险要素研究的理论框架。

本书阐释了心理风险、心理应激、风险感知、应急心理能力建设等主要概念,汲取了政治学、社会学、经济学等诸多学科的理论成果,从"预防—感知—干预—恢复"的全链条视角,应用"理论—实践—理论"的循环认知方法展开研究论证,面向全国的应急管理与消防工作者以及公共安全治理人员,为提升全社会心理风险管控能力提供了理论与实践指导。

作者简介

王文杰

毕业于中国人民大学新闻系,广东南方应急管理研究院常务副院长、中国灾害防御协会社会心理服务专业委员会副主任委员、中国人民大学危机管理研究中心专家组专家、同济大学城市风险管理研究院特聘研究员、河南理工大学应急管理学院兼职教授、广东省应急管理专家委员会委员,是我国应急心理行为研究的先行者和应急心理能力建设的倡导者。长期从事应急管理理论研究,承担过国务院安委办和应急管理部委托的多项国家重大应急管理课题研究任务。2018年7月,发起并担任主任的中国科学院心理研究所应急心理行为应用研究中心揭牌成立,由此开启了应急心理理论建设的新里程。

潘晓慧

博士,毕业于香港城市大学,深圳大学传播学院副教授,城市治理研究院应急管理研究中心执行主任,中国应急管理学会会员。主要研究方向是政府传播、危机公关与舆情管理、社会风险治理创新以及应急管理信息化。

"城市安全风险管理丛书"编委会

编委会主任　王德学

总　主　编　钟志华

编委会副主任　徐祖远　周延礼　李逸平　方守恩　沈　骏　李东序
　　　　　　　陈兰华　吴慧娟　王晋中

执行总主编　孙建平

编委会成员　（按姓氏笔画排序）

于福林　马　骏　马坚泓　王文杰　王以中　王安石
白廷辉　乔延军　伍爱群　任纪善　刘　军　刘　坚
刘　斌　刘铁民　江小龙　李　垣　李　超　李伟民
李寿祥　杨　韬　杨引明　杨晓东　吴　兵　何品伟
张永刚　张燕平　陆文军　陈　辰　陈丽蓉　陈振林
武　浩　武景林　范　军　金福安　周　淮　周　嵘
单耀晓　胡芳亮　钟　杰　侯建设　秦宝华　顾　越
柴志坤　徐　斌　凌建明　高　欣　郭海鹏　涂辉招
黄　涛　崔明华　盖博华　鲍荣清　蔡义鸿

总序

浩荡40载，悠悠城市梦。一部改革开放砥砺奋进的历史，一段中国波澜壮阔的城市化历程。40年风雨兼程，40载沧桑巨变，中国城镇化率从1978年的17.9%提高到2017年的58.52%，城市数量由193个增加到661个（截至2017年年末），城镇人口增长近4倍，目前户籍人口超过100万的城市已经超过150个，大型、特大型城市的数量仍在不断增加，正加速形成的城市群、都市圈成为带动中国经济快速增长和参与国际经济合作与竞争的主要平台。但城市风险与城市化相伴而生，城市规模的不断扩大、人口数量的不断增长使得越来越多的城市已经或者正在成为一个庞大且复杂的运行系统，城市问题或城市危机逐渐演变成了城市风险。特别是我国用40年时间完成了西方发达国家一二百年的城市化进程，史上规模最大、速度最快的城市化基本特征，决定了我国城市安全风险更大、更集聚，一系列安全事故令人触目惊心。北京大兴区西红门镇的大火、天津港的"8·12"爆炸事故、上海"12·31"外滩踩踏事故、深圳"12·20"滑坡灾害事故等等，昭示着我们国家面临着从安全管理1.0向应急管理2.0乃至城市风险管理3.0的方向迈进的时代选择，有效防控城市中的安全风险已经成为城市发展的重要任务。

为此，党的十九大报告提出，要"坚持总体国家安全观"的基本方略，强调"统筹发展和安全，增强忧患意识，做到居安思危，是我们党治国理政的一个重大原则"，要"更加自觉地防范各种风险，坚决战胜一切在政治、经济、文化、社会等领域和自然界出现的困难和挑战"。中共中央办公厅、国务院办公厅印发的《关于推进城市安全发展的意见》，明确了城市安全发展总目标的时间表：到2020年，城市安全发展取得明显进展，建成一批与全面建成小康社会目标相适应的安全发展示范城市；在深入推进示范创建的基础上，到2035年，城市安全发展体系更加完善，安全文明程度显著提升，建成与基本实现社会主义现代化相适应的安全发展城市。

然而，受制于一直以来的习惯性思维，当前我国城市公共安全管理的重点还停留在发生事故的应急处置上，突出表现为"重应急、轻预防"，导致对风险防控的重要性认识不足，没有从城市公共安全管理战略高度对城市风险防控进行统一谋划和系统化设计。新时代要有新思路，城市安全管理迫切需要由"强化安全生产管理和监督，有效遏制重特大安全事故，完善突发事件应急管理体制"向"健全公共安全体系，完善安全生产责任制，坚决遏制重特大安全事故，提升防灾减灾救灾能力"转变，城市风险管理已经成为城市快速转型阶段的新课题、新挑战。

理论指导实践，"城市安全风险管理丛书"（以下简称"丛书"）应运而生。"丛书"结合城市安全管理应急救援与城市风险管理的具体实践，重点围绕城市运行中的传统和非传统风险等热点、痛点，对城市风险管理理论与实践进行系统化阐述，涉及城市风险管理的各个领域，涵盖城市建设、城市水资源、城市生态环境、城市地下空间、城市社会风险、城市地下管线、城市气象灾害以及城市高铁运营与维护等各个方面。"丛书"提出了城市管理新思路、新举措，虽然还未能穷尽城市风险的所有方面，但比较重要的领域基本上都有所涵盖，相信能够解城市风险管理人士之所需，对城市风险管理实践工作也具有重要的指南指引与参考借鉴作用。

"丛书"编撰汇集了行业内一批长期从事风险管理、应急救援、安全管理等领域工作或研究的业界专家、高校学者，依托同济大学丰富的教学和科研资源，完成了若干以此为指南的课题研究和实践探索。"丛书"已获批"十三五"国家重点图书出版规划项目并入选上海市文教结合"高校服务国家重大战略出版工程"项目，是一部拥有完整理论体系的教科书和有技术性、操作性的工具书。"丛书"的出版填补了城市风险管理作为新兴学科、交叉学科在系统教材上的空白，对提高城市管理理论研究、丰富城市管理内容，对提升城市风险管理水平和推进国家治理体系建设均有着重要意义。

中国工程院院士

2018 年 9 月

序

21世纪以来,重大自然灾害、事故灾难、公共卫生事件和社会安全事件经常在世界各地发生,不仅造成大量人员伤亡和经济损失,还给人们的心理造成强烈的冲击,影响人们的认知、情感、行为,甚至有可能形成大规模的心理创伤和心理危机,影响社会的稳定和发展。我国是世界上自然灾害最为严重的国家之一,当前和今后一个时期是我国各类矛盾和风险易发期,各种可以预见和难以预见的风险因素明显增多,我国经济社会转型加速进行,特别是百年变局与世纪疫情相互交织叠加,人文关怀、心理疏导、精神抚慰的任务逐渐被提上重要议事日程。

我国的应急心理研究与心理干预实践始于2003年抗击"非典"时期,2008年汶川地震后得到长足发展。2007年8月颁布的《中华人民共和国突发事件应对法》首次在法律条文中规定"制定救助、补偿、抚慰、抚恤、安置等善后工作计划并组织实施,妥善解决因处置突发事件引发的矛盾和纠纷"。2008年汶川地震后,有关法规进一步规定"地震灾区的地方各级人民政府应当组织做好救助、救治、康复、补偿、抚慰、抚恤、安置、心理援助、法律服务、公共文化服务等工作"。但是很长一段时间,我们关注的重点仅仅停留在对受灾人群的灾后心理救援,对如何防范个体和群体心理风险对社会安全造成的影响,如何加强应对重大风险挑战时救援人员的心理建设等问题的研究明显不够。

习近平总书记在一些重大灾难和事故发生后多次指示,做好伤员救治、伤亡人员家属安抚等善后工作。与此同时,他还强调注意科学施救,切实保护救援人员安全。特别是2020年习近平总书记就关心爱护参与疫情防控工作的医务人员专门作出重要指示,强调指挥调度、后勤保障要科学到位,对医务人员舒缓压力、生活保障、必要休整、精神鼓励务必及时加强落实。

事实上,面对各种灾难和重大风险挑战,无论是受灾人员,还是应急救援人员,无论是群众,还是干部,都需要加强人文关怀、心理疏导、精神抚慰,帮助各级干部和广大群众提高认识、化解疑虑、坚定信念、争取胜利。由王文杰、潘晓慧编著的《社会心理风险与应急心理管理》,顺应了新时期公共安全与应急管理发展的新态势、新要求,从积极防范化解社会心理安全风险、加强应急心理能力建设、提高灾后心理干预与重建水平等多个维度,系统地分析了目前的状况和问题,提出了有关工作原则和建设路径,为进一步推动我国社会心理风险防范和应急心理能力建设奠定了方法论基础,值得肯定和推荐。

(闪淳昌)
2021年12月18日

前言

无论是当下如火如荼地发展着的新兴政府应急管理事业还是多年来一直被学者们不断深耕的城市风险治理，其终极目标都是确保城市健康有序地发展。在探索建立健全城市风险预测和应急管理机制的同时，既要考虑提升技术的支撑力，也不能忽视社会心理的风险，尤其是社会转型期的超大城市社会心理风险，其会形成个体、群体和社会风险叠加传播的合力，极易造成从心理风险到心理危机和社会危机的渐进式演化。由社会心理风险而导致的公共安全事件虽然都是个案，但社会影响很大，对我国突发事件防范管理体制提出了新的挑战。

同时，中国不断加速的城市化进程催生了应急管理的体制机制改革，政府从事城市风险治理的职责愈显重要。如何在城市应急管理中构建政府与公众的良性互动关系，积极引导公众参与城市治理与建设，也是降低城市治理风险、提升城市应急管理现代化水平的一项重大课题。

从城市治理角度讲，社会心理风险多是由于社会转型变革触及了某些阶层、某些个人的利益，各种矛盾交织，错综复杂，不可避免地反映到人们的思想意识上，引发不同程度的心理压力。如果不及时减缓和化解这些社会心理压力，就可能造成社会与政治的高度紧张，爆发社会危机。当社会心理风险正在成为引发突发事件的重要因素之时，如何甄别和预警社会心理风险就更需要高度的科学性和专业素养。

从应急管理角度讲，社会心理安全管理主要是建立社会心理服务体系，让心理援助的机制或平台融入社会治理的具体实践。面对突发公共安全事件，良好的应急心理服务体系有助于疏导人们的心理恐慌和焦虑情绪，进而树立强大的心理防线和战胜困难的信心。例如，在灾后心理援助方面，流行病学调查发现，自然灾害造成的创伤后应激障碍以及抑郁症的发病率高于自然灾害，由于事故灾难影响的不确定性以及伴随疾病导致的生活变更，事故灾难当事人的心理问题表现得更为复杂，并有持续影响。而对于高危人群和易感人群，如特殊职业者的心理风险干预则是另一个重要议题，他们的心理疏导的缺位和负面情绪的累积得不到释放，极有可能在某个临界点突然情绪爆发并造成难以挽回的后果。

随着快节奏社会的发展，再加上现实社交媒体的"放大镜"功效，及时对相关人群进行社会心理风险干预，提高城市治理的应急心理防控能力，已经成为危机管理和公共安全管理的重要课题之一。国务院应对新型冠状病毒感染肺炎疫情联防联控机制曾多次下发通知，明确心理危机干预的指导原则，要求设立心理援助热线，并专门推出心理援助热线工作指南。显然，社会心理干预变成了城市风险治理中不可忽略的一个重要变量。

重视社会心理的引导和应急管理心理学策略的使用、加强各项心理服务工作的统筹力度和体系化建设,都需要系统的知识体系做理论指导。如何遵循人类心理行为规律来制定和实施应急管理政策和举措,进而提升应急管理和治理工作的效率,增强应急管理人文关怀,都需要探索出符合国情的政策设计。

社会心理风险和应急心理管理的理论体系包括三个重要议题:①将社会心理风险的意识培养放在城市治理和应急管理的框架下来定位;②将社会心理风险预警纳入城市风险预警系统和突发事件预警预防应对体系的建设中;③将应急救援心理能力作为考量应急指挥人员危机决策综合水平的指标之一。在具体操作上,可以利用大数据等技术来建立动态的监测体系,组织开展重大灾难公众风险感知调查,对心理、病理症状和心理行为进行分析,确立社会心理风险预警等级,适时启动应对方案;建立"专兼并重"的心理服务队伍和"平战结合"的心理干预机制,借鉴学校和公安部门制度性安排心理咨询岗位、设立标准化心理咨询室的做法,在应急管理和救援队伍中设置心理咨询岗位,提高应急救援人员心理自助、互助能力,并有针对性地提高他们的现场基本心理急救能力;同时,在应急指挥过程中建立专家支持系统,充分发挥专业团队的经验和智慧,帮助指挥人员减小决策压力,弱化"恶性压力"的负面作用,专业的心理缓释辅导和指引可以稳定指挥人员的决策情绪,提高决策水平;充分开发社会各层面、各领域的心理服务资源和专业力量,有利于全面夯实应急心理服务的社会化基础。

在应急心理能力建设上,要考虑的因素应包括:如何提高应急管理工作者的压力管理水平以及在特殊状态下的心理危机应对能力与心理创伤修复能力;如何提高灾后心理救助的能力;建立和完善应急心理干预职业以及职业培训认证体系和专业队伍;如何加强应急状态下的舆情管理能力,做好突发事件的信息发布工作,及时公布事件真相和处置情况,实现信息有效传播,争取公众的理解和支持,掌控社会舆论导向,促进事件妥善处置。

新冠肺炎疫情已经成为全球性的公共安全课题,抗击新冠肺炎疫情既是对我国社会治理能力的一次大考,也是在全国范围内大力宣导社会心理风险防范治理重要性的一次机遇。如何有效地对当下复杂的社会心理风险进行管控,如何建设符合新形势的应急心理能力和社会心理援助,以及如何将西方某些成熟的理论与本土实践相结合,这是我们当下迫切需要考虑、深思的。我们要以此为契机,切实把应急心理管理能力建设提升到新的高度,不断丰富和完善应急管理的理论体系,创新中国的应急管理实践。

本书梳理了有关应急管理心理建设的若干问题的框架和思路,启动心理学视角来研究社会心理风险管理在应急领域的应用,希望本书能在城市风险治理和政府应急管理的研究领域起到抛砖引玉的作用,促进学界进一步关注社会心理风险的冲击和影响,创新科技手段和研究方法,推动社会心理服务体系建设,完善社会治理体系,提升社会治理能力。应急管理的研究和实践都还在路上,无论是政府还是学界,都任重而道远。相信学术的碰撞、争鸣、创新一定会越来越有利于中国应急管理体系的建构与完善。

编著者
2021 年 12 月 22 日

目录

总序
序
前言

上篇　社会心理风险管理

1　风险心理与社会心理风险 ··· 2
   1.1　概述 ··· 2
      1.1.1　风险心理研究概述 ··· 3
      1.1.2　风险心理与风险感知 ··· 4
      1.1.3　灾害风险心理影响因素 ·· 5
      1.1.4　社会心理风险概述 ··· 6
   1.2　风险社会的社会心态样征与成因 ··· 8
      1.2.1　风险社会概述 ·· 8
      1.2.2　风险社会中社会心态表征 ······································· 10
      1.2.3　风险社会中社会心态成因 ······································· 12
   1.3　社会心理风险与公共安全 ··· 14
      1.3.1　城市公共安全概念 ··· 14
      1.3.2　城市公共安全治理与社会心理风险 ························ 17
   1.4　"三重影响"与心理风险社会化 ··· 18
      1.4.1　"三重影响"概述 ··· 18
      1.4.2　"三重影响"视角下风险社会困境 ·························· 18
      1.4.3　社会化对心理风险的影响 ······································· 19

2　城市化过程中的社会心理风险 ··· 23
   2.1　城市化过程中社会心理的形成 ··· 23
      2.1.1　城市化的概念 ··· 23
      2.1.2　城市化的发展阶段 ··· 23
      2.1.3　中国的城市化进程 ··· 24
      2.1.4　我国城市化过程中的社会心理风险 ························ 25
   2.2　城市流动人口心理风险的不确定性 ··································· 26
      2.2.1　城市化进程中的流动人口结构 ······························· 26

  2.2.2 城市流动人口的心理风险因素 · 28
 2.3 社会心理风险对城市安全发展的影响 · 29
  2.3.1 城市化与社会发展 · 29
  2.3.2 城市安全发展与社会心理风险 · 30
  2.3.3 城市安全发展中的群体与个体 · 32
  2.3.4 社会心理风险的成因 · 36
 2.4 社会心理风险的治理 · 38
  2.4.1 心理危机阐释 · 39
  2.4.2 心理危机干预机制 · 41
  2.4.3 新媒体在心理危机干预中的运用 · 43

3 风险感知与心理共识的构建 · 47
 3.1 风险感知的概念及理论模型 · 47
  3.1.1 风险感知的基本概念 · 47
  3.1.2 风险感知研究的演进历程 · 48
  3.1.3 风险感知的维度 · 50
  3.1.4 风险感知的基本理论模型 · 50
 3.2 风险感知的影响因素与结构性分析 · 53
  3.2.1 风险感知的影响因素 · 53
  3.2.2 风险感知中的公众 · 60
  3.2.3 风险感知与政府定位 · 60
  3.2.4 风险感知与企业定位 · 62
  3.2.5 公众与政府主体、专家的风险感知差异 · 63
  3.2.6 公众感知效能的差异性 · 64
  3.2.7 风险感知的信息功能 · 64
  3.2.8 个体认知因素 · 65
  3.2.9 社会环境因素 · 66
 3.3 个体与宏观社会的连接和信息共享 · 67
  3.3.1 个体理性与行为 · 67
  3.3.2 非常规突发事件中个体决策行为的影响因素 · 68
  3.3.3 突发事件中集群决策的基本范式 · 69
 3.4 风险社会心理共识的构建与达成 · 78
  3.4.1 社会心理的宏观存在 · 78
  3.4.2 风险社会的社会心理 · 79
  3.4.3 风险社会心理共识的作用主体 · 79
  3.4.4 风险社会心理共识的现实意义 · 80

4 突发灾难事件中的心理危机表现及干预 ································· 82
4.1 自然灾害下的心理危机表现 ··· 82
4.1.1 自然灾害造成的常见心理反应 ································· 82
4.1.2 自然灾害造成的心理应激障碍 ································· 83
4.1.3 自然灾害造成的群体心理影响 ································· 84
4.2 事故灾难中的心理行为表现 ··· 85
4.2.1 事故灾难后的心理应激反应 ···································· 85
4.2.2 事故灾难后的心理应激特点 ···································· 86
4.2.3 事故灾难造成的心理和行为障碍 ······························· 87
4.3 事故灾难心理危机干预 ·· 88
4.3.1 事故灾难心理危机干预的原则 ································· 88
4.3.2 事故灾难心理危机干预的对象 ································· 89
4.3.3 事故灾难心理危机干预的时机 ································· 90
4.3.4 事故灾难心理危机干预的方法 ································· 90
4.3.5 事故灾难心理危机干预的核心任务 ··························· 91
4.4 替代性创伤应对策略 ··· 92
4.4.1 替代性创伤概念及人群 ·· 93
4.4.2 替代性创伤的预防与应对 ······································· 95
4.4.3 对替代性创伤人群的心理干预 ································· 96

下篇 应急心理能力建设

5 危机状态下的负性情绪传播与舆情管控 ································ 100
5.1 危机状态下的负性情绪传播 ··· 100
5.1.1 负性情绪概述 ·· 100
5.1.2 负性情绪的传播 ··· 100
5.1.3 规避危机状态下的负性情绪传播 ······························ 103
5.2 危机状态下信息发布的原则 ··· 105
5.2.1 "黄金两小时"内务必发声 ····································· 105
5.2.2 新闻发布的时、度、效 ·· 107
5.2.3 信息必须完整客观 ·· 108
5.2.4 重要信息持续有效发布 ·· 109
5.2.5 谨慎定性 ·· 110
5.2.6 占领舆论高地 ··· 112
5.2.7 培养意见领袖 ··· 115
5.2.8 正确对待媒体记者 ··· 117

5.3 危机状态下的舆情管控 …………………………………………………… 118
　　5.3.1 突发事件伴生的舆情危机 ………………………………………… 118
　　5.3.2 突发事件中的网民心态 …………………………………………… 119
　　5.3.3 突发事件中涉事群体的心理特征 ………………………………… 122
　　5.3.4 危机状态下的舆情应对 …………………………………………… 124

6 社会文化心理与应急管理 ……………………………………………………… 131
6.1 应急文化的内涵与功能 …………………………………………………… 131
　　6.1.1 应急文化的内涵 …………………………………………………… 132
　　6.1.2 应急文化的功能 …………………………………………………… 133
　　6.1.3 我国应急管理模式发展历程 ……………………………………… 137
　　6.1.4 中国特色应急管理体系的优势 …………………………………… 138
6.2 社会文化心理对应急管理的影响 ………………………………………… 139
　　6.2.1 社会文化心理与应急管理的关系 ………………………………… 139
　　6.2.2 社会文化心理影响应急管理的基础机制 ………………………… 140
　　6.2.3 社会文化心理提升应急管理能力的基本路径 …………………… 141
6.3 应急管理"以人为本"和"安全发展"的目标 ………………………… 141
　　6.3.1 以人为本 …………………………………………………………… 142
　　6.3.2 安全发展的理念 …………………………………………………… 144

7 应急管理者的心理能力建设 …………………………………………………… 146
7.1 应急管理工作与压力管理 ………………………………………………… 146
　　7.1.1 应急管理工作的内涵 ……………………………………………… 146
　　7.1.2 压力管理 …………………………………………………………… 148
　　7.1.3 应急工作与压力管理的关系 ……………………………………… 149
7.2 应急指挥与危机决策 ……………………………………………………… 150
　　7.2.1 应急指挥 …………………………………………………………… 150
　　7.2.2 危机决策 …………………………………………………………… 150
　　7.2.3 应急指挥与危机决策的关系 ……………………………………… 152
7.3 应急救援与心理急救 ……………………………………………………… 152
　　7.3.1 应急救援 …………………………………………………………… 152
　　7.3.2 心理急救 …………………………………………………………… 153
　　7.3.3 应急救援与心理急救的关系 ……………………………………… 154
7.4 应急心理能力建设 ………………………………………………………… 155
　　7.4.1 应急心理能力建设的必要性 ……………………………………… 155
　　7.4.2 应急管理者心理能力建设意义 …………………………………… 156

  7.4.3 应急心理能力建设的现实困境 ……………………………………………… 156
  7.4.4 应急心理能力建设途径 …………………………………………………… 157

8 信息技术在应急心理管理中的应用 ……………………………………………… 161
8.1 信息技术与心理学的融合 ……………………………………………………… 161
  8.1.1 数字信号、图像处理技术 ………………………………………………… 161
  8.1.2 脑功能成像技术 …………………………………………………………… 162
  8.1.3 PET 和 fMRI ……………………………………………………………… 162
  8.1.4 眼动追踪技术 ……………………………………………………………… 163
  8.1.5 脑电控制技术 ……………………………………………………………… 163
  8.1.6 多通道非精确交互方式 …………………………………………………… 164
8.2 信息技术在生理情绪分析中的应用 …………………………………………… 164
  8.2.1 情绪的生理反应 …………………………………………………………… 164
  8.2.2 应急心理管理系统中的情绪治理 ………………………………………… 164
  8.2.3 信息技术应用于生理情绪分析 …………………………………………… 166
8.3 大数据在心理风险识别系统中的应用 ………………………………………… 168
  8.3.1 心理风险识别 ……………………………………………………………… 168
  8.3.2 我国心理风险识别系统的发展 …………………………………………… 169
  8.3.3 大数据应用于心理风险识别系统 ………………………………………… 171
8.4 信息化技术支撑下的应急心理能力建设 ……………………………………… 171

参考文献 ……………………………………………………………………………………… 173

上篇
社会心理风险管理

1 风险心理与社会心理风险

我国城市治理体系和治理能力建设面临的一个重要理论和现实议题就是城市公共安全问题。在城市治理过程中除了政府及其职能部门和其他社会组织参与之外,社会公众是城市公共安全治理的核心参与主体。在城市公共安全事件或风险频发的背景下,如何调动公众的积极情绪、传递正能量、促进社会认同将为城市公共安全治理绩效的持续改进提供新的研究领域。显然,社会心理干预是城市公共安全风险治理中的一个不容忽视的关键变量,构建完备的心理健康服务体系,健全有效的社会心理疏导机制,可以规避社会消极心理的产生和蔓延。当下,我国特大城市开发过程中存在非正义的、持续性的社会排斥,弱势群体的被排斥感和相对剥夺感严重,造成怨式情感的累积与情感区隔,在城市空间中形成一种情感逆反式的风险文化,使特大城市处于一种脆弱的病态之中,这直接影响城市的韧性、凝聚力以及未来的持续性发展,是当前特大城市急需关注的风险背后的社会心理因素[1]。由于特大城市内社会成员内心攒聚的不良心理态势对城市良性运行造成的损失具有不确定性、隐蔽性、冲突性、持续性、极速传播性以及颠覆性,很容易在特大城市开发进程中引起不同阶层弱势群体的持续性社会排斥、怨式情感的累积及其对弱势身份的强化造成情感区隔,互联网技术使得城市个体内心的情绪在网络平台上可以产生即时共享,当网络情绪比现实情绪更加激化时,更容易引起社会成员的共鸣和失控。

显然,系统了解和理解公众的风险心理特征和社会心理风险的内在逻辑及形成机制,对于有效地治理城市、促进公民拥有健康的社会心态从而催生出更有针对性的新时代社会心理风险的规避措施,对于维护社会稳定和谐发展、引导公民在新时代的复杂环境中筑牢心理防线、建立有效的应对突发事件的社会心理预警系统都有重要的理论和实践意义。

本章将从风险心理与社会心理风险的国内外相关研究入手,系统梳理该领域内的经典理论成果和实证研究案例,梳理风险社会的社会心态样征与成因,并对公共安全维度上的心理风险和心理风险社会化的相关议题展开讨论。

1.1 概述

2020年爆发的新冠肺炎疫情警示全人类,风险已经成为现代社会无法回避的话题,风险时时刻刻存在于人类生活的方方面面。伴随着学术界、社会各方对风险问题的高度关注,"风险"已经成为现代社会出现频率极高的词汇。据《中国应急管理报》统计,在2021年全国31个省

1 风险心理与社会心理风险

(自治区、直辖市)的政府工作报告中,强调要统筹发展和安全,强化底线思维,增强忧患意识,有效防范和化解各类风险,"风险"一词被提及了53次,这在共和国的历史上是比较罕见的。

与风险相关的最为典型的心理现象是"风险感知"。对风险感知的研究始于20世纪中期,近几十年来对风险感知的研究增长快速[2]。学术界普遍认为,从宏观的政府决策到微观的个体心理与行为都与风险息息相关,把风险感知定义为人们对危险和收益的信念、态度、判断和情绪,以及更广泛意义上的文化和社会倾向。

其中,风险心理、社会心理风险都是风险感知及其他风险相关研究的重要内容,既有着理论层面的不可或缺性,同时又有着重大的社会现实意义。美国俄勒冈大学"决策研究小组"的费施霍夫(Fischhoff)和里奇特斯坦(Lichtenstein)等人于1978年在风险心理学研究中,引入和发展了心理测量范式(psychometric paradigm),提出了感知的风险和现实的风险两种概念,同时针对风险心理和社会心理风险的定义和感知提出了更加具象的测量指标,把风险感知的心理测量范式目标指向个体,其理论依据是理性行为理论,体现出人是自我利益计算者的功利主义哲学观念。

对风险感知的心理测量范式研究经过三个发展阶段。第一阶段是对"风险可接受性"的研究,主要关注风险的主观属性,即风险的特征维度。由于人们的风险感知会受到风险特征的影响,因此,可以根据这些风险特征总结出各种危险的"人格画像"(personality profile)。第二阶段是从关注风险的特征转向关注风险感知并对风险作出反应的群体特征,从不同群体的差异性入手探究风险感知结构的复杂性,以及风险感知与群体因素相互关系模式的复杂性。该阶段研究发现,风险感知在性别、种族、国别和社会阶层等方面存在显著差异。第三阶段,风险感知研究的最新发展表现为把风险特征与社会因素结合起来。相关研究涵盖了信息来源、渠道、流动以及在强化和放大特定风险"信号"时文化和社会机构的作用,解释为什么特定的威胁被看作是风险,以及探究社会信任、公众参与在风险沟通中发挥影响的作用机制。

总之,上述关于风险心理和社会心理风险的相关研究表明,风险感知能力及其测量范式的革新为进一步深化研究公众的风险心理和社会心理风险提供了方法论。

1.1.1 风险心理研究概述

最早的风险心理研究可以追溯到20世纪50年代Cohen等[3]对交通风险的行为试验。这一时期的风险心理研究主要围绕"风险行为"这一主题,展开测量方法的精确化和效度考证、风险行为与预期的利益和损失之间的关系、风险行为和人格关系等研究。到了20世纪70年代,风险心理研究开始将重心从风险现象和行为的关联转移到对风险的本质和风险感知的研究,其中比较有代表性的是Zwahlen[4]进行的风险认知层面的研究,提出了与风险感知意义相近的"风险接纳"(risk acceptance)一词。

20世纪80年代以后,人类过度开发所引发的全球规模的生存危机显现,各类自然生态风险、个体人身及经济风险、社会风险等新的风险领域不断涌现。相关的风险心理研究也呈现出研究数量庞大、增长迅速、涉及学科广泛、研究方法多样的态势,其中以突发性灾害引发的风险心理研究数量最多,也最具代表性,例如,有学者针对灾后的应急物流管理,建立了包含应急物流成本、等待心理风险与操作风险最小化的多目标线性规划模型,结果显示,等待心理风险是递增的边际积分函数[5];有学者研究决策者的心理影响对应急决策行为的功能作用[6];也有学者综合决策者面临风险时所采取的措施,对于信息的不完整情况,从风险与收益两个角度构建了最小风险模型[7]。

部分学者将受灾者的风险感知运用于疏散模型,用以指导受灾群众有效撤离,例如Vorst[8]结合人类行为和心理影响的疏散模型对受灾者疏散行为进行预测。Ge Xiaoxia等[9]研究地铁人群疏散时进一步发现:人群的心理反应是影响疏散效果的关键因素,并且年龄、性别、经历也会导致疏散效果的差异。

针对突发事件下的公众风险感知情况,李华强等[10]以汶川特大地震为例,通过对人群与受灾区域的分组研究,发现了影响受灾者风险感知、无助感和恐惧心理的关键因素。章志红等[11]进一步指出,政府的干预措施可以有效缓解受灾群众的焦虑情绪,并运用统计方法对洪灾后受灾者的焦虑水平及影响因素进行了分析。魏玖长等[12]以群体性突发事件为研究对象,发现在相互影响、活动和情绪三个维度上,群体行为演化态势存在显著的层次性差异。还有学者将行为科学理论与传统运筹学相结合,开展公众风险感知的研究,如曹庆奎等[13]基于前景理论,对受灾群众的风险感知时间进行了刻画,同时,以需求未满足率表示物资分配的公平程度,构建了多目标规划模型。王旭坪等[14]立足于应急物资配送问题,当突发事件发生时,运用前景理论将公众的心理因素与物资分配相结合,对公众的风险感知进行了建模求解,并将风险感知曲线和函数模型融入应急物资配送环节中,借鉴混合整数规划思想,从公众风险感知与物资未满足率最小化出发建立模型,通过观察灾区的实际需求与灾情的实时变化,进行应急物资的合理分配,更加符合应急物流的实际需求,进而考虑了决策者心理对应急救援行动的影响,针对救援指挥中心与受灾点的不同决策对象,运用前景理论构建了风险感知函数,用以明确在缺货与运输延迟的情景下决策者的心理风险感知程度,建立了包含道路受损情况、方案决策、物资配送的全过程系统动力学仿真模型,并对决策者乐观与悲观态度下生成的决策方案进行了对比分析。

1.1.2 风险心理与风险感知

关于风险心理的各种理论和实证表明,在风险灾害(自然灾害、事故灾难)发生后,公众风险感知研究具有更高的社会价值和研究意义。感知是指人类对外界事物反应的最后一个关键性链接,是人们对外界环境和事物的刺激所产生的一系列情绪变化、认知等心理过程的关键因素。风险感知是指由人的心理而引发的对外界风险事件的一系列认识过程,最终能够指引人的决策行为,它是人们对某个特定风险的特征和严重性所作出的主观判断,也是测量公众心理恐慌的重要指标。

公众根据突发事件本身和政府应急救援过程中的相关信息作出心理判定与决策,从而对突发事件形成一定的风险感知,尤其是在重大自然灾害框架下,公众的风险感知程度除了与灾害事件本身存在关联外,救援力量的达到时间、救灾物资的获取时间对公众的心理起着决定性的作用。基于应急物资配送的现状,当受灾点的实际物资获取的及时性低于公众的心理预期时,会引起公众的恐慌情绪,加剧其风险感知强度。当灾害发生后,包括受灾者、一线救援人员、医护人员以及现场的基层工作人员都会受到严重的心理冲击,从而形成风险心理。风险心理的表现形式也会根据时间长短出现不同的反应,主要可以分为短期症状反应和长期症状反应。

短期风险心理症状主要表现为急性应激障碍,并体现在生理、情绪、行为和认知四个方面。①生理方面:主要会出现常见的头晕、头痛、胸闷、食欲不振、睡眠障碍、夜惊、心慌等症状。此外,有少数受灾者会出现躯体疼痛、疲乏无力、虚弱等感觉。②情绪方面:受灾者会出现烦躁、麻木、恐惧、无助、易激惹、焦虑、抑郁等症状。③行为方面:表现为警觉性提高、冲动性和攻击性增加、易争吵、无法控制自己的思想等症状,尤其儿童在这方面表现较为明显。灾难发生过后,很多儿童会出现夜晚不敢单独睡觉、经常因噩梦醒来、更加依赖他人等现象。同时存在着灾难发生后,邻里关系更加团结的情况,公众对自己能够在灾难中幸存感到十分幸运和感恩。④认知方面:表现为注意力不集中、兴趣减少、工作效率降低、记忆力下降等症状。一线救援人员的这些症状比较明显,他们灾后一直忙于援助他人,接触到的受灾者大多因面临失去亲人或严重的财产损失,存在一些心理问题,同时,他们自己也要经历悲痛、恐惧、无助的心路历程,工作强度也远高于日常工作,记忆力常出现显著的下降。

长期风险心理症状表现为创伤后应激障碍(Post-Traumatic Stress Disorder,PTSD)。徐选华等[15]在灾难发生三个月后,通过创伤后应激障碍自评量表问卷进行测评和访谈时,发现许多人仍存在一定的心理问题,比如:晚上经常梦见地震再次发生并且自己在地震中总跑不动,有意识地回避很多事情,睡眠存在一定障碍等。有些人已经感觉自己明显存在心理问题但是没有及时向心理专家或心理援助小组咨询。

1.1.3 灾害风险心理影响因素

灾害风险心理在不同时期以及不同角色的个体反应都会不同,可以把灾后风险心理演变的时期分为灾后短期(灾后当天至一周左右)和灾后长期(恢复期)两个阶段,并从这两个阶段来探讨心理影响因素。

灾后短期阶段的影响因素主要来自灾害发生时带来的房屋倒塌、人员伤亡、生存环境破坏、震耳欲聋的声音等,这些都让受灾者感到非常恐慌、害怕。此时的受灾者更关心其家庭成员的人身安全,并非房屋倒塌等经济损失。在灾害发生的短期内,当以上因素确定了之后,影响受灾者风险心理的因素还包括对灾害后期的信息的了解程度。灾害发生的具体原因不明、相关救援信息沟通的有效性不高以及信息传达的不及时,都会进一步加剧受灾者心理的恐慌程度,这种不确定性也形成了受灾者心理高风险认知。此外,灾害发生时期整个社会情绪极度焦虑,信息的不透明对于稳定社会情绪非常不利。

灾后长期阶段的心理影响因素主要来自个人认知、经济、生存环境破坏、社会等方面，而经济因素和社会因素是非常重要的外在因素，这两个因素也可能会导致个体不满心理转化为群体不满，进而演变为促使社会不稳定的"助燃剂"。灾难发生后，受灾者开始关注自身利益（衣食住行）的争取。原有的生存环境、生活方式被打破，受灾者对未来比较迷茫，导致负性情绪增多并累积。除此之外，救援物资的分配与灾后安置成为这一时期关系受灾者心理风险稳定与否、社会稳定与否的重要因素。例如地震发生后，很多人的房屋倒塌，尽管政府为其提供了帐篷和板房，但是空间比较狭小，一家人需要挤在一起，此时受灾者会十分关心灾后救援政策及房屋安置等。同时，社会救援等政策信息通畅并及时送达受灾者，也可以对规避谣言的产生起到重大作用，因为谣言会激起受灾者的不满情绪，加之灾害造成的心理创伤，其行为容易极端化，有可能演化为群体性事件。

此外，人的心理素质及接受信息程度存在个体差异，其灾后心理恢复状态也不同。那些之前有过心理障碍、神经官能症、身体健康状况不佳或内向程度较高的受灾者，在灾后容易诱发或加剧多项不良的心理症状，针对特殊群体（老人、小孩、教师、学生、医护人员、心理障碍群体等）要及时进行心理干预或治疗。

1.1.4 社会心理风险概述

1908年，美国社会学家Ross的《社会心理学》和英国心理学家McDougall的《社会心理学导论》的发表标志着社会心理学的诞生。20世纪20年代，美国和苏联的社会心理学家先后把科学试验方法引进这一学科，使得社会心理学从描述对象转向探索和揭示规律。50年代以来，与工作和行为相关的心理研究不断发展，随着对职业心理学和工作环境的深入研究，社会心理风险逐渐获得广泛关注[16]。90年代，我国学界开始关注社会心理风险，开展了一定数量的本土研究，但与发达国家相比目前仍存在一定差距。

从广义上来说，社会心理风险是指在个体心理因素的影响下造成的个体行为与社会环境之间产生冲突的可能性。例如，从职业健康与卫生领域的视域考量，社会心理风险是指在工作的设计和管理及其社会和组织环境中可能造成个体心理或身体伤害的潜在因素。

世界卫生组织指出，工作中的社会心理风险因素是工作环境、组织条件、个体能力、工作内容、文化、需求及工作之外因素间相互作用的结果[18]。不同国家和地区关注的社会心理风险内容不尽相同，以欧盟职业安全健康协会为代表，聚焦的社会心理风险有工作内容、工作量及节奏、人际关系等10个方面（表1-1）。

表1-1　　　　　欧盟职业安全健康协会总结的社会心理风险因素[17]

风险因素	具体内容
工作内容	工作单调或周期短，不系统或毫无意义的工作，未熟练掌握工作技巧，不确定性高，人际接触量大
工作量及节奏	工作超负荷

(续表)

风险因素	具体内容
工作安排	工作换班、夜班、固定的工作时间表、时间的不可预测性、长时间工作或无社交时间
控制程度	参与决策程度低,对工作负荷、工作节奏、工作转换缺乏控制
环境及设备	设备不足或缺乏维护、环境差(如场地小、灯光不足、噪声过大等)
组织文化及作用	缺乏沟通或沟通存在问题,个人发展的支持程度低,组织目标不明确
人际关系	社会关系或人身孤立、与上级关系差、人际冲突、缺乏社会支持
组织中的角色	角色模糊、角色冲突、责任感低
职业发展	职业停滞和不确定性、晋升不足或晋升过高、薪酬低、工作无保障、工作社会价值低
家庭-工作关系	工作-家庭矛盾、家庭支持度低、双重或多重职业

研究证明,社会心理风险与骨骼肌和心血管系统疾病、抑郁症、工作倦怠等个体健康问题均有关。根据社会心理风险的产生要素及来源,结合该领域的现有研究可知,现代化、数字化、工业化的发展使得该风险的影响愈加凸显。

随着职业健康心理学的不断发展,安全生产领域的社会心理风险被广泛关注,并在理论研究和实践应用层面都取得了一定的进展。社会心理风险涵盖对组织中成员结构的调整和对工作现场的管理两个方面,兼具社会和组织两个维度的属性,因而会对个体造成心理伤害和生理损伤。世界卫生组织指出,社会心理风险因素涉及社会、文化、环境等方面,由心理因素和社会变量结合而成,能够影响个体的行为表征[19]。

1. 社会心理风险与行为安全

近年来,在社会心理风险的相关研究中,员工的行为安全会受到社会心理风险的显著影响[20]。促进工作场所中员工的职业心理健康发展,提升安全绩效,关注社会心理风险,管控社会心理风险因素逐渐成为学者们的共识。

社会心理风险对行为安全的影响可划分为个体和组织两个层面。

个体层面的影响主要来自工作压力。面对长期、逐渐累积的工作压力,员工会产生工作倦怠,对企业安全绩效产生消极影响。而个体韧性是有助于绩效提高的积极的心理能力,积极的心理能力会促进行为安全。

组织层面的影响主要来自社会支持、人际关系、安全遵从以及安全参与。社会支持有助于降低工作倦怠,提升工作效率,从而取得更好的工作结果;而人际冲突是导致工作伤残、职业事故、员工辞职、缺勤、工作积极性下降等现象的重要因素。工作倦怠和工作投入是两种最为典型的职业心理因素。

因此,社会心理风险首先会对个体的职业心理产生影响,导致积极和消极两种心理状态,进而影响个体的行为安全。

2. 社会心理风险的量化模型

20世纪中期,加拿大内分泌学家汉斯·塞里(Hans Selye)[21]提出了压力导致生理反应的观点,并发现压力作用在不同个体身上会产生不同的反应,同时将个体对压力的反应称为"一般适应综合征"。

压力管理理论涵盖5个压力因素[22]。①压力源:引起压力的事件;②压力应对:个体在面对压力情景时所采取的应对措施;③应对资源:影响个体应对压力的个人资源和环境资源;④压力反应:个体在面对压力情景时所产生的生理、心理和行为的变化;⑤压力结果:压力对个体产生的影响。

风险量化研究中最常用的是ISR模型,该模型为工作压力对健康的研究提供了一个理论框架,模型如图1-1所示。ISR压力模型开始于客观环境,比如工作环境中可以被员工注意到的噪声、灯光等物理因素,员工会感觉到这些环境因素并进行评价,进而产生一种心理环境或心理压力。由于个人特质不同,感受压力的程度也不同。这种心理压力源可能会引起个体的一些压力反应,包括情感反应、生理反应、行为反应等。这些压力会给个体带来负面的甚至是不可逆的影响。已有研究证明,长期的压力会导致高血压、抑郁、人际关系不和谐等生理和心理层面的压力结果。

自然灾害是一种典型的重大生活压力事件,使用ISR压力模型,可以从压力和风险量化的视角对自然灾害诱发的社会心理风险开展研究。

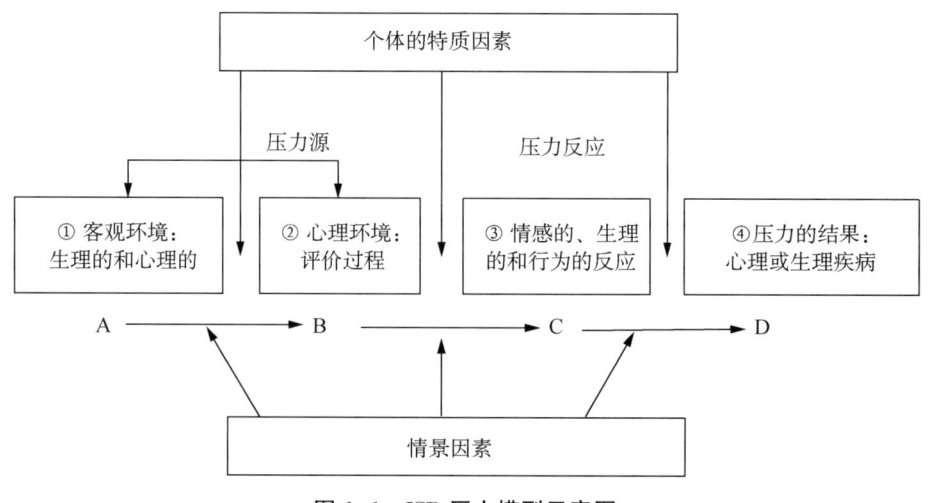

图1-1 ISR压力模型示意图

1.2 风险社会的社会心态样征与成因

1.2.1 风险社会概述

风险社会是指由于某些局部或突发事件可能导致或引发的社会性灾难。1986年德国著名的社会学家乌尔里希·贝克出版的《风险社会》一书提出了"风险社会"这个概念,从此,它就成为学者们描述当代人类生存状况最为常用的概念。2001 年美国 9·11 事件之后,"非传统安全"观念开始在我国国际政治学界和军事学界流行,为"风险社会"的广泛应用起到了一定的铺垫作用。2003 年,我国传染性非典型肺炎(以下简称"非典")爆发,《马克思主义与现实》等少数国内学术刊物开始介绍和翻译贝克的"风险社会"理论,国内学者对"风险社会"的研究迅速增多。

学者们对"风险社会"的界定主要有三个视角,即现实主义视角、文化视角和制度视角[23]。现实主义视角主要以劳(Lau)的"新风险"理论为代表,聚焦社会问题引发的风险,如极权主义增长、种族歧视、贫富分化、民族性缺失等,以及某些局部的或突发的社会事件可能导致或引发潜在的社会灾难,比如核危机、金融危机等。文化视角主要以凡·普里特威茨(Von Prittwitz)的"灾难悖论"理论以及斯科特·拉什(Scott Lash)等提出的"风险文化"理论为代表,强调了人类对风险认识的加深,如风险并不是有序排列,而是带有明确的结构性和指向性的,并且文化背景的差异会影响公众对风险的理解和认知。制度视角主要强调现代国家制度为人类安全提供保护,描述了现代风险的基本景观,即人类对社会生活和自然的干预范围和深度扩大了,决策和行为成为风险的主要来源,人为风险可能超过了自然风险,依靠制度治理风险可能会带来新型社会风险[23]。

在全球化发展背景下,人类实践所导致的全球性风险占据主导地位,在这样的社会里,各种全球性风险对人类的生存和发展构成严重的威胁。2020 年的新冠肺炎疫情对人类社会造成了巨大影响,全球经济断崖式下滑,世界格局剧烈变化,由此带来的社会震荡前所未见,人类无可逃避地进入了自工商业文明以来最严峻的风险社会。

后疫情时代的社会现状印证了贝克谈及的"风险社会"的三层含义:第一,它是现代化自身制造的;第二,它不是具体的某些风险事件,而是抽象的、普遍的、超越人之感知能力的,对人类具有毁灭性后果的;第三,它不是地方性的,而是全球化的、世界的,超越了国家、民族的边界,也就是贝克所提及的"风险面前人人平等",也就是说,科学技术的发展消弭了自然与社会、科学与社会的边界,人造自然成为风险社会的基本工作面,科学技术的发展不能缓解风险社会的生产步伐。由此可见,风险社会不仅仅是一个认知概念,还是一种正在出现的秩序和公共空间,因而更具有现实性和实践性。如吉登斯、贝克等人所说,风险社会的秩序并不是等级式的、垂直的,而是网络型的、平面扩展的,因为风险社会是由个人作为主体组成的,风险社会的结构不再是由阶级、阶层等要素组成,这种秩序的唯一治理主体不再是明确地理边界的国家、民族,风险的跨边界特征要求更多的治理主体出现并达成合作关系。

总之,我们必须认识到,风险社会从根源上讲,是伴随着人类的内生决策与行为,是各种社会制度尤其是工业制度、法律制度、技术和应用科学等正常运行的共同结果。风险的延展性具有全球性的影响,超越了地理边界和社会文化边界的限制,而在应对方法上,现有的风险计算方法以及经济补偿方法都难以从根本上解决问题,要通过提高现代性的反思能力来建构应对风险的新机制。

1.2.2 风险社会中社会心态表征

风险社会是人类所处时代特征的形象描述,对现代社会风险的普遍化和抽象化的表达,也是对社会存在的现实判断,其特征和后果会影响具体的社会心态样貌。社会转型是理解中国风险社会生成机制的视角:中国超大的人口、经济和社会规模加之现代性"时空压缩"机制使社会极易释放出大量风险因素。传统与非传统局面并存、新旧价值观更迭、制度变迁速度之快以及自然风险与人为风险的叠加极易引发社会成员的心理失衡,社会心态在面对风险社会来临时呈现出多种样态,涉及心理焦虑、信任危机和公共精神因素缺失[24]。

1. 焦虑心态

焦虑的本质是人们对生活其中的世界的可靠性、持续性的基本信任的本体性安全体系的瓦解[25]。英国社会学家安东尼·吉登斯(Anthony Giddens)将这种人对外部环境所具有的信心归结为无意识活动,称为"本体性安全"。焦虑心态源于"本体性安全"的缺失。风险社会的来临使人们以理性认知而非依赖态度来审视外部环境,并进一步考量其对生命安全所造成的危害程度。当人们对所处的事物或环境存在高度不确定性时,过度焦虑的心态会造成社会群体心理的普遍恐慌,并表征在两个方面,即个体对自身安全的担忧和"时间暂停"的压力感。

(1) 焦虑表征为个体对自身安全的担忧。自然风险多指来自外部环境对人所造成的伤害,例如2004年印度洋海啸、2005年美国卡特里娜飓风、2008年中国汶川特大地震等。这种外部灾害直接使个体生命面临威胁。社会风险则是在现代性发展中人类理性不断将外部世界"对象化"所造成的,其中吉登斯提出的"生态环境风险",如核泄漏、臭氧层空洞、赤潮、极端天气、肆虐全球的新冠肺炎疫情等显现"人类中心主义"立场:区别于自然风险地域性和个案性,生态环境风险具有同质性和普遍性。这种由生态环境恶化引发的风险社会后果影响更为深远。2003年的"非典"、2020年爆发的新冠肺炎疫情在此层面上可视作生态环境风险。它们的出现、传播、控制过程无不体现着人类的知识结晶。出于对自身健康的考量以及对死亡的规避,社会成员心理普遍存在应激中的恐惧和焦虑。显然,自然风险和社会风险两者的叠加会加重个体对自身生命安全的担忧。

(2) 焦虑表征为对时间暂停的压力感。由于我国近些年的道路交通网络非常发达,城市化进程发展迅速,人口流动性不断增强,形成了"大流动社会"的现象。而风险的爆发会引发对整个社会系统性的破坏,因而出现暂时的"停转"。例如新冠肺炎疫情发生后,我国第一时间停止人口的迁徙、流动,非必要行业和部门的工作立刻停止,尽量居家办公上学。这样的结果对于早已习惯高速运转的现代人来说,必然产生时间上的焦虑感。同时,以现代科技为代表的社交工具不断渗透到个人的生活而导致个人生活时间的商品化和资本化。时间成为可被计算、控制和预测的生产资源。在"时间暂停"和分析合理化的双重催化下,焦虑情绪成为现代化进程的必然产物,也是当前风险防控治理的重中之重。

2. 信任匮乏

个体在劳动实践中结成一定的社会关系，通常涉及个体与自然、个体与他人两个维度。

首先，在人与自然关系层面上信任匮乏表征为自然的"商品化"。人与自然之间的关系在传统社会向现代社会转型过程中被颠覆。自然在传统社会中万物各安其位，个人行为的合理性、规范性以及伦理性要以自然为坐标进行考量。近代以来，人类将包括自然在内的一切客体作为主体思考和怀疑的对象，并认为一味追求经济增长目标形成资本逻辑可实现对现代世界的驾驭，在这种私有财产和金钱的统治下形成的自然观是对自然界的真正蔑视和实际的贬低。例如，1988年甲肝的流行起源于食用污染的毛蚶，2003年"非典"的流行起源于食用果子狸（也有说来源于中华菊头蝠）。人类历史上多次大规模的疫情灾难表明，人类对于自然的每一次掠夺都会加重自然对人类的报复，只有养成并遵循科学的生活方式才能使人类文明得到延续，尊重自然的发展规律则是每一次惨痛的社会风险发生后给人类带来的教训。

其次，人与人层面的信任匮乏表征为社会成员间的互疑。一方面，风险后果的现实性使得社会情绪由"人人自危"上升为"人人他危"。社会运转中的直接风险和潜在风险将直接反映在人们的社会交往活动中，人们坚信这样的风险一旦发生，其后果可能严重到人类无法掌控。以重大传染病风险为例，人们由于担心自身健康安全遭受危害，现实生活中不乏过度怀疑心态导致的将医学隔离手段上升为对社会关系的"病毒性心理隔阂"的案例，若此种社会心态持续发酵，可能会固化为对社会的偏见和歧视；另一方面，信任匮乏还表现为社会成员对公共机构的怀疑。相对于社会成员之间的私人信任，社会成员对公共机构的信任则属于公共信任，例如，政治风险就与公共信任的程度有关，风险社会的来临在放大原有政治风险的基础上，也使得各个领域内风险的发生被高度政治化。所以，政治理念、政治决策和政治行为都可能再造新的政治风险，进而加剧社会成员对公共机构的不信任。当公共机构的效能与公众期待值之间存在较大落差时，自然会产生社会信任赤字。正如贝克所言"各种风险其实是与人的各项决定紧密相连的"，由于"公共机构"或"公共人"自身预判风险能力的不足甚至松懈，从而衍生政治领域内的风险[26]。

3. 公共精神衰落

公共精神是指一种关怀公共事务和促进社会公共利益的责任意识与行为态度。公共精神以公共责任意识为实质内容，超越个人狭隘眼界和个人直接功利目的，体现在公民社会责任意识的行为和性格上[27]。公共精神是当代社会形成社会共同体之间有机团结的"稳定器"，既能展现个体成员的精神文化维度，也能凸显国家及社会治理在价值层面的治理要求。现代性的发展过程中是否有有效应对风险的能力取决于社会成员之间的凝聚力，即成员公共精神的健全。消极社会心态的弥漫不利于营造良好的公共精神。2021年春夏之交，"躺平"一词成了中国最热的网络流行语之一。从字面意义上看，"躺平"直观地反映了普遍弥漫在年轻一代中的一种消极对抗外界压力的态度，一定程度上反映了当下公共精神的衰落。

公共精神衰落主要表现为主体意义感的丧失和社会公德的丧失。人的本质在于对精神价值的追求。国家及社会共同目标是保证个人美好生活的实现，新时代的美好生活是个人精神境界在物欲中的提升。生活必需品的供应、水电气等基础设施的正常运转是社会稳定的必要前提,风险破坏性则会引起生产、生活和生态环境的非常态化,尤其是紧俏物资和生活必需品的供给不足,若完全依靠市场化价格机制调节会引起社会恐慌。物资资源的不平等分配也会引发社会风险。所以,在风险来临的紧急时刻须采取必要的去市场化措施以规避次生社会风险,从而最大限度保障物资在社会成员间的平等分配权。

社会成员对社会公德的遵循是社会文明的重要体现,认知和行为是否有损公共利益是评判成员是否具有社会公德的关键。共同体具有防范和应对风险的能力,离不开社会文明的支撑,尤其在风险应对中更需要成员"群策群力"以发挥各自的积极能动性。现实生活中社会公德失范主要是由于人际关系呈现碎片化和虚拟化以及公共场域不完善所致。从风险的自然性角度考察,个体处于高度紧张状态之下更容易以线性逻辑思维和感性价值取向来维护自身权利。从社会性角度考察,风险信息传播方式的变革也容易造成集体性恐慌。当今社会必须认识到,社会共同体绝非成员个体的简单加总,只有通过公共精神的守护才能促进个体成员的价值观的生成或改变。

1.2.3 风险社会中社会心态成因

社会心态作为一种社会意识形态,是对客观社会存在的反映,是由多种成因塑造而成的。

首先是环境的不确定性,它是主体认知结构扩张的结果,由不确定所引发的不安全感驱动主体焦虑。吉登斯认为,社会的快速进步如科技、生活、经济等各方面的不断发展,使得社会不确定性增加,而人类认知结构无法及时、快速地适应风险社会中的不确定性。一方面,传统秩序的坍塌引发确定性危机。当一切成为理性认知和怀疑对象之时,带来了由"本体性安全"保护壳失灵所引发的焦虑。另一方面,也正是理性消除不确定的努力继续造就着更大的不确定性和风险[28]。理性发展与科技进步可以将未知世界越来越多地呈现在人类面前,随之而来的就是不确定性范围的扩大,其突破传统的界限逐渐成为一种普遍现象,当人类认知结构无法解释不确定的环境时就会引发焦虑[29]。

环境的不确定性还体现在其耦合性上。以生态环境风险为例,最初风险的发生可能仅对个人生命安全造成威胁,但若一国政府不能有效应对和解决问题,则会诱发相关领域风险,如经济领域内生产和生活物资的短缺、政治领域内公共机构的信任赤字以及文化领域内的主流意识形态式微等。现代化的深入发展不仅使得社会整体结构成为相互连接的有机体,也使得国际社会成为命运共同体。

其次,风险社会的心态诱因还来自生产力发展所引起的分工专业化要求建立与之相适应的社会关系。马克思指出"人的本质不是单个人所固有的抽象物,在其现实性上,它是一切社会关系的总和"[30],而中国从"熟人社会"向"半熟人社会"再到"陌生人社会"的转变极易引发社会成员间的信任危机。古代中国依循血缘关系的亲疏形成"差序格局"表明,信任是建立在习惯、习俗、宗法等关系之上,而在契约精神所决定的陌生人社会中,"抽象的人"之间以利益形成普遍主义关系,这与传统意义上我国的"差序格局"相比有着天壤之别。随着生产力发展引起的社会分工及交往形式的扩大,个人走出原本有着血缘关系的共同体并依靠"资本-货币"的联系促进"陌生人社会"形成,导致传统共同体中的信任关系无法适应现代公共生活需要,当信任对象转向陌生人时就会产生信任危机[31]。正如弗里德曼[32]所言,我们打开包装和罐子吃下陌生人在遥远的地方加工的食品,我们不知道这些加工者的名字或者他们的任何情况。这种抽象性进一步加深了交往的不确定性。在市场经济活动中,这种陌生人交往的不确定性更加依赖外在的制度规范,以便建立起稳定的社会秩序。这种交往关系反映在风险社会的社会心态中则加剧了社会成员间的不信任感。

影响风险社心态的外在原因来自网络媒介的影响。社会认知影响社会心态,而信息则是社会成员认知的依据,现代社会中人们对风险认知不足引发焦虑,风险信息通过各类媒体的传播造就了"媒介化风险",主要体现在当涉及风险相关信息时,信息过载极易引发社会公众不必要的慌乱和过度防护,而政府开展的风险治理工作的信息缺失又极易导致网络舆情的进一步演变与网民行为的极化。因此,及时过滤和澄清不实信息、公开风险应对和治理措施信息、保证风险信息获取渠道通畅以及增强风险信息可得性等是预防"媒介化风险"、消除焦虑的重要措施。

风险社会是一个高度"媒介化"的社会。以互联网为代表的"网络媒介"和以手机为代表的"随身媒介"的兴起,把人们裹挟到一个媒介高度饱和的生存状态中。媒介为公众设置值得关注和探讨的"议题"。在风险社会中受众的社会心态的演变离不开大众传媒的刺激和煽动,网络媒介以其独特的信息传播方式变革了社会互动性质和经验模式。媒介技术在不断满足人们获取信息需求的同时,创设的"拟态环境"也在影响着社会心态的建构。李普曼提出的"拟态环境"是指传播媒介通过对信息的筛选而人为提供的一种"象征性现实",公众据此形成对外部世界的主观判断。媒介在这一过程中具有舆论发酵、议题设置、话题引导等功能,导致主体社会心态会完全跟随媒体发布的内容而变化,甚至会因为负面的拟态环境而产生不良情绪和消极心态。本来社会中真实的风险信息是主体形成社会认知的主要渠道,却由于算法的去价值化特征导致公共话语生态的失序。例如网络传播的虚假风险信息具有很强的煽动性,将会持续引发社会恐慌并冲击原有社会信任体系。公众由于缺乏相关专业知识,极易丧失自主认知能力,由过度恐慌导致非理性行为,从而衍生出社会心理风险。网络公共虚拟空间带来的最直接的后果就是会撕裂社会成员之间的价值共识。社会舆情的发酵实际上就是社会心态的外在化。由于网络的中介特性和相关法律制度的缺位,相较于传统现实主体在场的公共空间,网络公共空间中网民作为虚拟身份和数字角色的表达更容易冲破道德底线而沉溺于追求价值自发所带来的快感,从而造成话语失序。网络舆论的引发主要源于较为多元的网络环境,很容易丧失话语理性,受众的情绪也就极易被观点相同的人煽动而成为"乌合之众",即使不见面也可以构成"想象的共同体",从而对社会心态进行建构,结果造成二元对立甚至多元对峙局面的形成。如果说现实公共空间的公共性缺失、新的公共空间尚未建立导致了公共意识的缺失,那么当前公共空间的虚拟化趋势则造成价值共识的断裂,甚至发展为公共精神的旁落,正如丹尼尔·贝尔[33]所言,现代主义的真正问题是信仰问题,用不时兴的语言来说,它就是一种精神危机。显然,传播媒介在风险社会将会起到越来越重要的影响作用,对政治和公共事务的影响会越来越大。在风险社会当中,进行媒体操控和管制的代价会越来越高昂,因而在技术上和道义上都无法奏效。

1.3 社会心理风险与公共安全

公共安全是风险社会中需要关注的不可或缺的一个层面,在这个层面上可能会出现的社会心理风险也是城市公共安全风险治理中的一个不容忽视的关键变量。公共安全维度上的社会心理风险易导致社会消极心理滋生和蔓延,而此时的社会心理干预有利于唤醒积极情绪,传递正向价值观,促进社会认同。

城市中的公共安全维度涉及全球化、城市化、社会转型以及"三期叠加"等多个方面,因此,对公共安全维度上的心理风险,需要从多个角度展开对策体系的设计,包括构建完备的心理健康服务体系、健全有效的社会心理疏导机制和渠道等。

1.3.1 城市公共安全概念

城市公共安全事关城市的生存和发展,也是城市公共管理的重要内容和突出难题。我国仍处于经济、社会、文化全面转型之中,社会治理的复杂性不断攀升,公共安全形势依然严峻,安全事故和风险正在从生产安全单一领域向社会全领域的公共安全转变,各类风险隐患增多且呈现相互叠加、相互耦合态势,各类风险、灾害事件造成的损失严重。公共安全理念已从快速响应向风险预防转变,从传统的救灾减灾向韧性提升、风险治理、协同应对的可持续发展方向转变。

党中央、国务院高度重视城市公共安全工作,将其摆到了前所未有的高度。习近平总书记多次作出重要指示,把城市安全作为"五位一体"总体布局和"四个全面"战略布局的重大问题进行思考,反复强调要把人民生命安全和身体健康作为城市发展的基础目标。

城市公共安全概念从广义上讲,主要包括国家、社会和公民一切生活方面的安全;从狭义上讲,主要包括自然灾害、事故灾难、公共卫生事件、社会安全四部分[34]。由于城市公共安全涉及城市所有的要素,而大城市的人口和建筑过于密集,使得政府和公众更容易对公共安全产生"无力感"。因此,在公共安全维度上产生的心理风险以及相关的社会心理干预是贯穿城市公共安全事件的关键变量。

现代化进程中不断涌现和加剧"人的风险",如腐败问题、贫富差距问题、诚信危机、失业问题等,以核泄漏、臭氧层空洞、极端天气、全球性传染病为代表的人与物交互生成的生态环境风险呈现出种类不断扩展、数量不断增多的态势。现代风险的影响已经超越国家疆界,如国际金融风险、技术风险、生物入侵风险、网络安全风险等随时可能对公共安全造成威胁。新时期我国城市公共安全危机凸显,成为我国城市面临的新挑战。

显然，城市公共安全危机包括五大维度，即全球风险、社会转型、城市化进程、新生代城市病以及互联网媒介的影响[35]。

1. 全球化的风险社会

从世界范围来看，由于全球化的不断加速和新冠肺炎疫情的肆虐，全球已进入风险社会。自西方社会进入现代工业社会以来，不断发展的现代化正在消解工业社会的基础，现代社会正从古典工业社会的轮廓中脱颖而出，正在形成一种崭新的风险社会形式。在风险社会中，占据中心舞台的是现代化的风险与后果，它们表现为对植物、动物和人类生命的不可抗拒的威胁，给城市公共安全带来了实实在在的风险。

现代高科技使得身处各类高科技产品中的人们早已无法回避这些高科技带来的伤害，风险来源也就逐渐脱离人类感知能力。风险社会已全球化，给世界带来不安全，给个人带来焦虑。总之，风险社会随着全球化而蔓延到世界各地，我国城市当然不可能例外，这种风险给我国城市公共安全带来巨大的外部挑战，加剧了我国城市公共安全危机。

2. 社会转型与时代变局

当今世界正经历百年未有之大变局，新冠肺炎疫情的爆发使得不稳定性、不确定性明显增强，社会转型与时代变局改变了人们已习惯的既定模式，带来了生活习惯、行为方式、思想观念等各方面的变化，也给人们带来了许多的不适应性、不确定性和不安全感。在转型过程中，旧事物、旧体制不断走向消亡，新事物、新体制不断产生。面临无数的不确定性，人们自然会产生不安全感。在具体应对新事物、建构新体制的过程中，由于一时无法认识到新事物的规律，常常还会犯错误，这些错误本身就是不安全的因素，这些错误又反过来加重了人们的不安全感。

中国的社会转型不同于西方国家的社会转型，中国的社会转型是以历史浓缩的形式高度压缩的，在社会转型中存在各种社会问题，带来了前所未有的文明冲突和文化碰撞。历史与现实、传统与现代、本土文化与西方文明多重因素交织在一起[36]。西方国家是通过三四百年才完成自身的社会转型，由于转型时间跨度长，社会问题是慢慢释放出来的，其对社会的冲击力因缓慢而小得多，社会有充足的时间消化与化解，公共安全问题不突出。我国用三四十年的时间就完成了西方国家花了三四百年才完成的转型，这种高速发展带来巨大社会进步的同时，也较易导致社会问题集中爆发，其对社会的冲击力是巨大的，导致事故灾难、公共卫生事件、社会安全事件时有发生，极大地影响了公众的本体性安全感。

3. 新时期我国城市化发展

改革开放以后，随着生产力高速发展、科学技术的日新月异以及生产关系与产业结构的重新调整，我国逐步放开了原本对人口流动的控制，大量农民工涌向了城市，成为城市建设特别是基础设施建设和住房建设的重要力量，但由于没有城市户口和稳定的工作单位，为城市发展作出了巨大贡献却不能在城市里解决子女读书、住房、医疗等问题。城市对他们采用的"经济吸纳，社会拒入"的方式使流动人口深深地感到社会的不公平和不安全感，他们常常会成为城市里群体性事件爆发的重要潜在因素。由于大多数的城市流动人口文化程度低,专业技能差,面对在城市里的生存艰难和城市中物质与精神上的种种诱惑,容易产生心态失衡,易引发违法犯罪。同时,城市流动生活的漂泊状态使他们缺少归属感和安全感,平时也无法被纳入城市管理中,同样容易引发违法犯罪,从而破坏城市的社会治安,威胁城市公共安全。大量流动人口涌入城市后,导致城市人口密度骤增以及种种资源的紧缺和竞争,容易引发城市社会的矛盾与冲突,在一定程度上给城市公共安全带来一些不稳定因素。

我国在城市化的进程中还存在一些结构不平衡的现象,例如既有脏乱差的城中村,又有后现代的商务区;既有"蚁族们"聚居在一起的群居地,又有大量价格奇高的高档独栋别墅。这种结构上的不平衡也会带来城市中不同群体之间的隔阂、断裂,甚至是敌视,城市社会内部呈现出部分撕裂状态。在计划经济下,市民的收入差距不大,因而在住房、教育和医疗等民生方面差别较小,市民之间处于相对安宁的和谐状态,城市结构也比较和谐。但在城市化和市场经济发展后,个体间的差距逐渐变大,导致了相对贫困市民的不满情绪不断堆积。许多相对贫困的市民特别是那些因市场经济带来产业调整而失业的市民对城市的管理体制不满,认为城市社会缺乏公平。这些都成为影响城市公共安全的不稳定因素,在一定的条件下会被激化为群体性事件、突发事件,给城市公共安全带来隐患。

4. 新时代新生的大量城市病

自改革开放以来,我国的城市化速度是全世界有史以来最快的。高速的城市化带来的城市病主要表现在:第一,针对大量人口短期内涌入城市造成的人口膨胀,城市对相应配套设施的建设和民生工程考虑不足。城市社会公共服务跟不上人口发展的速度,接纳能力超负荷,从而对城市的交通、住房、就业、环境、资源分配等都形成巨大压力,出现交通拥挤、出行困难、住房紧张、失业加剧、看病困难、能源紧缺、环境污染、安全弱化等问题。对于一个城市来说,短期内大量涌入的人口会使很多社会类问题逐渐凸显,甚至会直接威胁市民的日常生产与生活。第二,大量涌入的人口中多数人因为没有城市的户口,享受不到城市的稳定就业、社会保障、基本公共服务等,往往沦为城市的新贫困人口,生活承受能力极其脆弱,成为威胁城市公共安全的新不确定因素。此外,越来越多高度集中的人口本身就是重大的安全隐患,例如深圳和同等级城市新加坡、东京相比,社会安全类问题出现得较多。在各类城市病中,人口集聚情况是影响测量的最直接指标。我国几个特大城市的人口密度大致介于东京中心城区和纽约市之间,如此高密度人口必然导致居住区的人均容积率、绿化率等不达标,而且每天必然要消耗周边大量资源,连带着子女就近入学难、社区管理难等社会问题,威胁城市公共安全。

5. 网络舆论传播对公共安全的影响

网络传媒时代,随着微博、微信、抖音、快手等社交网络平台的不断产生和升级,受众从被动的信息接收者变成了信息的传播者甚至生产者,甚至有个体传播者的影响力超越大众传媒的可能,例如某些自媒体舆论意见领袖,在自己的受众群体中成为信息源的主要发布者和传播者。因此,面对城市公共安全事件这类与自身相关的事件,公众开始在网络上大声喧哗、各抒己见。

在这种"说话"与"传话"的过程中,有部分人为了博得更多人的关注,凭着捕捉到的片面事件信息,肆意发挥自己的想象,制造一些虚假而耸人听闻的信息,甚至配以虚假的带有情绪唤起或敏感因素的图片和视频,无中生有地制造事端,生产谣言,而这些夺人眼球的文字、图片、视频很容易被信息辨识水平较低的网民扩散传播,增加了安全危机发生的可能性,给人们带来不安与恐惧。

谣言的传播会对公众形成负性的心理影响,同时在虚假信息传播的过程中也会使部分主管部门陷入"塔西佗陷阱",影响公众的政治信任水平,为官方信息的传播带来一定阻力。谣言之所以能够实现大规模传播,是因为其符合个体的心理规律,与公众已有的知识体系或自身的现实经验相契合。某些谣言虽然对某个城市公共安全事件来说是虚假的,但是它揭露的事实在社会中是存在的,从而引起网民的传播与再生产。正是在这种传播中,恐惧等负性情绪也随之扩散,网络舆论传播助推了城市公共安全危机。

1.3.2 城市公共安全治理与社会心理风险

公共安全管理是一项复杂的公共管理工程,涉及危机的预警预防、风险防范、高效应对处置等多个环节,还涉及公共安全问题与社会经济发展等其他问题的协调,总体表现为不确定性、多样性与多变性、强耦合性、后果严重性。风险防范是公共安全管理的首要环节,与政府和社会公众的安全意识关系密切。城市公共安全涉及不同的部门,沟通协调至关重要,敷衍推诿与职责不清往往会使公共安全陷入困境。近年来,在各类城市公共安全事件的处置和风险治理中,许多地区和部门暴露出了风险防范能力薄弱、危机处理能力不足、社会安全心理干预尚待重视、公共安全预警机制尚待进一步健全等问题,由此引发了社会信任与公共信任的退化,并进一步增加了社会心理风险产生的可能性,导致安全心理淡漠。

除了自然灾害高发频发,近年来,城市中楼倒、桥塌、地陷、燃气管线爆炸事故也时有发生,导致城市居民内心普遍存在安全焦虑,甚至会形成"城市焦虑症"。因此,风险防范与治理能力薄弱易造成社会公众的安全感缺失。

社会信任退化也容易引发社会心理风险。政府是城市公共安全管理的责任主体,而社区、企事业单位、社会团体、志愿者组织及市民都是不可或缺的参与主体。城市重大公共安全事件应对工作时间紧、压力大,仅仅靠政府部门的力量是不够的,社会动员机制亟待健全。在一些风险事件发生之后,由于政府信息公开不及时,社会公众对相关信息的了解程度还不全面,就无法参与应对风险,而相关社会力量在城市安全事件发生后,更多自发地、无组织地参与救援工作,但往往因专业性缺失而带来负面作用,其结果使得群众对政府的公共信任降低,不利于政府与相关社会力量的合作。这就要求主管部门不仅需要协调指挥,加以引导,还应及时公布信息,第一时间澄清谣言,才能有助于政府公信力的建设,进而增强公众的公共信任和政治信任。

1.4 "三重影响"与心理风险社会化

1.4.1 "三重影响"概述

一般情况下,公共安全事件的影响体现在三个方面,也称作公共安全事件的"三重影响"。第一重是生理影响,包括人员受伤和死亡;第二重是心理影响,包括个体的精神损害和群体情绪失控;第三重是社会影响,包括群体事件对社会稳定性的冲击。

"三重影响"有三个特征:一是线性的,二是双向可逆的,三是逐渐放大的。它们呈现的轨迹是"生理影响"导致"心理影响"放大,进而导致"社会影响"放大;而"社会影响"反过来作用于"心理影响",结果是"心理影响"再次造成新的"生理影响"。"三重影响"的传递流程如图1-2所示。

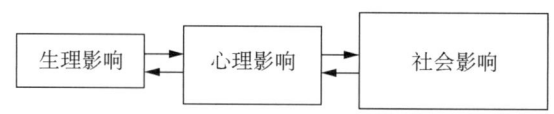

图1-2 公共安全事件"三重影响"关系图

1.4.2 "三重影响"视角下风险社会困境

近年来,随着社会高度信息化、数字化、网络化以及社会各类主体间的高互动性,当代社会中的风险性质也大大增强,城市公共安全的脆弱性也随之加剧,有时甚至超越了当前所有的理性认知和控制范围。在社会主体的生理影响、心理影响和社会影响这三重影响之下,风险社会遭遇的真实困境也会给社会稳定性带来冲击。

1. 公共事件影响外溢

所谓"非线性突变"是指,一个微小的初始条件变化可能引发一连串扩散性改变,最终导致与初始条件层级极度不匹配、远超事件本身的爆扩性后果[37]。由于城市运行是"一个具有内生复杂性、测不准性、脆弱性等特征的复杂系统"[38],公共安全事件往往呈现出前期强隐蔽性、中期非线性突变、后期次生灾害叠加的发展态势,而且大量公共安全事件本身需要极强的专业甄别和处置能力。因此,在城市公共安全风险治理的防控与识别阶段,政府主管部门必须充分研究所有关联因素和相互作用实况,尽量缩短认知差距,降低非线性突变的可能,从而将现有的行政管理范式转向适应更多复杂性的治理范式[39]。

2. 线上线下互联

信息技术变革降低了现代社会的时间、金钱、物力等社会交往成本,同时还扩展了地域、专业、年龄、层次等交往范围。互联网信息传播时代已经催生出基于虚拟的信息互通即达网络与现实中的交通物流网络所形成的一种新型的虚拟与现实的线上线下互联方式。现实生活中诸多金融诈骗案件、公共卫生事件、食品安全事件等公共安全事件也已经不再囿于某一特定区域或范围,例如2020年的新冠肺炎疫情在很短时间内发展到全球诸多国家。这种线上与线下的极速互通互动致使信息传播力和影响力明显增强,呈现出超强的扩散性、混沌性和对抗性,这就需要全球各国联合起来一起抵抗社会风险。

3. 社会舆情热点复杂化

信息技术的发展和智能手机的普及改变了原本的"熟人社会"交往模式,也创新了社会交往的基本形态,实现了从"熟人社会"的群体化、"陌生人社会"的离散化再到当前"网络社会"无界化的转型过程,并重塑了社会成员的生活方式、价值观念以及互动形态。随着社交网络的不断扩大和应用,社会舆情热点逐渐显现出"动态"和"离散"两大鲜明特征。公众不仅是社会舆论的知悉者和旁观者,更是社会舆论的评论者甚至推手。因此,社会舆情在风险治理中的影响巨大而深远。公众对社会风险的具体某一事件的认知和信心在很大程度上取决于其对国家风险治理能力的信任,这就说明公众对政府权威的信心胜过对风险的定量估计。因此,当相互矛盾、真假难辨的信息广泛流传时,即使经过官方辟谣和理性疏导,依旧可能产生强"晕轮效应"并引导公众进行意象思考,其结果则可直接导致社会合作变得更加脆弱[40]。

4. 次生灾害叠加效应

灾害链是由原生灾害及其引起的一种或多种"连带"或"延续"的次生灾害相互耦合形成的灾害系列[41]。次生灾害在自然灾害中较为多见。但是,城市重大公共安全事件由于受到源发性要素和促发性要素的双重影响,在人口、资源、环境相互间矛盾加深的背景下也往往具备了次生灾害产生的初始条件,呈现出"耦合—聚变—衍生"的灾害链图景[42]。部分次生灾害甚至可以跨越时间、空间的边界,导致事故多发、并发甚至引发系统性危机。此外,还要警惕一些未被列入灾害等级却依然严重的社会问题,以及诸如污名化和"涟漪效应"引发的社会裂痕等所产生的负面叠加效应。

5. 风险治理协同耦合

社会风险带来的相关城市公共安全事件的扩散性与复杂性会加剧政府与公众之间协同治理的难度。政府就一般性的城市公共安全问题可以采取政治动员和自上而下的行政命令,对社会实现横向到边、纵向到底的防范与管控。在这个过程中,政府需要加强自身的公信力建设,增强由政府主导和各方协同治理的能力,政府、社会组织和公众等多元主体之间协商协调和共建共治。广泛的社会参与既可以充分激发社会成员的积极性和主动性,又能在很大程度上有效缓解政府在人力、物力和财力方面的巨大压力,并同时对潜在次生公共安全风险实施预控,从而形成广泛的社会动员和公共精神塑造,在最短的时间内解决社会危机。

1.4.3 社会化对心理风险的影响

中国经济的飞速增长促进了物质水平的提高,加快了城市整体社会化的进程。也正是因为科技、经济等的快速发展,加强了社会化对心理风险的影响。这种超快的发展速度很容易带来社会发展的结构性不平衡,造成社会某类人群的怨愤。其中,心态的断裂是怨愤最重要的隐性特征,也是心理风险内容中占比最高的一个因素。在社会失序的风险表象下,心态的断裂,尤其是在突发事件中体现出的群体心理失衡是风险进一步加深的预兆。

1. 社会底层意识觉醒和效能发挥

社会阶层中除了精英阶层和底层之外,还存在着许多游走在上下阶层之间的漂移群体,"不同的社会生活条件在给予高社会阶层成员充分发展个人才能的同时,剥夺了低社会阶层成员发展成就动机乃至维持生存的机会"[43]。城镇中外来务工人员存在没有户籍、没有稳定的住所、子女上学困难、没有医保等关乎生存的基础诉求。同时,一些中间阶层成员,如新生代农民工、部分大学生群体及知识分子在面对利益被剥夺时也加入了底层的队伍,因为他们有共同的利益诉求。当大多数社会资源被高阶层所垄断时,底层的挑战权威意识便被激发出来。生存的困境不断逼近底层民众内心的底线,他们中大多数人有突围的意识却又不得不忍受弱势地位带来的无奈,因而会在社会心理结构上产生不平衡现象。

当本就处在弱势地位的底层受到来自外界的强压时,为了规避群体本身的权益受损,心理层面上就会自动启动防御机制来实施心理自我保护措施。随着新媒体平台的发展和技术赋权的功能,他们有了抗争的利器,在现实生活中求助无果后,转而利用网络媒体进行呼吁,希望在网友的一次次转发、评论、点赞中,诉求和主张可以不断发酵和扩大。基于此,一种与过去完全相异的维权方式被不断效仿和践行,底层群体的效能感也因此得到了最大程度的冲击和催动。

"群体效能感是一种能够改变群体相关问题的控制、影响、力量和效力感。"[44]从最开始的消极逃避和否认,到后来维权意识的觉醒,底层在高阶层施加的强压下逐渐形成了群体效能发挥的最佳路径。当底层民众发现消极的抵抗已经不能产生任何的实际效果、不能改善自身处境后,一场群体效能感被充分驱动并联合了线上声讨和线下动员的集群行动。

2. 社会价值的失落

社会转型不仅伴随着社会结构的分化与沉降,还有价值的转型,并且很可能因经济发展的利益驱使而变得同质化[45]。从表象的社会失序到中观的心态断裂,透过现象看本质,底层民众在参与一系列突发事件时体现的群体心理风险,其实就是社会价值失落的重要显现。由于底层群体衍生的道德社会化心理被传媒催发、动员和组织起来的隐性社会风险,带来新旧价值观念冲突造成的消极面,如异化、沉沦、颓废和无常等,使得现代化过程面临着巨大的价值瓶颈问题,因此需要正视并找到消解价值困惑的途径,利用传媒对正确价值观的确立进行合理的引导,并在风险社会中实现心理风险的防范与干预,创造社会价值基础和舆论环境基础。

案例 贵州瓮安"6·28"事件

1. 事件概述

2008年6月22日凌晨0时27分,贵州省瓮安县公安局110指挥中心接到报警称,在县西门河大堰桥处有人跳河。雍阳镇派出所接到110指挥中心指令后,迅速派值班民警赶赴现场,并通知119人员赶赴现场。因天黑施救条件有限,经过持续紧张的救援工作,于凌晨3时许将溺水女孩打捞上来,但急救人员证实其已死亡。经向在场报警人刘某、陈某、王某询问得知,溺水女孩名叫李树芬,1991年7月生,系瓮安县三中初二(6)班学生。6月22日7时40分许,雍阳镇责任区刑警队又派人员进行了现场勘查、尸检和调查工作。

由于该县女学生李树芬溺水身亡,其家人对公安机关的"自杀"鉴定结果不服。6月28日,死者家属聚集大量群众在瓮安县城游行并围堵县政府,后转变为突发群体性暴力事件。

6月28日下午4时左右,在县城广场一带,近万人聚集在一起,一些人准备了砖头、汽油、刀棒等物品,冲到县公安局大楼,将停放在大楼前的车辆全部砸烂、烧毁,并将汽油倒在公安大楼一楼点火焚烧,抢走、烧毁办公室资料以及电脑若干,并打伤数十名公安干警,一名公安干警被打成重伤,然后将公安大楼1~2楼全部砸烂。后因火势太大,肇事者从公安局退出后,趁乱攻击了瓮安县政府大楼,将所有车辆全部砸烂,又烧毁县委县政府大楼及县政协大院,接着将民政局旁边地下停车场停放的私人车辆全部砸烂,然后蜂拥至邮电大楼,将通信设施破坏。

事件发生后,党中央、国务院高度重视,十分关心。6月30日,时任贵州省委书记、省人大常委会主任石宗源专程赶到瓮安县,现场指挥"6·28"事件处置工作。

在总结分析"6·28"事件时,石宗源认为,"6·28"事件从一起单纯的民事案件酿成一起严重的打、砸、抢、烧群体性事件,其中必有深层次的原因。一些社会矛盾长期积累,多种纠纷相互交织,一些诉求没有得到应有的重视,一些问题没有得到及时有效的解决,矿群纠纷、流动人口纠纷、拆迁纠纷等现象突出,造成干群关系紧张,治安环境不够好。一些地方、一些部门在思想意识上、干部作风上以及工作方式方法上还存在问题,引起群众不满意。该事件表明,扎实有力地开展好党的基层组织建设活动以及切实改进党员干部队伍的思想作风和工作作风的重要性,真正在经济社会又好又快发展的进程中,发挥好党的基层组织的战斗堡垒作用和共产党员的先锋模范作用。要正确处理好维护社会稳定和加快经济发展的关系。要继续提高领导水平和处置突发事件的能力。

2. 反思与启示

近年来,类似贵州瓮安"6·28"事件的大规模群体性事件时有发生,比如2011年浙江湖州的"10·26"织里镇群众聚集事件、2021年重庆万盛"4·10"群众聚集事件等。这些群体性事件都属于典型的由社会心理风险引发的事件,需要引起认真反思。

按照社会心理学的认知,群体性事件属于"集体行为"的范畴。群体性事件就是社会性事件,是为达成某种目的而聚集一定数量的人群所引发的集群行为,包括针对政府或政府代理机构的、有明确诉求的集会、游行、示威、罢工、罢课、请愿、上访、占领交通路线或公共场所等。

按照集体行为理论,瓮安"6·28"事件是一起典型的大众骚乱事件,打、砸、抢、烧等极端的暴力方式,成了骚乱参与者的临时行动规范。从另一个角度看,它也是一起典型的社会泄愤事件。泄愤事件的主要特征之一是没有明确的组织者,绝大多数参与者与最初引发的事件并没有直接利益关系,主要是路见不平或借题发挥,表达对社会不公的不满,以发泄为主。这种所谓的"无直接利益冲突"或"泄愤性冲突"是社会泄愤事件区别于维权事件和其他事件最为主要的特点。泄愤事件往往会伴随着打、砸、抢、烧等违法犯罪行为,产生较大的社会影响。

瓮安"6·28"事件的泄愤性特征,主要表现在大多数事件参与者与最初的事件原因没有利益关系上,特别是那些积极参与打、砸、抢、烧行动的人,绝大多数与事件的起因没有什么关联,他们参与的目的主要就是借题发挥,发泄自己的不满情绪。这种群体性事件中的冲突和泄愤行为是他们长时间积累起来的消极社会心态的集中爆发,是长期积累的社会矛盾特别是不同利益群体之间的矛盾和冲突的集中爆发,是公信力缺失造成的直接后果。

瓮安"6·28"事件警示着我们,社会公信力的缺失和社会心理风险防范意识的缺失是酿成大规模群体性事件的重要因素,必须引起社会各方面的高度重视。

2　城市化过程中的社会心理风险

2.1　城市化过程中社会心理的形成

2.1.1　城市化的概念

不同的学科范畴对城市化的界定不同。美国社会学者索罗金[46]认为,城市化象征着农村生产生活方式及思维习惯向城市转变的过程。日本地理学家山鹿城次[47]认为,城市化进程中,产业结构的调整最为显著,其中还包含城市土地利用开发、配套设施的完善以及城市关系圈的形成与发展。沃纳·赫希[48]则将城市化定义为,由耗费大量劳动力、技术投入和生产效率低以及分散的人口为特征的农村经济体系向高生产效率、人口集中的城市经济体系转变的过程,包括生活方式、思维方式和文化在内的整个社会文明的城市化。也就是说,城市化过程是一个农村人口向城市转移并不断集中的过程,是城市人口规模不断扩张、城市用地不断向郊区扩展、城市数量不断增加的过程[49]。

城市化(urbanization/urbanisation)是指随着一个国家或地区社会生产力的发展、科学技术的进步以及产业结构的调整,其社会由以农业(第一产业)为主的传统乡村型社会向以工业(第二产业)和服务业(第三产业)等非农产业为主的现代城市型社会转变的历史过程,会涉及政治、经济、社会等诸多因素。通常一个地区的经济技术发展越快,从周边农村地区流向城市的人口数量会越多,各种资源要素也会聚集到城市中,促进城市化的不断发展。

不论城市化的内涵如何演变,其定义都是建立在人口城市化的基础上。最初的城市化即体现为城市周边人口向城市聚集的过程。随着城市面积和规模的不断扩大以及城市人口的不断增加,乡村开始转化为城市,出现地理空间城市化。地理空间城市化使城市面积、数量以及人口规模进一步增加,新增城市人口融入城市的生活方式、生产方式,从传统的农业生产方式和农村生活方式转变为现代化的生产方式和城市生活方式,因而推动经济城市化和社会文明城市化。

2.1.2　城市化的发展阶段

1979年,美国地理学家Northam[50]总结发现,各国城市化发展过程所经历的轨迹可以概括为一条S形曲线(图2-1),被学界广泛采纳,成为城市化研究的理论基础。整体演化过程大致可为三个阶段,即初级阶段、中级阶段和高级阶段。其具体划分方式和特点如下:

城市化初级阶段:城市化水平在30%以下的情况。在这个阶段,总体国民经济水平较差,

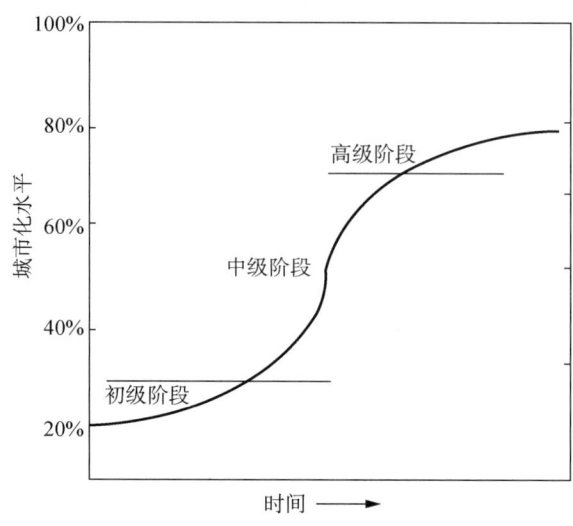

图 2-1 城市化发展轨迹图

第一产业所能提供的生活资料不够丰富,第二产业发展所需的社会资本短缺,城市化的发展速度较为缓慢。第一产业是区域经济的主导,城市化的基本动力是工业化,城市发展主要靠工业企业的扩大再生产来吸引集聚人口和资本。城市发展状态表现为城市规模膨胀和城市数量增加,即城市外延扩大。

城市化中级阶段:城市化水平在30%~70%的情况。在这个阶段,城市化进入加速发展阶段,城市化水平大约每年提高一个百分点,人口和经济活动迅速向城市集聚,城市经济全面崛起,农村经济已退居次席。第一产业就业比重不断下降,第二、三产业就业比重持续上升。工业化仍是城市化的重要动力,但由于商品经济迅速发展,生产的社会化程度不断提高,与之配套的第三产业蓬勃发展,吸引了大量农村劳动力和部分城市劳动力到服务业领域就业,第三产业开始显现出对城市化的推动作用。城市在外延扩大的同时也开始了内涵式进展。

城市化高级阶段:城市化水平在70%以上的情况。在这个阶段,城市人口比重的增长逐渐放缓甚至趋于停滞,城市化进入平稳阶段,城市产业结构发生根本性变化,城乡差别几乎消除,区域实现空间一体化,并出现郊区化和逆城市化。第三产业大规模发展,越来越多的人口集聚到城市,城市的职能更加复杂多样,城市成为整个社会的经济中心、文化中心、科技中心、商业贸易中心和情报信息中心。第三产业已成为城市化的主要后续动力,城市化主要表现为内涵式提高,即城市现代化。

2.1.3 中国的城市化进程

中国城市化进程即中国农村转化成城市的过程。从19世纪下半叶到20世纪中叶,由于受到世界列强的侵略以及军阀割据的困扰,这一时期中国城市化发展不均衡。自50年代中期以后,城乡二元分割的社会结构使得城市化长期处于停滞状态。

从1949年新中国成立到1978年十一届三中全会以前,中国的城市化进程相当缓慢。改革开放以后,中国的城市化进程才明显加快。1978年改革开放以后的城市化,是在国民经济高速增长的条件下迅速推进的,城乡之间的壁垒逐渐松动并被打破,特别是乡镇企业的发展,使得中国的城市化呈现出以小城镇迅速扩张、人口就地城市化为主的特点。

1978年至1984年间,我国的城市化水平由17.9%上升至23.0%,城市数量也由1978年的193座增加至1984年的300座。

1997年,国务院批转公安部《小城镇户籍管理制度改革试点方案》和《关于完善农村户籍管理制度意见》的通知。要求适时进行户籍管理制度改革,允许已经在小城镇就业与居住并符合相关条件的农村人口,在小城镇办理城镇户籍。促进农村剩余劳动力就近与有序向小城镇转移,在小城镇就业,促进小城镇和农村的全面发展。直至2000年,中国的城市化水平已经升至36.2%,相较1978年提升了18.3个百分点。

2001年中国正式加入世界贸易组织,随着发达国家劳动密集型制造业向发展中国家转移,来自欧美、日本、韩国的投资企业,纷纷落户珠三角与长三角,中西部地区一批又一批农民工涌向珠三角与长三角劳动密集型加工制造业发达的城镇打工,城镇常住人口与流动人口持续增长。

2011年我国城市人口比重达到51.27%,截至2018年,我国城市化水平已升至59.58%,根据摩根士丹利发布的蓝皮书《中国城市化2.0:超级都市圈》,预计到2030年,中国的五大超级都市圈的平均规模将达到1.2亿人,城市化率将升至75%,即增加2.2亿新市民。

中国正在以前所未有的速度推进城市化,特别是硬件基础设施大幅改善。中国将通过结构化改革及数字科技的广泛应用,打造更快捷、安全、环保和宜居的城市。进入城市化的后期,在中国东部经济发达地区城市化水平已经接近发达国家水平的现状下,将会出现更多城市之间的人口迁移,城市之间的分工、合作优化。而西部地区城市化仍在大力推进,城市人口将会进一步集聚,规模效应进一步凸显,将会出现快速城市化的过程。

2.1.4 我国城市化过程中的社会心理风险

区别于欧美国家,我国的城市化呈现出了不同的特点。中国城市化的推进模式和动力机制均以政府为主导。欧美国家的城市化主要由城市经济发展推动,并受到人口聚集程度与产业发展水平的影响。而我国则是国家战略在城市化进程中发挥决定性作用,市场机制发挥的作用有限。由于缺乏市场机制的协调,城市化过程中容易产生一些问题。比如,在新城区开发过程中,政府将公交线路规划进新城区,要求公交公司为新城区提供公交服务,与此同时干预公交票价的制定,限制公交票价上涨,导致公交公司亏损运营,政府再通过补贴的方式弥补公交公司的亏损。这种政府干预方式使市场调节机制失灵,使公交公司不再因市场竞争而主动提升服务质量和创新服务模式,使具有高额支付意愿的居民失去了享受更高水平公交服务的机会,同时也给政府自身增加了财政负担[51]。

这种由政府统一部署、高速发展的城市化进程，使得大部分民众和企业被动接受城市化，必然会导致一些社会心理问题。由于社会力量发育不足，我国很多城市的城市化大多呈现自上而下的推进状态，由政府进行总体规划，企业在规划的框架内进行调整与经营，民众则被动接受城市化的结果。这种模式下的城市化结果并不能完全契合民众需求，甚至会损害企业的利益。例如，在旧城区改造过程中，民众与政府之间产生利益冲突。又例如，城市化的大规模推进，导致很多企业无法快速适应城市扩大的状况。面对更加广泛的民众服务需求，无法快速应对和处理，难以使消费者的满意度上升，由此激发了更为激烈的务工人员的社会心理风险。

随着城市化的不断发展，出现了失地又失业农民这样一个特殊而又尴尬的社会群体。这是在工业化、城市化、信息化进程中无法避免的社会现象，因为大多数农民家庭世代务农，文化水平偏低，技能很少，无法在企业改革与科技高速发展的当下拥有较高的竞争力，只能从事一些临时性工作，导致大部分失地农民处于就业不足甚或长期失业的状态，因而存在着较高的社会心理风险隐患。

随着网络经济的蓬勃发展，城市新产业、新业态、新领域大量涌现。这些新业态，特别是网约车、快递业、外卖小哥"内卷"现象严重，从业者心理健康水平堪忧。

与新业态相伴相生的还有城市化进程中的行业、产业迭代，这个迭代过程造成了许多城市居民包括受过高等教育的中青年沦为失业者、失意者。从心理学角度分析，他们的心理平衡会失常，处于迷茫状态，感到忧愁、颓废、失意，甚至精神错乱，由此带来的社会心理风险一样不容忽视。

随着城市化进程的不断加快，城市运营系统日益复杂，安全管理面临诸多挑战，社会风险与城市安全已成为社会关注的焦点话题。与传统社会学研究手段不同，现代的科技工作者更关心如何利用移动互联网、地理信息和人工智能等技术，提高社会风险的预测、预警以及预防能力，增强城市安全管理的预见性、精准性和高效性。

要提升城市治理与运行能力、打破城市发展困境，就必须发现并解决这些问题。而解决问题的关键是要构建城市安全生产的精准画像，开展城市安全生产风险评估，建立完善覆盖城市生产、生活、运营等各方面，贯穿城市规划、建设、运行、发展等各环节的全方位、全过程的城市安全生产风险管控体系。

2.2 城市流动人口心理风险的不确定性

2.2.1 城市化进程中的流动人口结构

前文阐释了我国城市化进程中产生的大量外来务工群体成为城市流动人口的现象，旨在揭示他们的心理不稳定性对社会安全发展秩序带来的风险和威胁。国外学者将那些变更经常居住地六个月以上的人口定义为迁移人口，这个界定包含两个层面，一是经常居住地的变化，二是行政区划的跨越。这种迁移人口与流动人口的区别在于，前者变更居住地是永久性或长期性改变,而流动人口从变更居住地到返回原居住地的时间通常在六个月之内。由于欧美等发达国家市场经济体系较为完善,能够实现要素的自由流动,所以人口跨区流动非常频繁。根据联合国国际人口学会《人口学词典》(1982)的界定,人口迁移是在一个地区单位同另一个地区单位之间进行的地区移动或空间移动的一种形式,特征是常住地址的改变和跨行政边界的移动[52]。与之相对应,发生人口迁移活动的这部分人群被称为迁移人口。

我国统计局发布的流动人口定义指的是人户分离的人口,不包括辖区内人户分离的人口。市辖区内人户分离的人口则是指直辖市或地级市所辖区内和区与区之间,居住地和户口登记地不在同一乡镇街道的人口。在我国早期的研究中,《人口学辞典》(1986)将人口迁移定义为人口在空间上的一切移动,包括改变居住地的永久性移动和暂时性移动[53]。由于我国特殊的城乡户籍制度的存在,人口迁移呈现出明显的独特性,《人口科学辞典》将寄居人口、暂住人口、旅客登记人口和在途人口统称为流动人口,例如在建筑和运输部门做临时工的外地务工人员,进城经商、办企业、就学或从事各种第三产业劳动的外地人口,探亲访友人员,来自外地参加各种会议、展览、购货、旅游的人员,都构成了流动人口。流动人口的构成、数量受城镇性质、所处的地理位置和交通条件的制约。在各级政治、经济、文化中心城市,交通枢纽城市,革命与历史纪念性城镇,风景名胜旅游区,生产规模较大的名优土特产区,流动人口比例较高[54]。

流动人口与迁移人口的区别在于是否改变户籍。区别人口与迁移人口两类群体的主要标准是户籍登记地是否发生变化,发生变化的称为迁移人口,未发生变化的称为流动人口[55]。

流动人口的界定包含四个基本要素:①户籍地不会更改;②发生跨越辖区的空间移动;③在前往外地后会经常返回户籍地;④在流入地的居住是临时性的。显然,不论是从微观视角还是宏观视角,流动人口都需要满足跨越一定地理范围与常住户口不变这两个条件,这也是形成流动人口这一概念的两个基本共识[56]。

从跨区位移动统计的角度来看,流动人口分为流入与流出两种情况。从流入地来说,人口逗留时间与就业与否对统计结果的影响较大,在流入地暂时逗留等待中转但并未暂住的流动人口,由于对流入地的人口和经济社会影响很小,不应该被算入流动人口中。因此,对流动人口的界定需要从时间和空间上对"人户分离"进行限定,即"在不改变其户口登记常住地的条件下,到该常住地所在的乡、镇、街道范围以外的现住地暂住的人口以及来自中国港澳台地区和国外的暂住人口"。由于流动人口界定主要以是否存在户籍变动为标准,因此,在时间和空间上都存在较大的弹性,时间和空间界定标准的不一致也导致流动人口的统计量在规模、结构等方面表现出较大的差异[57]。

描述中国城市的流动人口,不应仅从城乡二元结构的视角来考量,应该有历史性的思考。随着我国整体改革开放环境的变化以及全球化的到来,城市化进程中流动人口的结构中有越来越多的元素融合进来。在国家持续"深化改革、扩大开放"的框架下,党的十八大以来,针对世界经济缓慢复苏的新形势、新局面,我国积极建设开放型经济新体制,不断推进高水平对外开放。一方面不断完善法治化、国际化、便利化的营商环境,另一方面针对我国产业发展的阶段性特点和企业发展的内在需求,创造性地提出"一带一路"倡议,积极推动"一带一路"建设,同时推进国际产能合作。这些工作的持续推进绘就了我国开放发展的全新格局。在这个格局下,不仅有国内人口流动的多样性,包括城际间的人口流动,还有国际人口的流动以及各种文化的碰撞。这个改变给全体人民带来了精神文化层面的洗礼,相应地也造成了全社会几代人的心理变迁,给国家和城市的安全发展和应急管控增添难度、提出新命题,比如,畸形的怀旧心理、弱者心态以及极端民族主义和民粹主义。

2.2.2　城市流动人口的心理风险因素

《中国流动人口发展报告 2018》显示,目前我国流动人口中外出务工人员高达 1.7 亿余人次,这些人当中,有传统概念上的农民工,也有新生代农村户籍流动人口,统计数据表明,"80后"新生代农村户籍流动人口已占劳动年龄流动人口的近一半。他们大多数在城市成长,基本不懂农业生产,即使经济形势波动,城市就业形势不好,他们也不大可能返乡务农。城市流动人口中还有超过 10% 的、拥有城市户籍、在城市与城市之间流动的人口。到 2020 年,中国流动迁移人口,包括在城市落户的人口增加至 2.9 亿人,年均增加 600 万人左右,其中,农业转移人口约 2.2 亿人,城市与城市之间的流动人口约 7 000 万人。

我国进城务工的群体日益扩大并逐渐成为城市建设中的重要群体。由于户籍制度的限制,他们在城市中的就业机会、社会保障、福利等方面无法享有和城市职工同等待遇,他们在不同程度上存在身份认同困境,在城市中产生迷茫与失落感,进而产生强烈的自卑心理。同时,他们面对就业与分配的不公平,成为游离于城市正规社区和制度之外的弱势群体,将自己定位于权力、社会地位等多方面均处在劣势的边缘人,更容易使他们产生消沉、自责和悲观的不良情绪。他们感觉不能从心理上彻底融入城市社会生活,精神需求十分匮乏,并由于其无法在政治上形成有力的组织联盟捍卫自己的合法权益,他们长期积累的消极情绪得不到释放,容易引发不理智行为,影响社会的和谐与治安。

流动人口进城后面临着就业等多方面的不确定性和风险,诱发心理健康问题的心理压力以及罹患精神疾病的可能性更高,在遭受精神疾病时更加脆弱,这一现象在青年流动人口中特别明显。由于流动人口对精神疾病的认知水平较低,因此,一旦他们的心理健康受损,自主寻求正确的缓解方法和医学治疗的可能性也会很低,从而可能给他们的家庭和社会造成负担和危害。相对于男性,女性流动人口的心理健康水平更低。数据调查显示,女性流动人口患精神障碍的风险是男性的 1.8 倍;相比于 36~56 岁的流动人口,26~35 岁的流动人口患精神障碍的风险增加 36%,16~25 岁的流动人口患精神障碍的风险增加 65%;低收入流动人口患精神障碍的风险是高收入者的 2.4 倍。同时,流动人口的年龄越大,其心理健康水平越高;受教育水平越高的流动人口,其心理健康水平反而越低,这可能是受教育水平高的流动人口面临着更大的就业竞争压力、更复杂的社会经济环境所致;已婚流动人口的心理健康水平高于未婚流动人口,这可能是因为婚姻能够使个人具备更加明确的生活目标,使其拥有家庭的温暖,从而有助于其提高心理健康水平;收入水平的提升能够显著提高流动人口的心理健康水平。

大部分社会经济因素对心理健康水平都有显著的影响。重大疾病的就医问题会对流动人口的心理健康产生显著的负面效应。在产生巨大心理压力的同时,生理上的疾病也会直接损害流动人口的心理健康,从而降低其健康水平。家中有老人赡养问题和子女照看问题需要操心的流动人口,其心理健康水平较低。需要说明的是,操心老人赡养问题的负面效应明显更大,这表明操心老人赡养问题更容易损害流动人口的心理健康。接受健康教育对流动人口心理健康水平有显著的正效应,这表明更多地对流动人口提供健康教育培训,将有助于提高其心理健康水平。流动人口外出的时间长度对流动人口心理健康也有显著的正效应,这说明外出时间越长,流动人口的心理健康水平越高,这是由于外出时间越长,越有利于适应陌生环境,这一结果也符合理论预期。

社会排斥会对流动人口的精神心理健康造成不利影响,包括经济排斥(社保歧视、工资拖欠等)、身份排斥(休闲活动少、不被尊重、污名化、难以融入社区等)以及文化/心理排斥(缺乏归属感、文化冲突等)。无论是"工作在繁华市区",还是"工作在城乡接合部",工作环境对流动人口心理健康的影响皆为负面影响。工作环境的陌生和繁华程度越高,越不利于流动人口的社会融合和心理健康。对于流动人口来说,他们面临着崭新的、陌生的社会环境,同时自身条件与这些环境中的同事也可能存在较大的差距,这种落差感和陌生的环境不利于流动人口心理健康。能否更好地融入当地社会和工作环境,与本地人和谐融洽地相处,一定程度上也决定了流动人口的心理健康水平,流动人口如果能够和本地人混合居住,则更有益于其心理健康。

与大规模流动人口相伴而生的是我国总量近 7 000 万的留守儿童以及增长速度惊人的空巢老人。近年来,焦虑障碍、抑郁障碍、人格偏离、网络成瘾及自杀意念是留守儿童经常出现的精神心理问题。此外,空巢老人也易患抑郁障碍、焦虑障碍、认知功能障碍。值得注意的是,近年来空巢老人的自杀人数也呈上升趋势。

2.3 社会心理风险对城市安全发展的影响

2.3.1 城市化与社会发展

城市化水平是一个国家或地区经济发展的重要标志,也是衡量一个国家或地区的社会组织与管理水平的重要标志。城市化是社会经济变化的过程,包括农业人口非农业化、城市人口规模不断扩张、城市用地不断向郊区扩展、城市数量不断增加以及城市社会、经济、技术变革进入乡村的过程。

有学者以现代历史节点为依据,将我国的城市化过程分为新中国成立前、新中国成立后、改革开放前及改革开放后。也有学者从发展进程的角度,将城市化分成初始、发展、巩固三个阶段。初始阶段表现为乡镇人口向城市流动,例如进城务工等。城市的规模开始扩大,基础设施建设不断完善。发展阶段表现为外来流动人口依据血缘、地缘和业缘等关系,逐渐形成群体,并吸纳新的成员。城市人口的构成变得复杂,群体之间的竞争加剧,更容易出现利益纠纷与冲突。城市规模依然在扩大,但速度变慢,城市中心建设了完备的基础设施,城市周边地区开始出现集群,从城市中心到城郊的分化愈加明显。巩固阶段的表现是流动人口群体出现分化,部分流动人口逐渐融入原有的城市群体,被同化,部分流动人口离开城市中心到城郊,城郊等边缘地区的集群扩大,继续吸纳新的流动人口,也有部分流动人口离开城市,返回其原住乡镇。在城市化的不同阶段中,人口流动的目的和方向不同,因此,不同群体的心理认知和危机风险也不相同,需要精准识别心理风险类别[58]。

城市化涉及两大主体,即原住城市人口及新的流动人口。外来务工流动人口与城市建设导致的失地农民等是需要关注的核心群体。在城市化的发展阶段,原住城市人口与流动人口群体之间的利益冲突逐渐变得尖锐明显,容易产生危机。除此之外,早先流动人口与后来流动人口之间也开始出现竞争,导致摩擦和冲突。在城市化的巩固阶段,产业升级转移、逆城市化的趋势可能会导致城市的就业机会流失,不同群体间的竞争加剧,利益冲突也可能会随之加剧,但由于部分流动人口撤退,此时群体矛盾的激烈程度可能会出现波动下降。

城市化是一个动态的过程,因此,城市化给社会发展带来的影响不能一概而论,在不同的阶段和不同的主体中,同时存在着不同的正面效益和负面影响。

城市化的正面效益包括由人口流动带来的社会文化交流与融合,形成丰富的亚文化,由人口集群带来的集约化经济生产效益等。负面影响包括由城市建设带来的生态环境破坏,由人口聚集带来的不同程度、不同方面的竞争和冲突,以及地缘和人情文化背景下的融入与认同问题等。

总之,在城市化进程中,不管是从宏观而言还是从微观而言,都是机会与风险并存的过程。如何使城市向好的方向发展,需要对城市安全有足够深入的认识,并建立完善的风险预警机制及心理风险干预机制。

2.3.2 城市安全发展与社会心理风险

2018年1月7日,中共中央办公厅、国务院办公厅印发了《关于推进城市安全发展的意见》,指出:随着我国城市化进程明显加快,城市人口、功能和规模不断扩大,发展方式、产业结构和区域布局发生了深刻变化,新材料、新能源、新工艺广泛应用,新产业、新业态、新领域大量涌现,城市运行系统日益复杂,安全风险不断增大。一些城市安全基础薄弱,安全管理水平与现代化城市发展要求不适应、不协调。要弘扬生命至上、安全第一的思想,加强城市安全源头治理,健全城市安全防控机制,提升城市安全监管效能,强化城市安全保障能力,加强统筹推动,健全公共安全体系,打造共建、共治、共享的城市安全治理格局,促进建立以安全生产为基础的综合性、全方位、系统化的城市安全发展体系,全面提高城市安全保障水平,有效防范和坚决遏制重特大安全事故发生,为人民群众营造安居乐业、幸福安康的生产生活环境。城市安全发展问题的关注点仍在安全设施建设、安全管理建设、安全制度建设之上,通过宏观调控保证城市安全发展。但针对社会心理风险的疏解预案较少。

研究城市公共安全风险评估成为当今城市安全的热点课题,例如Fernando等[59]通过对波哥大首都区风险管理规划框架的研究,提出了灾难风险管理规划的原则、概念模型及结构框架,为其他城市提供了一套具有实用性的概念及操作方法。在评价指标体系构建方面,国际经济合作与发展组织(OECD)提出"压力—状态—响应"(P-S-R)评价体系;联合国可持续发展委员会(UNCSD)提出"驱动力—状态—响应"(D-S-R)评价体系;欧洲环境署提出了"驱动力—压力—状态—影响—响应"(D-P-S-I-R)评价体系[60]。

近年来,国内学者也对城市公共安全进行了一系列的研究。董晓峰等[61]认为,"安全城市"是一个城市在政治、经济、文化、社会、生态环境、市民人身健康以及资源供给等方面保持一种动态稳定的和谐状态。同时,安全城市具有健全的应急反应体系与机制,能够恰当地处理各种威胁城市正常运行的不稳定因素,具备全面抵抗危害社会和经济的自然灾害、人为灾害和突发事件的能力,能够给生活在其中的人们普遍安全感和归属感。

安全城市理论包括以下六个方面:①人类社会与自然生态环境的协调发展是安全城市的基石;②稳定健康的经济增长与社会改革的和谐推进是安全城市的基本前提;③科学的危机管理体制与健全的处理机制是安全城市的重要环节;④普遍的公众危机意识和科学的安全救助知识是安全城市的重要防线;⑤政府是构建和管理安全城市的直接参与者;⑥安全城市以人类的全面发展为最终目标。

在指标划分方面,罗云等[62]提出了安全小康社会的概念及发展目标的体系和原则,结合我国政府管理部门的需要,定义了城市安全的十二大领域,并设计了指标体系;在事故灾害方面,田玉国[63]在对英国交通安全管理风险研究的基础上,提出交通安全风险管理的建议与意见,并结合我国实际情况作出了对比分析;司鹄等[60]在构建城市公共安全风险评估指标体系时,提出需要从公共安全涉及领域与影响两个维度综合考虑。还有从领域维度方面采用公共安全突发事件的分类方法,将城市安全分为自然灾害、事故灾害、公共卫生、社会安全。其中,自然灾害包括地震、滑坡、泥石流、地面塌陷、暴雨洪涝、干旱高温、飓风台风、海啸灾害等;事故灾害包括工矿商贸、火灾和交通事故等;公共卫生包括传染病疫病、水气污染和食品药品等;社会灾害则包括治安和刑事事件等。而人作为一切事故与灾害的承受者则作为单独考虑对象,人口特性包括城市人口密度、受教育程度、年龄结构等。影响维度方面则采用能力与脆弱性综合评价模式,其中能力指城市抵抗灾害的能力,包括基础设施抗灾能力和医疗卫生抗灾能力等[64]。

1. 城市安全生产与社会心理风险

要保证安全生产,就必须对各行各业人员的心理健康提出相应要求。随着城市化的发展,务工人员的涌入加剧了职业竞争和社会竞争,职业群体的工作压力达到了前所未有的高度。工作压力带来了一系列的个体生理、心理和行为结果,对工作倦怠的产生和形成有重要的影响。

社会心理风险通过影响从业者的职业心理状态间接对行为安全产生积极或消极的作用。对从业者职业心理因素的研究一般包括工作倦怠和工作投入两个关键变量。个体层面的工作压力、角色冲突会导致工作倦怠,从而削弱工作投入。角色模糊会削弱工作投入,而个体的自主性可以促进工作投入。组织层面的社会支持能够削弱工作倦怠,促进工作投入,但人际关系冲突会导致工作倦怠,削弱工作投入。工作倦怠不利于员工的行为安全,工作投入能帮助员工维持安全行为[65]。值得注意的是,组织支持感在缓解工作压力、消除工作倦怠中发挥了调节作用,因此社会生产组织要积极进行工作压力管理和工作倦怠干预[66]。

2. 突发事件中的心理风险

风险认知是个体对存在于外界各种客观风险的主观感受与认识,这些主观感觉会受到心理、社会和文化等多方面因素的影响。风险沟通主要强调的是一种社会过程,通常是发生在人们风险意识逐渐上升的情境中。在突发事件如自然灾害或人为灾害出现时,市民的社会心理风险会上升,在心理上处于极度的不稳定状态,需要及时干预。而在城市化的过程中,市民的社会心理风险是缓慢变化的,不如突发事件中的明显,呈现"温水煮青蛙"之势,而一旦社会心理风险激化到一定程度,就会爆发冲突。

要解决这个问题,必须从政府的角度,考虑如何建立国家级危机事件或重大事件的社会心理预警系统,使我国各级政府及危机事件主管部门能及时监测个体、群体和社区,甚至整个大区域的民众的社会心理行为,从而提前采取针对性的对策。学界已开展了相关的有益尝试,例如中国科学院心理学研究所朱廷劭的团队,基于微博平台中高生态化的行为大数据,利用机器学习训练得到的预测模型,实现心理指标自动识别,已形成了一个基于微博用户生产内容,实现自杀预警的产品[67]。

这类预警系统和预警机制的建立,一方面可以及时发现并预防因民众的心理因素或行为不当带来的灾难,或者当危机事件发生后,可以在最短时间内收集信息,进而开展有效的危机管理,把损失控制到最小的程度;另一方面,通过引入大数据和政府层面的预警机制,可以利用数据实现更为科学的舆论引导或心理干预,帮助不同信息接收特性的民众梳理各种复杂的信息,克服在危机事件中的恐慌,以便从容应对,控制社会心理风险。

2.3.3 城市安全发展中的群体与个体

群体是人的集合,即使社会心理是在群体层面上具有普遍意义的心理态度,社会心理风险依然可以通过同质的、重复的个人危机的形式出现。群体亦是利益的集合,群体间经常因为利益矛盾产生摩擦,进而发展为群体性的冲突。利益受损群体一般为了表示不满或寻求正义,会发动游行示威、罢工等行动,阻碍正常的生产活动,造成紧张的社会氛围,影响城市的安全发展。

不管是否归属于某一社会群体,只要是共同生活在同一城市中,市民的情绪就有可能受到危机中的个体或群体的影响,因而普遍的个体心理危机和群体危机能通过传染扩散,使社会心理风险对城市安全发展造成影响和冲击。

因此,必须注意到社会心理风险的两个维度:群体层面的心理风险(群体心理学中群体内部的心理风险、群体间的心理风险)和个体层面的心理风险(个体对社会风险的感知,并对此作出的行为)。一般来说,城市的社会心理风险主要表现在公众对城市的安全感意识、社会焦虑、社会恐慌以及社会愤怒[68]。了解城市公共安全的社会心理与公众需求是规避城市风险的重要议题。

1. 群体心理风险:冲突与情绪传染

近年来,我国频发的群体性事件已经成为影响社会稳定的突出问题,成为中国社会风险的信号。从社会冲突的角度来看,群体性事件引发的社会冲突,在强度等级与手段的激烈程度上加剧了。民众与警力的直接冲突、与政府的直接对抗,表明群众性事件的冲突对象出现由具体对象向政府转移的趋势。从政府管理的角度来看,与以往处理群体性事件相比,无论是事件真相报道,还是处理过程,基本都置于传播媒介的监督之下,特别是自媒体的参与更是史无前例的。它标志着政府对社会冲突事件处理模式的转换,即由封闭的、僵硬的内部处置到开放的、弹性的公开处理,这种危机处理的巨大进步,为以后透明地处理群体性事件树立了良好的榜样[69]。

但是,宏观治理群体性事件方法的进步并不意味着群体心理风险对城市安全发展的冲击可以被消除。群体情绪的传染和极化往往容易爆发恶性群体性事件,给城市安全发展带来恶劣影响。

群体行为发生过程中,会形成区别于个体的"群体心理"。勒庞在《乌合之众》一书中指出,个体一旦参与到群体之中,由于匿名、模仿、感染、暗示、顺从等心理因素的作用,个体就会丧失理性和责任感,表现出冲动并具有攻击性的过激行为。他进一步指出,群体行为的社会心理特点主要表现在冲动与多变、易受暗示和轻信、情绪的夸张与单纯以及偏执与专横。群体中的个人会表现出明显的从众心理,在心理学范畴又被称为匿名状态,个体借助"数量即正义"之名行不负责任之事,勒庞称之为"群体精神统一性的心理学定律",最易滋生出如教条主义、摒弃责任、顽固偏执的心理[70]。

在城市化进程中,有些群体间的矛盾爆发,在一开始本有着明确的利益诉求,然而,在群体心理的影响下,这些诉求逐渐走向偏激,既不利于解决矛盾,又阻碍了正常的社会运行。群体性事件容易变成个体或群体借机发泄心理的机会[71]。随着互联网技术的不断发展,由于成本低、管理松散、互动性强的特点,自媒体、社交网络、短视频平台等成为民众情绪的释放口,同时,网络效应又使得民众的情绪空前集聚放大。在网络的推波助澜之下,群体事件爆发的风险进一步增强。

当前中国社会的剧烈变化、利益的重新分配、社会阶层的重新划分以及差距的加大,使得社会弥漫着一定程度的不满情绪。人们在经济发展中受益不公,心理上产生了被剥夺感;某些地方政府长期行政不作为、乱作为,造成社会秩序紊乱甚至失控,弱势群体的利益得不到保护;司法不公平、不公正,信访长期无果,使部分民众感到无处说理、心理压抑。

行政不作为和乱作为,严重损伤了政府整体的威望和公信力。在起因事件发生后,政府有关部门出来"辟谣"或"定性"时,不仅无法起到安抚人心的效果,反被视为推卸责任、隐瞒事实的借口,起到火上浇油的反作用,公权力部门进一步深陷"塔西佗陷阱"。例如瓮安事件中,相当一部分中青年人,甚至中学生、大学生也参与其中。这是一群最容易产生藐视现有秩序心理的人。在官、民客观上存在隔阂的现实下,管理者和被管理者因处于不同地位、持不同立场,看待问题和思考问题的方式大相径庭。在起因事件发生并造成一定影响后,相关部门对事件的解释与民众所期望的解释也会大相径庭。也可以说是相关部门对当时的公众社会心理的理解不到位,对相应的风险研判不足。

个人进入群体后,总会有一种表现欲。这与人在现代社会里孤独感增强有关。"现代环境趋向于使社会原子化,它剥夺了社会成员的集体感和归属感,而如果没有这些,个人也难以取得良好的成就。许多人把不安和焦虑看成是现代的人格特征,这可以直接追溯至伴随现代化过程的深刻的社会解体",而且"随着数百万人从乡村转移到城市,传统社会的规范遵从与赏罚效果削弱了,个体与他人直接的紧密联系松弛了",但人内心对于群体的渴望并没有因此减少,有时反而更加强烈,只是表现出来的方式和条件有所变化[71]。现代化造成个体间距离拉大并没有改变人类渴望群体生存这一本能需求,只不过会以另一种方式表现出来。这种英雄情结会促使他去做那些让群体称道的事情,无论这些事情是不是违法。

许多参与群体性事件的人,可能根本没有意识到事件发展的严重性,更无法说清自己参与该事件的目的和动机。同时,城市化过程中形成了不同的群体内部秩序和结构,存在着群体压力的问题。群体压力是当群体成员的思想或行为与群体规范发生冲突时,成员为了保持与群体的关系,必须遵守群体规范时所感受到的一种无形的心理压力。从众是个体在群体无形的心理压力下,放弃自己与群体规范相抵触的意识倾向,服从群体大多数人的意见,做出与自己愿望不符的行为的现象。这种从众心理可能会使一个极小的事件在很短的时间内聚集起几千人甚至上万人,从而聚集起巨大的社会能量。

有学者用情绪传染理论为群体性冲突事件的预防、干预和处理提供依据,从而减轻群体性事件的不良后果,例如采用情境实验法来考察面临同样的不安全事件时,处于个体情境和群体情境下被试的心理不安全感差异来描述群体中心理不安全感传染的现象等。尤其对在重大突发事件中导致公众安全感缺失的必要条件和逻辑条件组合测试时发现,事件的影响范围广、应对不及时、谣言的存在和消极的群体情绪,是导致公众安全感丧失的必要条件,此外,事件的属性和政府的应对策略也会影响群众的心理安全。因此,应构建以提升应急能力为目的,政府、媒体和社会公众协同参与的心理危机治理机制[72]。

群体性事件中,法不责众心理起到了推波助澜的作用。群体行动中个体的去个体化现象是这种法不责众心理产生的最为主要的根源。去个性化是指群体中个人丧失其同一性和责任感的一种现象,自我评价和控制水平降低,导致个人做出在正常单独条件下不会做的事情。当群体成员共同分担责任时,他们不像单独时那样有强烈的责任感,这种现象在心理学中也被称作责任的扩散或去身份化,因为人们作出反应或接受反应不是作为单独的个人而是作为群体的一部分。而群体成员越无个性特征,作为个人的差异性越小,自我特征的感觉也就越小,他们的行为方式就越不受现有社会规范的约束。

2. 个体心理风险：融入与认同危机

在西方的流动人口理论的同化模式中，许多学者认为，跨境流动人口在接受国一般要经历定居、适应和同化三个阶段。流动人口进入接受国时，由于语言问题，缺乏进入主流社会的渠道，因此只能先在边缘地区设法落脚立足，作为廉价劳动力求生。由于流动人口群体与主流社会之间存在隔阂，因此，流动人口群体更倾向于依靠群体内部，逐渐形成流动人口小社区。在定居、适应的过程中，少数流动人口可以褪去自己的外来特性，被主流社会接纳为"自己人"[73]。

同化模式与我国城市化进程中流动人口主体对城市的适应十分相似。同化是一个相当长的过程，在第二代、第三代人身上才可能完成。我国流动人口的适应情况总体来说还处于一个较低的水平。在短时间内，流动人口完成经济层面上的适应相对容易，然而社会层面、心理层面上的适应，却不是短时间内可以完成的，需要一个长期、复杂的过程。流动人口群体受到了城市文明的冲击和影响，也感受到城市制度的排斥力量，这使得该群体的适应存在文化边缘性的特征。他们在城市生存的亚生态环境，大大地降低了其对城市的适应与认同程度，也降低了城市化生活方式和思想观念对他们的影响。

以户籍管理制度为标志的城乡分割制度是群体流动的最大制度成本和城市化适应的最大障碍。户籍制的核心一是属地管理，二是身份管理。外地居民、乡镇居民有了进城就业的权利，但难以在城市生根，由户籍制衍生的其他一系列政策和制度，如教育制度、保障制度、医疗制度等成为融入城市社会的制度性障碍。这种制度性障碍传递到流动人口身上，主要表现在角色转换与身份依旧的状况上。角色是指社会规定的用以表现社会地位的模式化行为，是身份的具体体现，是社会地位的外显形式。通常情况下，角色转换与身份转换具有一致性。当这些流动人口在城市里定居时，他们通过个人努力转换角色，但转变身份则需要制度与社会的认同。尽管流动人口的生活、工作与城市人口基本无异，但就身份而言，他们仍然未被户籍制度认可，仍然未被部分城市居民所认同。

同时，在城乡二元社会结构依然存在的情况下，城市原住群体与流动人口群体第一次在城市空间的大规模直接互动，难免会产生群体性摩擦。在城市体制没有根本改革的情况下，长期生活在城市中的市民，天然地具有获得社会资源与占据竞争方面的优势，从而形成身份优势意识。他们按照几十年来演化的"刻板印象"判断事物，将流动人口视作"外来人"，认为他们没有权利享受城市的优越条件，在心理上表现出排斥，在认知上表现出偏见，在行为上表现出歧视，致使流动人口在社会心理上形成了无形的屏障，阻止了他们对城市与市民的认同、靠拢与适应。市民中这两大群体生存在同一空间中，表面上是有所交往的，但在社会心理上存在着高度疏离感，成为游离于城市的、既缺乏保护也缺乏约束的社会群体。

流动人口在构成城市的以初级群体为基础的社会网络的功能是双重的，一方面，它在经济上和精神上的支持使流动人口能很快适应环境，在一定程度上防止其沦为城市化失败者；另一方面，强化了流动人口群体的亚社会生态环境，保护了他们身上所具有特性，阻碍着其对城市的认同与归属。大多数流动人口的社会交往圈子通常局限于同类之中，形成了"城市中的村庄"与"城市中的老乡"这一特殊的居住场合与社交圈，由于经济社会地位、语言文化的差异使流动人口与市民缺少生活中的情感互动，降低了相互沟通与交流的深度。他们的文化适应力弱与城市的排斥力量迫使他们固守在狭隘的交往圈，客观上形成了社会隔离状况，与城市主流社会、主流文化相疏离，对城市无法产生归属感，在思想上对城市先进的新事物、新观念、行为方式、生活方式不是主动地接受，而是被动地适应。

在城市中的生活经历正在稀释着流动人口的传统心理和文化意识的浓度，改变了这类人群的价值观念、行为方式等。但是，流动人口在总体上对城市的适应还停留在较低的层次，仅仅是一种生存的适应，离城市同化还有漫长的距离。他们适应城市的障碍主要来自城市的排斥、制度、政策等因素。按照现在的城市管理政策与制度，流动人口只能成为城市无归属的群体。他们长期无法融入城市社会的主流文化，将在心理上抵御城市社会化，进而产生与之对立的亚文化，形成鲜明的外来务工群体与市民的摩擦及对立的集团意识，成为城市不稳定的矛盾源。

在当今风险社会，情绪风险已经成为最大的社会风险。最直接的证据就是近年来由于个体心理失衡造成的恶性案件频繁发生。以2018年为例，全年发生的恶性"报复社会性"案件不下十起。这些恶性案件大都是由个体心理失衡造成的，具有典型的报复社会和反人类性质，这类案件的日益频发撕裂了人性，让中国人在一次次的紧张恐慌中逐渐丧失了安全感，给全社会带来了巨大的伤害。

2018年10月28日发生的"重庆万州公交车坠江事件"更是情绪风险失控的典型案例。由于一件小小的坐过站事件，引发了两个心理严重失衡的个体（男司机冉某和女乘客刘某）情绪风险的爆发，15条鲜活的生命一同沉入长江。更为严重的是，这类由于"情绪失控"造成乘客和公交司机在车辆行驶过程中发生肢体冲突的事件时常上演。根据百度、搜狗、360等搜索引擎的统计，近五年来，在网络上报道的此类事件高达六千多起。自2016年1月到2018年10月，形成法律诉讼的类似案件达到223起。万州事件过去不到两年，贵州安顺又发生一起公交车坠湖事件，公安部门通报称：公交司机张某刚常感家庭不幸福，生活不如意，有厌世情绪，事发前饮酒，公交车无机械性故障。对这类事件，仅仅依靠灾难发生后一次又一次痛定思痛的反思显然是隔靴搔痒，于事无补。

2.3.4 社会心理风险的成因

社会心理风险的形成除了大众层面的心理特点，如心理趋同、情绪感染、心理暗示等之外，还与明显的社会变化规律相关联，例如在执政过程中的体制机制不完善等因素。

首先，在互联网媒体尚未发达的阶段，我国有些地方"维稳工作"的核心就是处理信访，而处理信访的主要方式是"截访"，四处截访耗费了大量公共资源。这种掩盖问题、转移矛盾的工作方式导致的后果就是不断积累情绪风险，直至情绪风险积累到峰值而"爆炸"。当信访事件由个体事件向群体事件转变时，群体性上访事件呈现出人数逐渐攀升、规模不断扩大、表现形式趋于激烈、群体情绪失衡等态势。造成群体上访事件高发的原因是多方面的，概括起来有主、客观两个方面。从主观上讲，随着城镇化程度日益加深和改革开放的力度加大，公众对于维护自身权利的意识逐渐增强；从客观上讲，引发群众上访的社会治理层面的原因日益固化和普及化，同样的原因给更多的人造成"被剥夺感"，形成群体心理失衡。

不同的信访事件，有着涉及社会各个层面的复杂诱因，但从个体心理角度出发，所有事件归根到底都是上访者的心理失衡问题表现为喊冤和讨说法。许多信访事件都是从一桩"心事"开始，疏导解决不力变成了"心结"，最终导致情绪失控引发社会矛盾和群体冲突。大部分上访者并不是无理取闹，上访也并非为了获取不正当的利益，从个体角度，心理失衡才是他们上访的主因。

要从根本上解决群体信访事件依赖于解决好社会公平公正的问题，解决好法制建设和体制变革等深层次问题。从操作层面上讲，既要针对性地解决客观问题，还应该做好上访者的心理疏导工作，使上访人员最大限度地摆脱心理失衡的影响。按照公共安全风险源的"倒三角形结构"理论，解决好"情绪风险"以有效地控制群体信访事件对社会的冲击，也可以阻断新的人为的"物的风险"的产生。比自欺欺人、掩耳盗铃式的"截访"有效也有益得多。但在具体实践中，大多数"维稳"信访人员既没有对上访者进行心理疏导的意识，也没有心理疏导的专业能力。

其次，群际心理风险成为维护社会稳定的"高压线"。群际心理风险是指由非利益关联人参与的、在群际情绪主导下群体互相感染、互相影响，针对强势群体的一种模仿从众的群体行为，即由群体羊群效应造成的安全风险。群际心理风险是放大了的群体心理风险，两者之间的区别是有无利益关联人的参与，无利益关联人参与的群际风险可以直接引发社会骚乱。有效化解群际心理风险、控制群际社会事件是维护社会稳定的"高压线"。

群际情绪借用社会认同方法，采用集体-自我的概念作为其理论的源点，认知评价、情绪、行为倾向是群际理论的三要素。群际水平的情绪不同于个体水平的情绪；群际情绪取决于群体认同水平；群际情绪弥漫于整个群体；群际情绪有助于激发和调节群内、群际态度和行为[74]。

个体会因为某些外在特征进行归类，认同一个群体的价值与规范，从而形成对内、外群体的情绪评价和体验。当个体认同某一群体时，基于内群体与其他群体的比较评价，个体具有一种从本群体的角度去评价外界事物的心理倾向。当人们身处由持相同观点的人组成的群体中时，他们尤其可能会走极端。2008年发生在贵州的瓮安事件就是一起典型的群际情绪风险引发的公共安全事件(详细信息可参考第1章案例)。一起少女溺水死亡事故，最终演变成上万人聚集、数百名不法分子打砸烧党政机关的暴力事件。事后，贵州省委在总结瓮安事件教训时认为，瓮安事件背后深层次原因是瓮安县在矿产资源开发、移民安置、建筑拆迁等工作中侵犯群众利益的情况屡有发生，而在处置这些矛盾纠纷和群体事件过程中，一些干部工作作风简单粗暴，随机性较强，缺乏危机意识，导致干群关系紧张，而且促使警民关系紧张。加之有的领导干部和公安民警长期以来失职渎职，对黑恶势力及严重刑事犯罪、群众反映的治安热点问题重视不够、打击不力，刑事发案率高、破案率低，导致社会治安差。

当前中国的社会转型导致各种阶层矛盾凸显,弱势群体个体之间在平常的生活中形成了共同的群际情绪,这些群际情绪记忆强度也使得弱势群体对强势群体具有某种共同的行为倾向。近年来,部分地区由于干群矛盾、社会结构冲突引发的矛盾长期得不到解决,在弱势群体内心滋生了不满心理和情绪,这构成了群体性羊群行为产生的社会情绪基础。弱势群体的某一个成员遭遇不公平对待或者个体的行为选择,都可能成为群际情绪的诱发因素,使得群际情绪得以唤起、扩散,个体之间在群际情绪主导下互相采取一致的行为,引发群体的羊群行为,造成对社会稳定的巨大破坏。

显然,防范群际情绪风险应该成为维护社会稳定的"高压线",尤其要关注三个社会群体,即新生代农民工、近2 000万底层知识分子和近300万退伍军人,这三类群体都有能力迅速地发起社会动员。

2 700多年前,被誉为"华夏第一相"的管子就明确提出,心安,是国安也;心治,是国治也。治也者心也,安也者心也。党的十九大报告也提出,加强社会心理服务体系建设,培育自尊自信、理性平和、积极向上的社会心态。这就要求全社会加强对情绪风险的管控,维护和保障社会的安全和稳定。

最后,来自人才政策的影响。近两年来,不少一线城市之外的大中城市纷纷发布人才引入的优惠性政策,积极吸纳人才落户,与以往的外来务工人员相比,呈现了新时代下更高层次的城市化。这些人才为户籍、地理区位等要素所吸引,但在实际工作和生活中却处处受限:城市内没有足够的、合适的工作岗位,落户人才无法施展才华;落户人才离开了其原先生活的环境,社会支持减少甚至断裂;不少落户人才在内心仍存在对一线城市的向往,导致落差感,这些落差心理难以得到释怀,容易引发一定程度的心理危机,转而成为对政策的不满与怨恨。

2.4 社会心理风险的治理

如何有效进行城市社会心理风险的治理成为推进国家治理体系和治理能力现代化的重要议题。公众心理安全影响社会稳定与和谐、社会经济的发展以及政治意识的培养,对社会风险治理有着重要的影响。因此,社会风险治理应该从关注心理健康、构建和谐社会环境、完善社会心理危机干预机制着手。社会心理干预是城市公共安全风险治理中的一个关键变量[34]。公共安全风险易导致社会消极心理的产生和蔓延,社会心理干预有利于唤醒积极情绪,传递正能量,促进社会认同。实施社会心理干预可从构建完备的心理健康服务体系、健全有效的社会心理疏导机制、建设社会心理疏导渠道等方面进行合理的思考。

目前国内外针对自然灾害、突发事故的预警系统研究已经有了一定的理论积累和较为丰富的实证案例。社会心理因素常作为预警系统的重要变量,用于辅助系统的构建与评估。相关实证研究一般结合特定的城市危机,如突发的公共安全事件等来展开讨论。但相关的理论研究仍未形成体系,特别是中观层面的城市社会心理风险的治理与重塑未引起学界的足够重视。随着我国城市建设水平的提高,在实践中,微观层面的个体心理风险干预得到了逐步完善。

尚未形成显性现实危机的社会心理风险是较难被发现的,只能通过调查来做模糊评估,并不能对尚未演变为危机的社会心理风险进行干预。因而现有研究更多地将重心放在显性危机事件的干预上。当社会心理风险呈现危机的演变趋势时,及时有效的干预能治理并重塑社会心理风险。

2.4.1 心理危机阐释

心理危机是指由于突然遭受严重灾难、重大生活事件或精神压力,使生活状况发生明显的变化,尤其是出现了以现有的生活条件和经验难以克服的困难,致使当事人陷于痛苦、不安状态,常伴有绝望、麻木不仁、焦虑,以及自主神经系统症状和行为障碍。心理危机可分为发展性危机、境遇性危机和存在性危机三种。

1. 发展性危机

发展性危机(developmental crisis),又称内源性危机(endogenous crisis)、内部危机(internal crisis)或常规性危机(normative crisis),是指正常成长和发展过程中的急剧变化或转变所导致的异常反应。心理学家埃里克森(Eric Erikson)认为人生是由一系列连续的发展阶段组成的,每个阶段都有其特定的身心发展课题。当一个人从某一发展阶段转入下一个发展阶段时,如果他原有的行为和能力不足以完成新课题,新的行为和能力尚未建立起来,发展阶段的转变常常会使他处于行为和情绪的混乱无序状态。如儿童与父母的分离焦虑,身心发育急剧变化的青少年的情感困惑,青年期的职业选择和经济拮据,对婚姻生活缺乏足够心理准备和处理夫妻角色能力的新婚夫妇,缺乏足够育儿本领的父母面对第一个孩子的诞生;中年职业压力、下岗失业、婚姻危机、子女离家、父母死亡等;习惯于忙碌的退休老人衰老、配偶离去、疾病缠身等。如果没有及时为承担新角色培养新的能力和应对方式,每个人都有可能遇到发展性危机。如果一个人没有及时建设性地解决某一发展阶段的发展性危机,他未来的成长和发展就会受阻碍,他就会固着在那一阶段。发展性危机被认为是常规发生的、可以预期的,又是独特的,在生命发展的各个时期都可能存在。如果个体有足够的时间和机会对发展性转变作出适应性的调整,如获得有关信息、学习新技能、承担新角色,就会减小危机对个体心理上的冲击和伤害。但是,如果个体缺乏处理危机的经验、对挫折的耐受能力差、缺乏自信、不会与人相处等,那么他受到发展性危机的冲击就会很严重。

2. 境遇性危机

境遇性危机(situational crisis)是指由外部事件引起的心理危机,当出现罕见或超常事件,且个体无法预测和控制时出现的危机。如地震、火灾、洪水、海啸、龙卷风、疾病流行、空难、战争、恐怖事件等。

3. 存在性危机

存在性危机(existential crisis)是指伴随重要的人生问题如关于人生目的、责任、独立性、自由和承诺等出现的内部冲突和焦虑。存在性危机可以是基于现实的,也可以是基于后悔,还可以是一种压倒性的持续空虚感、生活无意义感。

对于个体是否达到心理危机的程度,一般有三个判断标准:一是个体遭遇着具有重大心理影响的生活事件,如突然遭受严重灾难、重大生活事件或精神压力;二是出现严重不适感,引起一系列的生理和心理应激反应;三是当事人惯常的处事手段不能应对或应对无效。如"9·11"事件后,毗邻纽约世贸中心的美林证券公司员工反映,他们经常情绪紧张,失眠情况严重;而纽约市消防局100多人因精神紧张而请假,许多人靠服用安眠药和镇静剂才能维持正常生活。

当个体面对困难情境,而其处理问题的先前知识经验及其惯常的支持系统不足以应对眼前的处境,即个体必须面对的困难情境超过了其能力时,该个体就会产生暂时性的心理失衡状态,这种失衡状态便是心理危机。心理危机标志着一个人正在经历生命中的剧变和动荡,它会暂时地干扰或破坏个体习以为常的生活模式,其特征是高度紧张,并伴以焦虑、挫折感和迷茫感等负性情绪。

在高速的城市化进程中,个体容易出现境遇性危机,也称外源性危机或适应性危机。在讲究人情(包括血缘、地缘和业缘关系)的社会文化和特殊场域下,尝试融入一个新城市的流动人口很容易因为离开原住地区,丧失一个或多个原本拥有的情感联系及资源,社会支持系统遭到破坏,就会感到不适,在激烈的城市竞争与融入压力下,逐步发展成危机[75]。

目前学界认为人的心理危机的形成和演变过程会经过警觉阶段、功能恶化阶段、求助阶段和危机阶段。警觉阶段指创伤性应激事件使当事人情绪焦虑水平上升并影响到日常生活,因此可采取常用的应对机制来抵抗焦虑所致的应激和不适,试图恢复原有的心理平衡。当一个人感受到自己的生活突然出现变化,或即将出现变化时,他内心的基本平衡被打破了,表现为警觉性提高,开始体验到紧张。为了达到新的平衡,他试图用自己以前在压力下习惯采取的策略作出反应。处于这一阶段的个体多半不会向他人求助,有时还会讨厌别人对自己处理问题的策略指手画脚。到了功能恶化阶段,当事人经过第一阶段的尝试和努力,发现自己习惯的解决问题的办法未能奏效,常用的应对机制不能解决目前所存在的问题,创伤性应激反应持续存在,焦虑程度开始增加,生理和心理等紧张表现加重及恶化。当事人的社会适应功能明显受损或减退。为了找到新的解决办法,他开始尝试错误的方法解决问题。在这个阶段中,当事人开始有了求助动机,不过这时的求助行为只是他尝试错误方法的一种方式。需要指出的是,高度情绪紧张多少会妨碍当事人冷静地思考,也会影响他采取有效的行动。在求助阶段当事人的情绪、行为和精神症状进一步加重,内心紧张程度持续增加,促使其想方设法地寻求和尝试新异的解决办法,当事人的求助动机最强,常常不顾一切,不分时间、地点、场合和对象地发出求助信号,甚至尝试自己过去认为荒唐的方式,比如一向不迷信的人去占卜。此时当事人也最容易受到别人的暗示和影响。咨询员对处于这个阶段的求助者影响最大。在这个阶段中,当事人会采取一些异乎寻常的无效行动宣泄紧张的情绪,比如无规律的饮食起居、酗酒、无目的地游荡等。这些行动不仅不能有效地解决问题,反而会损害当事人的身体健康,增加紧张程度和挫折感,并降低当事人的自我评价。危机阶段是指如果当事人经过前三个阶段仍未能有效地解决问题,他很容易产生习惯性无助。他会对自己失去信心和希望,甚至对自己整个生命意义发生怀疑和动摇。很多人正是在这个阶段应用了不恰当的心理防御机制,导致问题长期存在、悬而未决,当事人可能会出现明显的人格障碍、行为退缩、精神疾病,有的甚至企图自杀,希望以死摆脱困境和痛苦。强大的心理压力有可能触发从未完全解决的、曾被各种方式掩盖的内心深层冲突。有的当事人甚至会产生精神崩溃和人格解体。

2.4.2 心理危机干预机制

完善社会心理危机干预机制,也是化解社会矛盾、建设健康中国的现实需要。加强对公众心理危机干预常识的宣传教育,向公众普及心理健康知识、防范灾难常识与心理危机干预知识,尤其对特定群体如学生、警察、消防应急、医务工作者、公共交通司乘人员等心理健康卫生的公益宣教应制度化、常态化,在应对突发公共卫生事件的应急预案演练中加入心理危机干预内容,可以提高公众的危机应对和应变能力。

1. 心理危机干预模式

危机干预的目的是通过调动处于危机之中的个体自身潜能来重新建立或恢复危机爆发前的心理平衡状态。心理危机干预的目的有三点:一是个体从中能够恰当把握现状;二是能够重新认识经历的危机事件;三是学到对未来危机事件的应对策略与方法。危机事件往往都有其共性,起因大部分是在相对稳定的生活中发生突发事件,而个体或群体无法利用现有资源和惯常应对机制加以处理,导致安全感降低,引起恐慌。这也是危机干预之所以必要和能够促进个体发展的原因所在。

根据危机发展的三阶段理论:危机前的机体平衡状态,即个体应用策略维持自身与环境的稳定状态;危机发生时的失衡状态,即个体因不能承受极度紧张、焦虑和恐慌状态,可能出现心理防线的崩塌;危机后再次恢复平衡状态,可能等于、也可能高于或低于危机前的水平[76]。危机干预模式可分为三个阶段,分别是危机前、危机中、危机后,根据群体心理恐慌程度不同,各阶段应采取不同的干预策略。危机前,在群体恐慌心理尚未形成阶段,以预防为主,做好充分应对的心理准备;危机中采取切实有效的干预措施,消除恐慌等不良心理及行为;危机后的干预策略以促进成长教育为目的,着重于形成长效的危机感知、预警和自我干预机制。

也有如贝尔金(Belkin)等提出的四种基本的危机干预模式,即平衡模式、认知模式、心理社会转变模式和折衷模式。

(1) 平衡模式指在危机中的个体处于心理失衡状态,原有的应对机制和解决问题的方法不能满足他们的需要,干预的目的在于帮助他们获得危机前的平衡状态。平衡模式最适合于早期干预,此时危机者失去了对自己的控制,分不清解决问题的方向且不能作出适当的选择,除非个人再获得一些应对的能力。危机干预的重点应放在稳定患者心理和情绪方面,以帮助他们恢复心理平衡状态。

（2）认知模式指危机植根于对事件和围绕事件的境遇的错误思维，而不是事件本身或与事件和境遇有关的事实。在危机事件中，持续的、折磨人的处境使人衰竭，推动其对境遇的内部感知向越来越消极的自言自语发展，直到再也不能使他们自己相信，在他们的境遇中还存在积极的成分。接着，他们的行为会跟随消极的否定性的自言自语，自以为对境遇是无能为力的。这种消极思维会使危机持续存在下去。认知模式的基本原则是，通过改变思维方式，尤其是通过认识其认知中的非理性和自我否定部分，练习和实践新的自我说服，使个体的思想改变更为积极，更为肯定。认知模式最适合于危机稳定下来并回到了接近危机前平衡状态的求助者。

（3）心理社会转变模式认为，人是在不断变化的社会环境中成长和发展的，危机不是一种单纯的内部状态，而是受到内外因素的影响。危机的产生与内部（心理的）和外部的困难有关。危机干预的目的在于与求助者合作，以测定与危机有关的内部和外部困难，帮助他们选择能够替代他们现有行为、态度和使用环境资源的方法，如同伴、家庭、职业、宗教和社区等。结合适当的内部应对方式、社会支持和使用环境资源的方法，以帮助他们获得对自己生活的自主控制。心理社会转变模式最适合于已经稳定下来的求助者。

（4）折衷模式指以任务指向为基点，认为危机干预应从所有危机干预方法中有意识地、系统地选择和整合各种有效的概念和策略来帮助求助者。它的主要任务包括：①确定各种系统中有效的成分，并将其整合为内部一致的整体，使之适合需要阐述的行为资料；②根据对时间和地点的最大限度的了解，考虑所有相关的理论、方法和标准，以评价和处理临床资料；③不确定任何特别的理论，保持一种开放的心态，对得到成功结果的方法和策略进行不断的试验。对每一种类型的危机，平衡模式、认知模式、心理社会转变模式都将被纳入危机干预策略中。折衷理论融合为两个普遍深入的主题：所有的人和所有的危机都是独特的，所有的人和所有的危机都是类似的。基于此，折衷模式提出了心理危机干预方式：①分阶段干预，即将干预过程划分为不同的阶段，针对不同阶段的特点采取不同的干预措施与策略；②特异性干预，即针对不同人群、不同应激情境作深度拓展，发挥干预的特异性效果；③整合干预，即将不同的干预模式、支持资源加以整合，使干预的效果达到最佳水平。

2. 心理危机干预的步骤和方法

总体而言，危机干预可以分为以下五个步骤：

第一步，确定求助问题，尤其是求助者当前所面临的问题，并掌握基本信息。

第二步，评估危机程度，包括认知反应、情绪反应、行为及躯体症状，估量危机对当事人的影响程度。

第三步，明确干预目标。制定的干预目标需要考虑求助者自身的期盼，并结合危机特点，要做到具体、实用、灵活多变、有针对性。

第四步，干预实施。实施过程中，要采用多种策略使当事人宣泄情绪、矫正认知、领悟问题、获取方法，并积极主动获取新的社会支持。

第五步，对干预结果进行评估，并明确下一阶段的干预目标与方法。

不论是从理论层面看还是从实际操作层面看,心理危机干预的方法有很多,根据对学界已有文献的研究及对相关典型案例应对过程的整理,对危机事件引起的恐慌等心理问题归纳出如下干预方法:

(1) 根据危机特点,建立心理危机干预体系。以家庭或社区为单位,建立基础危机干预网络,积极组织本社区和心理危机专业人员力量,提供心理科普教育和心理咨询热线,降低广大民众的焦虑感,做好心理防护。对群体性的危机事件中高概率危机发生对象主动提供支持,给予更高的关注和优先心理服务,并借助更加专业的危机干预平台,及时予以心理疏导,降低恐慌焦虑,实现心理状态平衡。

(2) 利用现有资源,构建社会心理支持系统。社会支持对个体心理健康影响重大,心理学上,社会支持系统分为客观社会支持和主观社会支持。客观社会支持指在现实生活中是否有组织或个人以某种方式予以支持,主观社会支持指被支持者本人主观上感受到的支持,如感受到同事和家人的关心、感受到政府对个体或群体的重视等。因此,危机事件发生时,要迅速利用各种资源,建立社会支持系统,给危机中的当事人提供积极的社会支持。

(3) 重视危机后期干预,提升公众心理承受力。危机事件既是灾难也是促进个体成长的机会,而社会性危机,就是一个民族或社会群体成长的机会,从心理学角度而言,危机也是提升公众心理承受力的时机。危机的出现激发人们调动自身内在资源或他人帮助及社会支持来努力解决困扰,消除恐慌,恢复动力平衡。危机事件发生过程中的心理干预重在解决当事人当下不良心理表现,消除心理恐慌,恢复生活平衡。但是危机在当事人心中遗留的心理伤痕却不易消除,因此,在危机事件结束后需要有进一步的心理修复干预手段。危机后期的心理干预可根据当事人身份、经历、心理特点,采取有针对性的团体辅导策略,利用群体动力,帮助人们总结危机遗留的心理问题,以更加理性的思维掌握危机应对策略,提升群体在危机中的心理承受力。

(4) 关注群体行为特点,提高群体社会责任意识。社会责任意识是公民的世界观、人生观、价值观在社会中的具体体现,是公民在社会实践过程中逐步形成的。随着我国社会进入转型期,本应与经济社会发展相应的公民社会责任意识,在许多方面、许多领域都出现了严重的缺失现象,导致诸多社会矛盾和问题的显露和激化。在社会治理过程中,要加强公众的主人翁意识和社会责任感,引导群众以理性合法的形式表达利益诉求,解决利益矛盾,自动自觉维护安定团结。

2.4.3　新媒体在心理危机干预中的运用

新媒体作为一种与传统媒体存在极大差异的新的重要传播手段,已成为现代人日常进行信息传播、沟通与交流的主要媒介,逐渐改变着人们的学习、生活、工作甚至思维方式。新媒体的迅速发展对心理健康教育工作来说,既是机遇也是挑战。新媒体是随着科技的发展,在新的技术支撑体系下出现的媒体形态,依托数字技术、互联网技术、移动通信技术等新技术向大众提供信息服务的新兴媒体,如电子杂志、电子报纸、网络电视、互联网、触摸媒体等。新媒体有别于传统的四大媒体（报纸、广播、电视和杂志），其特点主要表现为空间的虚拟性、信息的丰富性和资源的开放性与共享性。

新媒体在提供丰富信息资源的同时也考验着人们筛选、判断、处理信息的能力，在多元、纷繁的信息面前，人们可能沉溺其中无法自拔，也可能缺乏理性思考而盲目从众，对信息的选择不当容易使人们被不良信息侵袭，直接影响其价值取向的建立，对心理健康或心理危机干预产生误解，治疗的及时性和有效性也会受到影响。

新媒体通过其平等性和交互性虚化了人们的人际交往，为网民提供了直接倾诉或宣泄的对象和场所、个性的发展以及角色认同。人们可以凭借QQ、微信、网络社区、微博等社交媒体平台，实现虚拟环境中的人际信息交互，这种交互关系突破了地域、身份、时间的限制。然而，不可忽视的是，新媒体信息交互功能的便利极易使人们在虚拟的环境中与现实社会关系割裂开。此外，身份的匿名性、信息交互的自由性，使得人们相对自由、约束力下降，甚至表现为信息活动中的放任、肆意行为，这给人们带来极大的心理满足，但也会引发网民迷恋虚拟世界，忘却现实生活，出现心理感触上忘记时空的现象，放弃社会实践活动，不愿进行现实人际交往，甚至出现心理闭锁，影响到人际关系、学习和生活，这样反而达不到预防心理危机的作用。

1. 新媒体为心理危机干预带来新机遇

新媒体具有信息传播速度快、信息内容丰富、开放性强、参与广泛、互动性强等特点，其独特的共享性、自由性、便捷性使其被人们迅速接受。

（1）新媒体具有存储容量大、资源丰富、便捷及时、交互性强、辐射面广的优势，可突破时空限制，为人们提供更多身心发展、教育的机会，填补了传统心理健康教育的不足。网络技术可以把心理健康资源整合成庞大的信息库，心理危机干预工作者可以利用丰富多样的心理健康教育资源实施心理危机干预和心理健康教育，提高心理健康教育的有效性。公众可以利用网络等新媒体手段，随时获取所需要的心理健康知识，自主接受心理健康教育和心理危机干预。

（2）新媒体丰富了实施心理健康教育和心理危机干预的载体，为心理健康知识的传播提供了新思路。通过使用新的教育载体，人人可以在较短的时间内，通过图片、文字、视频等丰富的形式将心理健康教育的内容迅速传递给对方。这样灵活丰富的形式使学习过程变得更加生动有趣，能够充分激发学习者的参与热情。

（3）新媒体技术有助于尽早识别心理问题，预防心理危机发生。传统的心理健康服务方式很难识别心理问题并实施及时干预，容易错过最佳干预时机。新媒体的匿名性大大提高了人们交流的开放性，他们能及时表达自己的情绪、行为及心理状态变化。通过这些信息洞察公众的心理动态，可以尽早识别和及时干预，防患于未然。对于出现心理危机的个体，也可通过技术手段迅速定位到当事人，直接给予干预与治疗，防止自杀等恶性事件的发生。

（4）利用新媒体提高公众的心理健康水平，对心理危机干预具有积极意义。在新媒体环境下创新心理健康教育的途径，旨在合理规避新媒体环境的消极影响，发挥和完善新媒体对心理健康教育的积极意义。

2. 新媒体应用于心理危机干预的具体操作

（1）建立心理危机干预网络平台，统筹优化网络资源。心理健康教育工作者应发挥新媒体的优势，整合优质的心理教育资源，分享公共信息，增加互动平台。在形式上，针对当前人们的学习特点可以开发手机应用程序，与网站相结合，统筹新媒体资源；在内容上，贴近人们的学习与生活，及时跟踪人们关注的热点和焦点问题，利用微媒体进行话题的设置、宣传与引导。

（2）利用新媒体平台开展心理咨询和心理测评。公众可以通过邮件、公众平台、实时互动软件等方式与心理健康教育者及时沟通而获得心理援助，也可开展团体网络媒体知识的宣传教育。此外，借助新媒体平台可以为人们提供科学、有效、丰富的心理测试。政府或社会机构可以利用新媒体平台向公众开放部分心理自我测评，了解自身的心理健康状况并在必要时寻求帮助。心理危机干预人员也可以通过心理测试平台观察人们的心理健康状况，起到监控和预防的作用。

（3）提高媒介素养水平，组建新媒体社会管理队伍。针对当前新媒体的形势，应提高心理危机干预人员的媒体意识、媒体素养。心理危机干预工作人员应掌握新的传播技术，建立平等的对话机制，对社会公众关注的话题进行引导，在新媒体环境中发挥不可或缺的"KOL"（意见领袖）作用。

案例 安顺公交车坠湖事故

1. 事故概述

2020年7月7日12时许，贵州省安顺市一辆车牌号为贵G·02086D的2路公交车从安顺火车站驶向客运东站，在途经虹山湖大坝中段时，冲破石护栏坠入湖中。监控画面显示，贵州安顺公交车急转弯横冲到对面车道后，冲撞护栏并坠入水库。

2020年7月12日，安顺市公安局通报：公交车司机张某钢常感家庭不幸福，生活不如意，对拆除其承租公房不满，有厌世情绪，事发前饮酒；公交车无机械性故障。事故造成21人死亡、15人受伤。

张某钢在西秀区柴油机厂（后更名为西秀区酿造机械厂）工作时分到一套40平方米的自管公房，为自管公产承租人。该公房2016年被列入棚户区改造计划。根据《国有土地上房屋征收与补偿条例》规定，2020年6月8日，张某钢与西秀区住建局签订了《自管公房搬迁补助协议》，协议补偿72 542.94元，未领取。张某钢还申请了一套公租房，未获批。

7月7日上午8时30分许，张某钢来到他所承租的公房处，看到该公房将被拆除。8时38分，张某钢拨打政务服务热线，对申请公租房未获批且所承租公房被拆除表示不满。8时50分，张某钢电话联系对班司机，提出要提前交接班（正常交接班为中午12时）。8时52分，张某钢回到住处。9时4分，张某钢在住处附近烟酒店买了白酒和饮料。后将白酒装入饮料瓶，然后用黑色塑料袋带着前往交接班。10时55分，张某钢与对班驾驶员在安顺客运东站完成交接班。11时2分，张某钢驾驶号牌为贵G·02086D的安顺市2路公交车从客运东站出发，

11时37分到达火车站终点站,乘客全部下车。11时39分,张某钢通过微信语音联系其女友(2016年,张某钢与妻子离婚),流露出厌世情绪。11时47分,张某钢驾驶公交车从火车站出发。12时9分,张某钢趁乘客到站上下车时,饮用了饮料瓶中的白酒。12时12分,张某钢驾驶公交车行驶至西秀区虹山水库大坝时,先是降低车速,躲避来往车辆,后突然转向加速,横穿5个车道,撞毁护栏,冲入水库。案件导致公交车上包括张某钢在内21人死亡,15人受伤。

2. 反思与启示

2018年10月28日,重庆万州公交车坠江事件发生后,各方面的舆论都集中在对抢夺司机方向盘的女乘客刘某身上,认为刘某处在离异、失业的失意状态,是事件的主要责任人。但是,认真分析一下事发时的视频发现,司机冉某的短暂失去理智更是事故的直接原因。事后的调查表明,事发时,冉某与妻子分居,与父母、哥哥及侄儿住在80平方米的房子里。可以说,冉某与张某钢两个人婚姻家庭语境相似,都是人到中年,婚姻不幸福,容易发生愤怒情绪、语言暴力和身体暴力,造成创伤记忆,这种记忆可能会在任何时候、任何情境下被任何负性线索激活,这是创伤心理学中的"扳机效应",谁会中枪是偶然的,但是有人扣动扳机是必然的。

万州事件引起了社会各方面的高度重视,有关方面认识到了公交司机的心理健康问题。2019年,国务院安委办发布的《国家安全发展示范城市评价细则(2019)》明确制定了"建立公交驾驶员生理心理健康监测机制,定期开展评估"的评价指标。遗憾的是,不到两年,又发生了安顺公交车坠湖事件。和万江的冉某比较,安顺事件的主角,公交司机张某刚是典型的激情犯罪。

总结安顺公交车坠湖事件,不难看到,公共交通司乘人员由于收入低、压力大、劳动强度大,心理现状不容乐观,他们的行为安全直接关联着人民群众的生命安全,必须引起有关职能部门的高度关注。建立健全行业心理危机干预机制是当务之急。

3 风险感知与心理共识的构建

风险感知是人们对某个特定风险的特征和严重性所作出的主观判断,是测量公众心理恐慌程度的重要指标。一个基本的认知过程包括感知觉、认知加工、思维与应用三大部分,即个体根据直观判断和主观感受所获得的经验,根据环境刺激、信息进行记录、筛选、凝聚成知识与记忆,来作出主观风险的判定,并以此作为逃避、改变、接受风险的态度及行为决策的判断依据。

任何事物在发展的过程中都会存在风险,对不同风险的感知自然也不同。风险感知的研究主要包括风险感知的基本属性、理论模型、影响因素以及风险感知中的个体与宏观社会的信息共享问题。了解风险感知的概念流变、理论模型以及影响因素有利于风险社会心理共识的构建与达成。

3.1 风险感知的概念及理论模型

3.1.1 风险感知的基本概念

风险感知属于一种集合概念,是从风险与感知两个基本组成单位发展而来的。风险感知主要是指人们对突发事件的心理感受和认知行为,是个体对风险源的认知和综合评价。风险感知是由人的心理而引发的对外界风险事件的一系列认知过程所构成的,最终能够指引人的决策行为,因而具有复杂的交叉性,涉及人的心理、认知和风险感知之间的网络连接关系。

社会风险受社会结构的影响,覆盖面广、影响较大,涉及的学科也比较丰富,如社会学、心理学、经济学、管理学、工程技术、文学、历史、哲学等,现在更加涉猎到医药和健康、体育、网络等多领域的交叉学科,尤其是健康领域。而健康风险感知中涉及信念、态度、判断和情感,以及更广泛的、与威胁有关的文化和社会观念。

风险社会理论是由德国著名的社会学家乌尔里希·贝克于20世纪80年代提出的一种社会理论。贝克在出版的《风险社会》一书中用该理论描述充满风险的后工业社会。该理论到今天已经成为理解和解释当今世界的一个关键观念,也成为社会问题的当代话语形式的一种体现。"风险"也成为当代社会理论和社会公众话语中的一个常见概念。"风险"本身其实是一个关系性范畴,指的是一种不确定性的可能状态。贝克和吉登斯等人从社会理论的层面作出了风险内涵的理解。国内学者也提出了许多具有代表性的概念界定,如"社会损失的不确定性""个人和群体在未来遇到伤害的可能性以及对这种可能性的判断与感知"以及"造成损失的可能性",也有学者认为,风险特指一切自然存在和社会存在相对于人的生存和发展而言可能形成的一种损害性关系状态。

风险概念的发明及其外延的扩展体现了人们主动规避不确定性因素的一种努力,体现了人们面向未来、趋利避害的一种积极冒险精神，彰显了人类主动认识世界和改造世界的主体意识。

感知是人类对外界事物反应的最后一个关键性链接，是人们对外界环境和事物的刺激所产生的情绪变化、认知等心理过程的关键因素，通过意识对内外界信息的觉察、感觉、注意、知觉的一系列过程，分为感觉过程和知觉过程。感觉过程中被感觉的信息包括有机体内部的生理状态、心理活动，也包括外部环境的存在以及存在关系信息。感觉的过程不仅是在接受信息，也会受到心理作用的影响。知觉过程中对感觉信息进行有组织地处理，对事物存在形式进行理解认识[77]。

感知的意义范围很广，是指客观事物通过感觉器官在人脑中的直接反映。个人的感知能力存在差异，后天的影响因素也会产生作用。

3.1.2 风险感知研究的演进历程

西方学者早期对风险感知的研究遵循理性的线性模式，关注了物质性的危害，却忽略了风险带来的社会性危害。当经济学介入风险研究时，开始考虑到公平、公正或伦理的要求，首先意识到人们并非完全依照自身收益决定是否开展行动；其次，经济视角的风险感知研究常以货币为单位来测度效用，但生命、健康的价值很难以此为衡量标准。后来心理学介入了风险感知的研究，实现了由非理性行为向理性行为的改变。对风险感知的心理测量范式开始涉及个体对待风险的态度，拓展到了主观判断范围，间接为后期对个体的非理性决策行为研究提供了依据，提出了个人偏好对风险感知的影响，也就是说，除了客观概率之外，还有很多因素会影响风险感知，例如，风险的背景因素、风险的定性特点（熟悉度、控制感、公平感）、个体的信念与信仰等，风险感知影响因素已经具备了社会与文化的特征和学科开放性。这种特征在转型过程中将表现得更为突出，因此也决定了心理学科在风险感知研究范式变迁过程中的独特作用。

风险感知的研究经历了三个主要的发展阶段：

第一阶段：进行风险的可接受性研究，主要关注的是风险的主观属性，即风险的特征维度。

第二阶段：从关注风险的特征转向更加关注感知风险并对风险作出反应的群体特征。从不同群体的差异性探究风险感知结构的复杂性，以及风险感知与群体因素相互关系模式的复杂性。

第三阶段：综合各种方式，把风险的特征与社会因素结合起来，涵盖信息来源、渠道流动以及在强化和放大特定风险信号时文化和社会机构的作用，探究社会信任、公众参与等因素在风险沟通中的作用机制。

内部认知心理学与社会文化心理学分化发展的张力都为如何界定风险感知和风险概念区分了边界，风险成为一种看待社会的视角，并逐步建立起系统阐释当今时代风险的概念体系与思维路径，围绕自反的现代性，论述了风险源自现代化发展过程中产生的一种颠覆自身的副作用，并导致了社会的不确定性及专家体系与权威的治理失效。同时，社会阶层中的不平等现象被重新定义，经过"去传统化"过程，不平等变成了社会风险的个人化，其结果是社会问题逐渐以心理学的方式被感知，表现为个人机能不全、愧疚感、焦虑、冲突和神经症。人们关注维护健康、安全或保护环境的行为选择受到自身价值观、社会规制、本性和伦理的约束。高估还是低估风险取决于评估者对某种社会、文化和伦理的接受程度。

对风险的评估应考虑到人们的主观尺度,如自愿性等,可设计心理测量范式模型对风险进行感知[78,79]。

Langford 等[80]建立了一个动态的风险感知多维模型(图 3-1),该模型包含四个维度,涵盖了认知心理学、社会科学、地理学和信息科学等内容。他们认为风险感知是一个动态变化的过程,在人的深层认知结构和外部事件中存在一系列的联系,其中,心智过程、外部观察产物、重要的思想与图像信息、周边环境等因素会对感知风险产生影响。

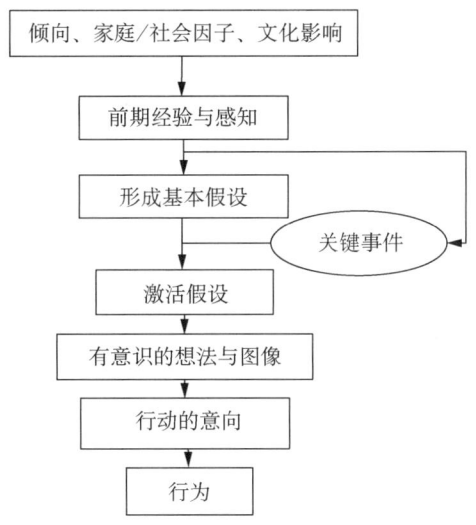

图 3-1 动态风险感知多维模型

Slovic[79]把风险感知定义为个体对存在于外界的各种客观风险的感受和认识,并且强调个体由直观判断和主观感受获得的经验对个体感知的影响。由此可知,风险感知是由风险和感知组成而建构出的心理与认知之间的关系,如图 3-2 所示。

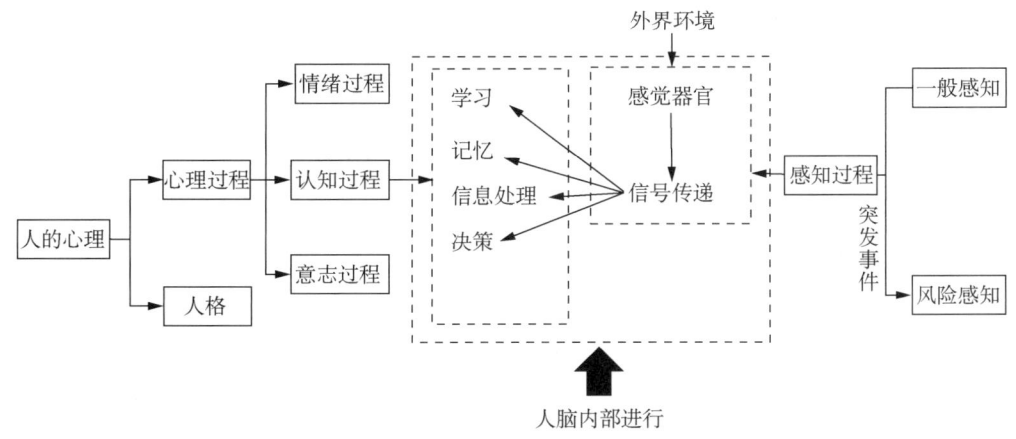

图 3-2 心理、认知与风险感知之间的关系

3.1.3 风险感知的维度

1. "忧虑风险"与"未知风险"

研究者通过心理量表和多因素分析技术,以量化的方式展现人们对风险的态度和知觉,对被试对象对一系列风险的感知进行不同等级的评估,最终得出了两个可以解释大多数变量的主要因素——"忧虑风险"和"未知风险"。前者与风险本身的不可控程度及其忧虑的潜在性和后果的致命性有着极高的相关性。后者则是能很好地解释公众风险感知的因素。

2. 恐惧与未知

风险感知也可以按照不确定性、潜在的收益或损失以及个体卷入程度来划分维度。普通人的风险感知可以概括为相对简单的两个结构特征,即风险恐惧性,包括后果严重性、恐惧和潜在灾难;未知的风险,包括未知的暴露、科学未知、陌生以及非自愿。

3. 知识、态度与行为

这个维度包括风险知识、风险态度与风险行为三个方面。风险知识是指个体之间凭借自身原先所掌握的知识情况对某件风险事件的认识和了解程度;风险态度是指不同个体对风险事件的看法和态度,或正面或负面或中立或多重态度结合;风险行为是指个体在面对已经发生的风险事件或将要发生的风险事件已/将采取的行动和措施。

4. 厌恶、中性与偏好

这个维度的风险感知自身带有主观性与偏向性,一般分为三种:风险厌恶(risk averse)、风险中性(risk neutral)和风险偏好(risk preference)。风险厌恶是指一个人接受一个有不确定收益的交易时相对于接受另外一个更保险但可能具有更低期望收益的交易的不情愿程度。风险中性是指相对于风险偏好和风险厌恶的概念,风险中性的投资者对自己承担的风险并不要求风险补偿。风险偏好是指人们在实现其目标的过程中愿意接受的风险数量。

风险感知是主体行为背后的主要动机力量,高风险感知会鼓励人们增加保护性行为或改变原有的危险行为来减少危险。因此,风险感知是当代精神中的不安全感[81]。风险感知的社会放大效应是灾难事件与心理、社会、制度和文化相互作用的结果,会加强或衰减风险感知并塑造风险行为[82]。

3.1.4 风险感知的基本理论模型

1. Slovic 测量模型

Slovic 测量模型用来测量公众的风险认知水平和对待风险的态度,主要使用心理缩放和多元分析技术来完成人对风险的态度和感知的定量化,是探讨个体风险认知状况的重要基础。人们能够定量地判断多种不同灾害的当前风险和期望风险与风险的调节期望水平。这些判断与风险的其他属性相关联,例如:用于假设风险感知与态度的风险特点情况(如自愿、恐惧、了解、可控性等);每种灾害带给社会的收益;每一年由于灾害造成的死亡人数;灾害年由灾害造成的死亡人数。其中,多维风险特征的测量方法是对心理测量原理最独具特色的发展。风险特征评价维度的形成完全是基于风险问题的特异性而设计的,对界定和分析风险事件的性质有独到作用。依靠风险认知地图能够相当直观地标识出风险因素的位置与性质,成为有效评价风险认知状态的工具,如图3-3所示。

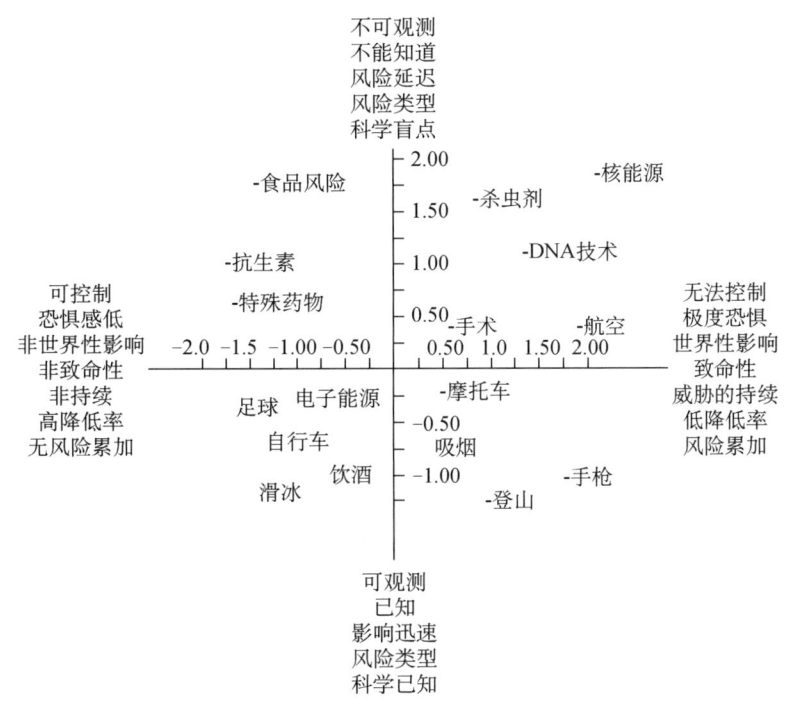

图3-3 基于心理测量范式的风险认知地图

2. 社会放大效应模型

风险的放大是由多种机制造成的,例如,将不幸事件或灾难视作一个线索或信号,一个灾难信号是否能够转化为更大的危机取决于灾难事件本身的特征,也取决于社会的多种放大机制,例如,政府的态度、反应、沟通、信任、媒体、态度、导向,以及社会其他群体和机构的反应等。事故信号化的方法有助于解释人们对一些突发事件的强烈反应(如恐怖主义事件),因为人们对这样的突发事件了解很少,对这种事件发生的机制、发生地点等都无法作出判断,因此会造成心理、社会经济及政治上的重大影响。

风险感知的社会放大效应通常会导致不良的后果,它可以放大或缩小一个事故、一次污染、一次爆发的疫情而形成未知风险和一系列潜在的威胁。风险感知的放大过程导致的影响有时甚至超过灾害本身的直接影响。

基于危机的放大机制原理建立的风险感知放大效应理论模型如图3-4所示。

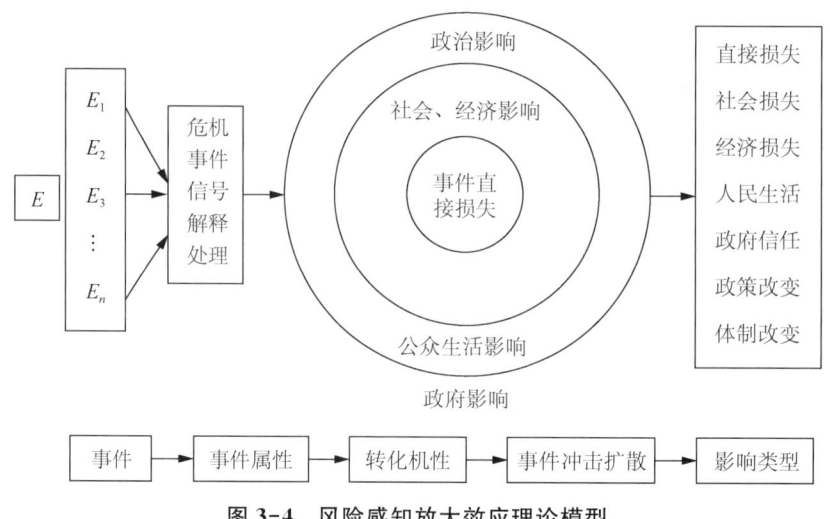

图 3-4　风险感知放大效应理论模型

3. 风险感知有限理性模型

个体对风险事件的感知、判断与决策本应该是基于理性的,这样才有助于个体对风险事件的解决和处理。但这样的想法往往是最理想的状态,实际生活中很少有人能够保证完全的理性态度,Simon 也基于此提出了著名的有限理性(bounded rationality)的理论[83]。

该模型强调了个体在以往经历、记忆、思维、计算能力等方面的有限性。当我们忽略了个体的理性是在约束条件下的理性时,就容易忽视影响感知与决策的这些约束条件,从而会产生巨大的感知偏差。感知心理学家 Kahneman 的研究表明,个体在进行感知判断时,所采用的感知策略会极大地影响到个体的感知结果。通常参与个体感知过程有三种策略。

(1) 易获得策略

该策略表明个体对当前风险事件进行感知与判断时,会第一时间借助记忆中易于提取的信息。个体在对突发的风险事件进行判断时会比较容易被一些新近发生、生动感性的信息所干扰,例如交警大队会用一些血淋淋的车祸现场图片警示驾驶员不要超速、醉驾,因为视觉感官给人带来的冲击最强烈,也是最能铭记在脑海中的。

(2) 代表性策略

该策略指个体总是依据某些主要特征对事件进行记忆,人们对描述事物是否相似的信息更容易重视,而对预示事件发生可能性的基础信息更容易忽视。

(3) 锚定调整策略

该策略表明一个无关的、先入为主的数字或其他任意性质的事物,都可能成为人们下一步感知与判断的基础。如果这个基础存在较大偏差,那么人们感知的结果就会出现偏差。

4. 风险感知概念模型

风险感知的过程具有复杂性,影响公众或个体感知的因素也是多维度和多视角的。归纳起来,这些众多的因素以相互关联或相互影响的方式构成了影响风险感知的关系网络。如图 3-5 所示,它全面、直观地反映了影响风险感知的因素结构关系。

风险感知概念模型是依据社会认知心理学中个体对突发事件的风险认知过程而提出的概念性社会认知模型。该理论模型是一个有关深层认知结构与表层产物之间的路径链接,是结合行为规划理论、社会学习理论及认知产物理论的概念性表述,是最终数学模型建立的基础。其中的路径链接没有必然的因果关系。该模型通过对世界观、认知产物、事件知识背景以及自我效能等关键问题的研究,完成对风险感知的定性和定量测量。

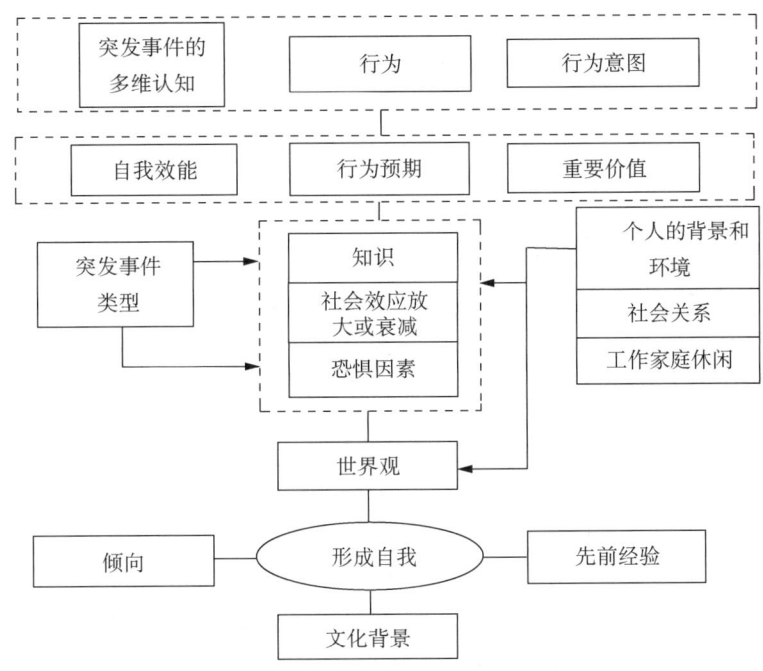

图 3-5 影响风险感知的因素结构

3.2 风险感知的影响因素与结构性分析

3.2.1 风险感知的影响因素

学界对风险感知的研究经历了多个阶段的核心议题转换和拓展,对相应的风险感知的影响因素研究也有着多个不同方向的考量,例如个体特征、期望水平、风险沟通、风险的可控程度、风险的性质、知识结构、成就动机、事件风险度等。当文化理论介入风险感知的研究时,价值观和世界观的差异等因素也成为考量影响的重要参数。

随着互联网时代的到来,网络社会为突发事件的高频发生奠定了舆论平台。信息传播方式的改变使得越来越多的网民会被轻易地卷入不确定性的恐慌之中。因此,影响公众风险感知的因素也变得越来越多元。

1. 基本因素

(1) 个体特征因素

风险感知本身并不是一个客观现实,而是一个社会过程,需要放到社会与文化的背景下进行诠释。风险感知也是一个从个体到群体、从静态到动态的变化过程。个体特征、知识经验的差异都会导致不同的个体具有不同的风险感知特点。例如,年龄、性别、职业等个体差异会导致个体对风险不同的感知特点,以往对风险事件的经验也会影响个体对风险的感知和反应。个体的知识结构、受教育程度及个人经验与个人的风险感知也有相关性。

德国政治学家纽曼(Elisabeth Noelle-Neumann)提出"沉默的螺旋"理论,个人在表达自己的意见和观点时,会倾向于关注周围人群和舆论的态度,当自己本来的意见和观点与群体不相符时,会选择沉默,因为害怕被孤立而产生的恐惧情绪会增强,使得原本处于积极情绪的保守主义者和自由民主者群体转向消极情绪的等级主义者和平等主义者。这种变化中,个体的风险感知会随之改变。

另外,公众会在网络传播过程中产生群体极化现象,个体为了得到其他成员的认同,满足归属感,会通过改变自身原有观念、看法等,与群体中成员相互作用,最终与其他成员保持一致,即群体中成员相互模仿、相互依赖,使一种观点朝着极端的方向转移,保守的会更保守,激进的会更激进。因此,对风险不敏感、依赖政府的保守主义者会逐渐转向风险敏感、质疑政府的平等主义者。保守主义者群体会减少,平等主义者群体会增加。

(2) 情绪因素

情绪是影响公众风险感知的重要因素。情绪因素是人在风险感知过程中对整体知识库影响最为重要的因子之一。具有积极态度的人面对风险时会趋向于感觉到相对较低的风险。情绪可分为积极的情绪和消极的情绪两大类。积极的情绪会使人低估风险,更倾向于面对风险;消极的情绪会使人高估风险,更倾向于规避风险。

社会情绪对人的风险感知具有显著的影响作用。积极情绪的人更容易作出乐观的判断,从而降低对风险的感知;消极情绪的人更容易悲观恐惧,从而增强对风险的感知。社会情绪会影响社会行为,积极的社会情绪使人乐观、自信、勇敢,有较强的社会适应能力,能够直面人生;消极的社会情绪使人怀疑、排外、保守,容易焦虑、愤怒和恐惧,容易拒绝社会,产生对抗和破坏性行为。另外,相对于积极情绪,消极情绪更容易造成情绪感染。可见,情绪是公众风险感知的重要影响因素。

由于情绪是在社会建构的基础上产生的,即文化和语言的产物。因此,网络的互动沟通交流与公众情绪的产生密不可分,这些情绪又常常会产生强大的驱动力,影响公众风险感知的判断和行为反应。图 3-6 表征了各种不同的情绪响应模式,影响风险感知最为重要的情绪是"愤怒"而不是"恐惧",而"恐惧"与"满意"的作用相似,具有几乎相等的影响并且明显小于"愤怒"。情绪的高低或者积极与否会影响个体如何看待风险相关的不确定性和个体卷入程度。

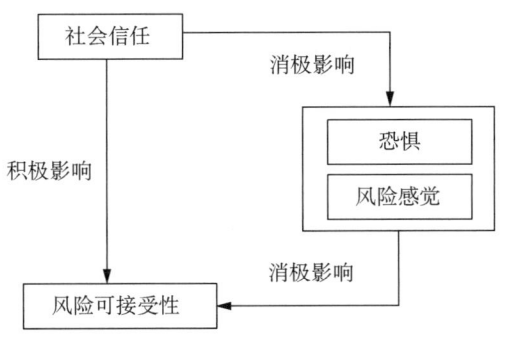

图 3-6　风险可接受性与情绪之间的关系

（3）自我效能因素

自我效能（self-efficacy）是指人对自己是否有能力完成某一行为所进行的自我推测和判断，它与自我能力感是同义的。一般来说，成功经验会增强自我效能，反复的失败会降低自我效能。自我效能高的个体对自我结果具有正向的预期，往往会弱化风险的负面影响，因此其风险感知度比较低。自我效能感的形成与环境和主体对人与环境互动的过程和结果所提供的自我效能感信息的认知加工有关。认知偏差和自我效能感都是影响个体对风险认知正确度的直接因素。

2. 媒介因素

我们生活在风险社会，也生活在媒介社会。媒介传播从媒介渠道类型、媒介信任、媒介内容框架三方面影响公众的风险感知。公众风险感知的程度也取决于对媒介的信任度。媒介因素对公众风险感知的影响主要在情绪和知识层面。因此，在应对风险事件时，媒介应维护品牌信任度，结合自身属性，根据细分受众发布有效内容，可以稳定社会情绪。媒介对公众风险感知的影响主要表现在以下三个方面。

（1）媒介表征的内容对风险感知的影响

在当代风险社会中，除了人为因素不可控的风险之外，社会生活中还充斥了一些被媒介建构出来的"风险事件"，因为媒介可以创造、改变、夸张、删减风险，培养出根据当时时代特点所需要"应运而生"的风险事件。现代媒介强大的议题设置能力及话语优先权可以在最大程度上影响公众的风险感知能力，正因为如此，"对风险的媒介化非同小可——被用来理解风险的媒体会提供风险的感受，并因此而卷入对风险的生产、操纵、协商和置换中去"[84]。大众传媒给受众呈现出的风险感知环境其实并非原生态的客观真实环境，而是经过媒介"二次把关"后建构出来的拟态环境。信息制造者们在媒介内部进行新闻信息的选取、加工和再生产，受众从社交媒介上获取有关风险信息时缺乏对风险的全面认知。只要信息制造者对拟态环境中的信息、社会目标及价值观没有改变，那么受众就会按照媒介制造好的模式去理解环境。因此，媒介表征在很大程度上建构了公众的风险感知。

（2）不同媒介类型对风险感知的影响

在对媒介的风险感知信息获取中，除了信息本身，媒介的类型、渠道、公众的信任度都会在一定程度上影响公众对风险的感知情况。例如,传统媒体(电视、广播、报纸)相较于新媒体,其权威性和可靠性通常更高,中老年群体更倾向于通过这一类媒介获取相应的风险信息;微博、微信朋友圈、Instagram这一类即时性社交媒介,则更会吸引公众快速获取和传播风险资讯。微博、博客和论坛会提高风险威胁感知,媒介信任度会影响风险感知度,而微信平台在普及风险知识、降低风险感知上具有积极作用,这与一些关于风险的公众号和"大V"的传播作用是分不开的。

相对而言,电视风险信息的信任程度会增强个人效能感;广播信息的信任程度会降低效能感;主动的风险信息寻求行为可以提高个体的效能感,主动的信息寻求行为越多,个体的信息寻求能力提升越多。

媒介技术的发展催生了UGC(User Generated Content,用户自生成内容)自媒体时代。网络的发展使微博、邮件、博客、论坛等许多分散的、匿名的个体意见构成了信息来源的"长尾",上网时间越长,公众就越发感觉传统媒体提供的信息是一个短缺的世界,就越发体会到需要更多的选择。此时网络媒介对信息获取的海量性、交互性、及时性显然更能满足受众对风险信息的需求。因此,原来"边缘化""民间化"的个体意见和观点在舆论公共领域占到的份额在迅速飙升。越来越多的风险和危机信息来源于网络媒介上各类加"V"的意见领袖。同时,较为饱和的信息能够抑制公众的风险感知。正面利益会在一定程度上消解负面利益对公众风险感知的强化。因此,如何提高公众的信息饱和度是降低公众风险感知的长效机制。

此外,网络媒介技术也可以应用到风险预警系统,通过在媒体平台上设立关于风险的关键词检索,提前预知风险危机信号。

3. 信息因素

个体对风险事件的感官知觉可以很大程度地影响其自身的情绪,例如恐惧、焦虑、生气等,从而会进一步影响个体的态度和行为。故在此基础上,个体的风险感知在不同群体间进行的风险沟通中会起到非常重要的作用。Covello,Peters,Joseph等人对前人的研究进行了总结,认为至少有15种风险感知因素对人们的风险沟通造成影响(表3-1)。从表中可以看出,个体的风险感知状态会受到风险事件特征与公众个体特征的双重影响。也正是因为如此,在面对新的风险事件的时候,我们对公众心态的解读和公众面对风险表现出的态度行为都必须考虑到来自客观与主观两方面因素的制约。

表3-1　　　　　　　　　　　　　　15种风险感知因素

风险感知因素	释义
自愿性	当个体将风险事件知觉为被迫接受,要比他们将风险事件知觉为自感接受时,认为风险更大
可控性	当个体将风险事件知觉为受外界控制,要比他们将风险事件知觉为受自己控制时,认为风险更难以接受
熟悉性	当个体不熟悉风险事件,要比他们熟悉风险事件时,认为风险更难以接受

(续表)

风险感知因素	释义
公正性	当个体将风险事件知觉为不公平,要比他们将风险事件知觉为公正时,认为风险更难以接受
利益	当个体将风险事件知觉为存在着不清晰的利益,要比他们将风险事件知觉为具有明显益处时,认为风险更难以接受
易理解性	当个体难以理解风险事件,要比他们容易理解风险事件时,认为风险更难以接受
不确定性	当个体认为风险事件难以确定,要比科学已经可以解释该风险事件时,认为风险更难以接受
恐惧	那些可以引发害怕、恐惧或焦虑等情绪的风险,要比那些不能引发上述情绪体验的风险更难以接受
对机构的信任	那些与缺乏信任度的机构或组织有关的风险,要比那些与可信的机构或组织有关的风险更难以接受
可逆性	当个体认为风险事件有着不可逆转的灾难性后果,要比认为风险事件的灾难性后果是可以缓解的,其风险更难以接受
个人利害关系	当个体认为风险事件与自己有着直接关系,要比认为风险事件对自己不具有直接威胁时,其风险更难以接受
伦理道德	当个体认为风险事件与日常伦理道德所不容,要比认为风险事件与伦理道德没有冲突时,其风险更难以接受
自然或人为风险	当个体认为风险事件是人为导致,要比认为风险事件是天灾,其风险更难以接受
受害者特性	那些可以带来确定性死亡案例的风险事件,要比那些只能带来统计性死亡案例的风险事件更难以接受
潜在的伤害程度	那些在空间和时间上能够带来死亡、伤害和疾病的风险事件,要比那些只能带来随机和分散效应的风险事件更难以接受

心理学研究表明,隔着一层"无知之幕",出于自我保护的本能,人们总是倾向于相信坏消息。在风险放大的信息传播过程中,媒体、专家、意见领袖、社会团体等"风险放大站"对特定风险事故或事件进行信息建构,并以信息流的方式向公众传播风险信息。

哈贝马斯将公共领域描述为一个角斗场,其中,不同的权力持有者为取得优势和公众支持而相互竞争。媒体作为公共话语平台,更成为不同话语主体争夺以自身为主导地位的"结构性影响力"的主要途径。信息的受争议程度被认为是影响风险社会放大的信息属性之一。专家之间的争辩容易提高公众对真相的不确定感,增加对风险是否真的被认知的疑虑,并降低对官方发言人的信任。大量有争议的信息流,调动了民众的"潜在恐惧",正如 Weinberg 所说,使公众免受惊吓,要比吓到他们难得多。

4. 沟通因素

风险沟通是个体、群体以及机构之间交换信息和看法的相互作用过程。这一过程涉及多个侧面的风险性质及相关信息，它不仅直接传递与风险有关的信息，也包括表达对风险事件的关注、意见以及相应的反应，或者发布国家或机构在风险管理领域的法规和措施等。风险沟通的过程就是风险评估者、管理者以及其他各方为了更好地理解风险及相关问题和决策而就风险及其相关因素相互交流信息和意见，其目的是知情、说服和咨询。

有效的风险沟通取决于人们处理风险信息的心理和社会因素，其深度与广度受风险事件本身的危害程度、危害方式和性质等的影响，也与公众获取、感知和解释相关信息的方式有关。不当的风险沟通可能导致公众风险感知的偏差[85]。

美国风险沟通专家Covello指出，影响风险沟通的主要原因包括：

（1）判断偏颇：人们常会用少量的、可接触到的信息来作出风险决策，因为人们常常倾向于认同某事件发生的可能性更大。

（2）处理风险信息的心理抵抗：由于人们的认知有些时候是建立在一种预先的否定性经验之上，因此，如果他们认为此事与自身的关系不大或者他们没有机会进行有意义的参与和对话，他们会表现出对待风险的冷漠态度。

（3）过于自信或持有不现实的乐观，这会导致人们忽视或拒绝接受风险信息。比如说，很大一部分人认为自己患癌症的概率会低于平均值。

（4）人们很难理解那些关于自然界可能的，或者与不熟悉的活动或技术相关的，或者以一种不熟悉的方式所呈现的信息。

（5）不确定性的规避心理：公众不愿意接受不确定性带来的焦虑。他们对风险沟通中的修辞偏好表现在喜欢对事实的陈述，而不是可能性的陈述。他们希望知道到底会发生什么，而不是可能会发生什么。当公众认为他们缺乏接触信息的渠道时，他们就会倾向于自己寻求信息，特异化地解释风险。

（6）人们不愿意改变他们强烈的既定信念，而且会有意忽视那些与其既定信念相冲突的证据。对于风险的某种强烈信念一旦在某种特定的社会和文化语境中形成，要改变就会很缓慢，而且在相反的证据面前他们会显得非常难以被撼动。

（7）愤怒和恐惧都是风险认知中的消极因素，积极情绪有趋近动机，消极情绪有回避动机，会驱使任意反抗的行为，这类人更易于直面风险，感到愤怒的个体有着较低的风险感知程度。

愤怒的情绪也可以产生社会化的影响，即容易产生污名化的标签。信任缺失语境下公众对风险信息的对抗性解读，放大了抵触与愤怒情绪。情绪持续发酵，使技术风险被执拗地高估，导致感知风险的放大。对待风险信息的强烈愤怒以及对危险的潜在恐惧，导致对风险信息的"污名化"。污名化主要是社会响应阶段导致风险放大的主要反应机制之一，是置于人、地域、技术或产品上的，与异常、有瑕疵、有缺陷或不受欢迎等特定属性相关的标记。而缺乏严谨的科学论证的风险夸大是污名化的重要特征。由于人们对污名化环境或技术的典型反应是回避，所以污名会导致重大的社会和政策后果。所以，无论是管理好个人情绪还是疏通好公众的社会情绪都与风险感知密切相关。

5. 情感因素

情绪是和人的生理需要相联系而产生的体验,情感则是和人的社会需要相联系而产生的体验。情绪是不断变化的一种状态,带有情境性和易变性的特点,情感则带有稳定性和内稳性的特点。情感因素是指公众在特定时期内所固有的情感态度。公众针对外在的特定环境风险在特定时期的主观认知往往成为诱发情绪的情境因素。人与人之间建立良好的情感关系,就容易产生亲切感和相互吸引的力量;反之,就会造成双方一定的心理距离,而心理距离是一种心理排斥力、对抗力,会产生负影响力。

在相同或近似的情感因素的作用下,不同的个体可能因为情境因素的感知程度的不同而影响其对环境风险的感知。比如,某些个人或群体可能环境亲和感较低且系统信任感较强,本应该具有较低的环境风险感知,但在一些情境因素的影响下,仍可能导致较高的环境风险感知。

6. 文化因素

人们对风险的感知受到个体的心理认知和社会文化因素的影响。个体层面风险感知的程度与文化因素相关的部分主要体现在文化和社会制度以及社会群体对个体的影响程度。

按照文化领域的观点,不同的人群所承载的文化价值观和世界观代表了不同的理性和假设,因而会导致各类人群觉察风险的程度有差异。首先源自风险感知的个体偏好,例如有人关心环境变化,有人关心物价、医改,还有人关心宗教或者经济发展,也有可能与社会亚文化相关;其次,风险信息的个体认知和加工有差异,例如对于疫苗、转基因食品或者化工产品的认知不同,对风险信息的加工过程就会不同;风险应对策略的差异也会影响个体对风险的感知,例如有人选择大众传媒,有人相信专家,有人通过向神灵祈祷来获得支持。所以,关于权利、信仰、态度、自尊等重要的文化维度都成为不同文化族群的风险感知的主要影响因素。

7. 目标因素

当人们对风险进行评估时,通常会因为所选取的风险中暴露目标的不同而评估程度有差异。

在一般情况下,个人风险感知都小于公众风险感知,因此,在政策的制定上主要受公众风险感知的影响。

8. 制度结构因素

制度结构主要是指公众或个人对社会、政府、组织等系统层面的信任。社会信任是指个人对社会关系中的他人或机构按照他们胜任的、可预期的、关注的方式行动而抱有的预期。我国近年来频繁发生的涉及环境项目的群体事件,折射出公众对政府决策、信息公开和公众参与不到位的失望,并对政府、企业及其他社会机构日渐不信任。

当代中国正在经历从农业社会向工业社会,以及从工业社会向知识社会的双重转型,我国的社会变迁使长期隐匿在政治、经济、技术、生态、文化等诸多领域中的风险凸显,甚至使多重风险之间相互交叠渗透,呈现并发态势,政府治理和社会发展面临重重考验。

3.2.2 风险感知中的公众

公众的风险感知状况是社会状况的晴雨表,它可以相当确切地反映整个社会发展、变化对公众心理状况造成的影响,记录公众的文化素质和心理素质变迁。因此,公众风险感知状况是非常重要的社会指标[86]。

当前,中国社会发展进程中面临的问题是公众有着强烈风险感知的事件,尤其是能源问题和环境问题等议题。公众的风险感知主要受到个人的学识水平、生活经历、媒介接触程度、城乡分割和社会阶层地位等的影响。具体来说,受教育程度越高的人、生活经历越丰富的人、媒介接触越频繁的人、社会地位越高的人风险感知越强。

新冠肺炎疫情是当下中国公众感知最强烈的一个议题。公众戴口罩的意识仍然持续保留。这一态度的前后转变体现出公众对健康信息的关注并付诸行动。相较之前,公众的注意焦点已有所变化,他们从注意周边局部的、仅涉及自身问题的因素,转移到注意较为宏观的、涉及整个社会发展的因素。比如在疫情期间,全球金融经历了股市熔断、油价暴跌、黄金暴跌以及自然灾害不断等社会性和自然界的危机,我国公众对这些突发危机的关注持续增长,这实质上是公众的社会风险意识日趋成熟的表现。

由此可以得出这样的结论,公众的注意力从微观环境转向宏观环境是公众意识的觉醒与进步,但必须以国家的经济发展为基础条件。

3.2.3 风险感知与政府定位

英国社会学家安东尼·吉登斯认为,现代性带来的风险是社会制度的结构化产物[87]。工业社会的不断发展,对工业技术发展、经济的追求不断提升,在有形无形之中都推动了新的风险产生的可能性,同时也在加大阶级之间因为不同的风险感知能力而产生的阶级冲突。

2011年,纽约"占领华尔街"运动动员上千名示威者,并最终升级为政治冲突事件;2014年,美国白人警员威尔逊枪杀黑人少年案在全美34州引发抗议;2016年,美国北卡罗来纳州警察枪击事件再次点燃警民冲突;2020年,非裔美国人乔治·弗洛伊德遭到白人警察杀害,随之引起了一场针对警察涉嫌暴力执法和种族歧视的强烈抗议。我国近年来也因为全球气候变暖、世界各国之间的贸易纷争等问题,经常发生环境运动、集体上访、邻避冲突等公共性群体事件。无论是各国国内出现的抗议游行,还是国际间或明或暗的大小摩擦,都彰显了在全球化背景下,突飞猛进的国家经济与市场化道路之下隐藏的各类风险现象。随着全球化进程的不断深入,诸如健康安全问题、恐怖主义、核危机、金融危机、气候问题、自然灾害、种族矛盾在内的种种风险正不断扩散为世界性难题。风险事件与国家政治、社会治理之间的紧密关系成为风险传播研究关注的核心议题。

风险孕育出潜在的政治危机,并不断地冲击着公众在社会政治生活中对政府、国家的认同感与归属感,从长远来说,这会影响国家的长治久安。而风险社会治理的共识则在于建立由公众、政府、市场以及社会团体共同组成的多元民主合作网络,其中,政府依然被认为在此管理协调系统中发挥着主导作用。政府相较于其他的群体来说,对风险感知能力的要求更高,需要有能力提前感知未来可能会出现的国际国内的风险,并提前做好积极应对措施,同时还需要在短时间内将相关风险控制和管理的方法传达至各地基层,这无论是对政府的风险感知能力或是宣传动员能力、威信都有着极高的要求。显然,政府既要在国家层面上担负着承受国际风险冲击的角色,又要帮助国民个体分散风险后果,所以政府在风险感知层面上必须要有超前的意识。

1. 风险感知与政府信任

正如乌尔里希·贝克所言,在风险研究领域,"信任"向来被视为关键存在。Pavlou[88]发现,信任与风险感知之间存在着一种因果关系,风险感知程度会随着信任程度的提高而降低。

在风险社会,风险感知与政府信任之间存在着比较纠结的关系:一方面,风险本身会增强公众对政府的不信任感。风险会让公众的消极情绪不断蔓延,导致他们产生对不安全、动荡和无序的恐惧,致使公众对政府的宣传、指导策略呈抵触心态。频发的公共危机和相关的政治活动从侧面体现出公众对政府在风险事件处理能力上的不信任。同时,在信息的传达和流通上,公众和新闻媒体之间的信息流通不对称会进一步带来公众对政府不信任的可能。另一方面,公众对政府信任的缺失会影响政府对风险的把控和治理的效率。

由于政府在现代社会治理与风险管控中扮演着核心角色,对风险的感知和把控显然难以绕开公众与政府之间的信任关系。维系良好的政府信任是构建社会风险治理网络的前提。越是高风险的环境越要将信任置于重要位置。不充分的信息和知识通常会影响公众的风险感知能力,改变公众对风险的态度,从而给政策制定者和宣传者带来挑战。

保证政府与公众之间进行有效的信息传播沟通就是执行风险控制的过程。要实现风险社会的良性治理,就必须改善公众与政府之间的信任关系。

2. 风险感知与政府政策

在各类影响社会稳定的风险可能出现之前,政府需要进行及时的感知和系统科学的研判、预测,并制定风险应对策略和预案,以便有效地规避、预防、降低、控制和应对可能产生的社会风险。政府风险感知与政策制定主要体现在以下几个方面:

(1) 制定社会稳定风险感知、评估办法和实施细则。政府需要在探索社会稳定风险评估制度建设过程中,将建章立制作为制度建设的第一步,以地方文件或政府规章形式颁发一系列评估办法或规范,明确重大事项评估的范围、程序原则及其责任。

(2) 明确社会稳定风险评估的主要范围。政府明确界定社会稳定风险评估的主要范围:一是企业管理方面的重大事项,如重大投融资、重组改制、收购兼并等;二是城市建设发展方面的重大事项,如城市规划调整、古迹保存、老旧房屋拆迁安置、重要商品和服务价格调整等;三是"三农"方面的重大事项,如农村土地流转及征收征用、农业产业结构调整等;四是民生方面的重大事项,如灾后民众安置或重建问题、医疗卫生、房屋管理、工商管理、教育等;五是机构和人事管理方面的重大事项,如机构改革、劳动工资待遇等;六是信访突出问题及群体性事件处置方面的重大事项,如金融秩序监管、舆情监控及与各专项工作组有关的政策贯彻调整等;七是人员多、敏感性强,可能对社会稳定产生影响的重大活动。

(3) 明确风险评估的内容和标准。在社会稳定风险评估制度建设中明确风险评估的内容与标准,可以围绕重大事项的合法性、合理性、可行性、安全性、可控性等方面。例如,风险事件发生后,政府制定的相应政策是否符合绝大多数群众的意愿;对风险采取的措施需要的人力、物力、财力是否在可承受的范围内;对风险采取的措施是否会引起民众心理恐慌;对风险所采取的措施之外是否还存在相关的有效应急预案等。

(4) 确定风险评估的程序。政府在风险感知后,需要在第一时间内确定风险评估的程序,可以围绕确定评估对象、分析预测、制定预案、编制评估报告、审查评估报告这五个部分来展开。在进行了一定的风险评估后,可以针对当前风险得出风险评估的结果,分为无风险、较小风险、较大风险、重大风险,再针对风险等级提出重大事项可实施、可部分实施、暂缓实施、不实施的建议。这种具体而细致的评估能让公众对风险事件比较安心,提高公众对政府的信任程度。

(5) 明确风险评估责任主体与责任制。在社会稳定风险评估中明确规定评估的责任主体是重大事项的决策者,需要坚持"谁主管谁负责、谁决策谁负责"的原则,在风险事件大致解决后,及时追究有关地区、部门、单位领导的行政责任。

3.2.4 风险感知与企业定位

风险社会中,除了公众,政府是承担风险的"主力军"之外,在风险事件发生后,构成国家经济产业中的每一家企业也成了风险后果影响的最大承担者。

企业的发展会受多方面因素的影响,既有外部环境因素,如自然灾害、经济危机、行业环境等,也有企业自身因素,如企业的管理能力、生产能力、营销和公关能力等,故企业本身对其自身风险的感知能力要求很高的。随着企业进入国际市场程度的不同、目标国的经济发展水平及政治稳定性的差异,企业遇到的风险会有不同,风险对企业造成的影响也有所不同。

在全球化的大环境下,国内的企业"走出去"不仅要面临自然风险,还要面临竞争风险、产品市场风险、财务风险、人力资源风险、技术风险等经营性风险,更要面对国有化、战争、政策变动、资金流动限制等政治性风险,以及因制度差异、文化差异等带来的风险。企业必须正确认识到可能面临的风险,并采取有效的应对措施,才能避免遭受损失,或因势利导将风险转化为收益。企业经常面对的风险主要包括以下几个方面:

(1) 人力资源风险。主要由人员流动、员工素质、工作状态、价值观和劳动生产率变化等因素所致,例如人才短缺和人才流失。

(2) 技术风险。技术风险分为一般技术风险和知识产权被侵犯而引起的风险。技术开发定位不准、投入资金欠缺、管理不善、实力欠缺都有可能导致企业项目的失败,使企业面临相应的技术开发风险。

(3) 财务风险。国际化经营中的财务风险主要包括筹资风险、投资风险和资金回收风险等。财务风险首先出现在融资渠道上,起步资金的有限性很难满足企业的建立;其次是借款渠道,银行贷款、国家财政资金,甚至是大学生创业政策扶持资金等对贷款人的个人信息要求严格,国家财政也因其公共性的特点,借款数量有限;再次是借款资金和后期利息数量巨大,这对企业本身未来的发展要求较高。

(4) 市场风险。无论是小微企业还是大型融资上市企业都面临着或大或小、或高或低的市场风险。企业在进行产品的研发、定品和营销之前,必须对目标地进行细致而详尽的调研,如目标地对该产品是否接受、接受的程度和速度、有无同类型产品、当地消费者偏好、替代品的可获取性、互补品的稀缺性等,需要罗列出其可能招致的市场风险。

(5) 政治风险。政治风险是指在特定的环境和特定的时期内,由于目标国的政治事件及政府政策变动等因素给企业带来的风险。政治事件的风险主要来源于目标国政权的不稳定性、与当地文化习俗的冲突,以及战争、暴乱等。政府政策风险则是指影响企业商业环境的政府政策的不稳定性、不可预见性、不公平等,例如无法预测的财政和货币改革、价格控制、贸易壁垒水平的变化、政府规章制度的变化、国际上突发的疫情带来的管制等。

(6) 责任风险。责任风险是指企业在生产、销售过程中因担负产品质量、环境保护、人身安全等责任而面临的风险。主要包括产品责任风险、合同责任风险、社会责任风险等。不同国家和城市、地区间对相应的产品质量要求不同,企业在进行产品推广时需要认真了解当地相关的产品质量法律法规,规避不必要的风险。

(7) 管理风险。这里的管理风险主要指企业在经营时因决策问题、组织结构问题等管理不善而导致失败的可能性。管理风险主要由下列因素决定:管理者素质、战略决策水平、组织结构、管理体制以及与外部环境的关系等。

(8) 供应链风险。供应链风险是指打破供应链稳定、影响供应链上各节点企业正常运转的一切因素。这些因素既包括由于供应链上各企业相互作用引发的内生风险,也包括供应链与其所在环境相互磨合引发的外生风险。

3.2.5 公众与政府主体、专家的风险感知差异

在面对风险时,公众与政府主体、专家对风险的感知会出现差异。政府主体在风险事件中其实担任了对上和对下两种不同的角色。对于政府主体而言,首先要有专业的团队帮助其提前感知风险,并在风险发生后的最短时间内快速作出一定的回应,将风险带来的不良后果降到最低。与公众和专家团队不同的是,政府主体还需要承担风险过后宣传相关知识和制定系统的防范政策的任务。所以从这一个层面来说,相较于其他两个群体的事前感知,政府对风险的感知还包括风险过后针对社会上下作出的反应的感知,甚至还包括对未来不知何时会再次发生的风险的感知。

对于任何涉及复杂技术或专业知识的风险问题,一般公众由于专业知识的欠缺可能会在风险感知中表现出过度反应,出现一些非理性的态度和行为。专家群体因为自身的知识背景、过

往经历等,往往会偏向理性,所以在风险事件中担任了风险沟通和风险指导的角色。

专家群体和政府主体一样,在帮助公众处理风险事件时也会遭遇公众不信任这一现象。专家和公众在风险评估中经常发生分歧,是因为专家和公众缺乏相互信任。公众的风险感知结构由五个因子构成,分别是风险的可控性、风险的可见性、风险的可怕性、风险的可能性和风险的严重性。在风险感知中,可见性占据了较高的位置。专家群体因为自身多多少少对类似的风险有些了解,所以在遭遇相应的风险事件后,他们会比公众更能接受其带来的后果。也正是因为专家群体这样的一种反应会让遭遇了风险重创后的公众无法接受,他们会认为专家群体没有同理心。风险的可怕性(指个体是否害怕风险和损失发生在自己身上)会引发公众的焦虑、气愤、恐惧等消极心理,更容易使人丧失理性。因此,不同的身份、不同的知识背景、不同的生活经历,造成了公众与政府主体和专家之间的风险感知差异。

3.2.6 公众感知效能的差异性

当风险事件突然发生时,公众的感知效能存在着巨大的差异。有些人惊慌失措,不知如何是好;有些人冷静沉着,及时作出相应举措,降低风险带来的危害程度;有些人可以在第一时间寻求相关专业人士的帮助,避免因决策失误引发二次风险的可能性。这些在风险事件发生后公众作出的反应举措其实就是公众的感知理性导致的直接行为。

公众理性是处理突发性公共风险事件的基础。公众理性的概念是相对于心理恐慌提出来的。所谓公众理性,就是公众能够对风险事件进行客观的解读,了解事件的本质,不轻易被无关因素所干扰,从而对风险事件作出相对准确的判断,并能够有效地采取适当行为以应对和处理风险事件所引发的后果。在面对突发性风险事件时,公众能否启动理性思维和行为,以及是否具备有效应对和管理风险事件的能力是衡量公众理性的标准。

公众所具有的感知和思维的理性,无论是对其自身面对和解决风险问题,还是对积极响应政府和专家的号召、帮助政府有效地应对危机来说,都是非常重要的。公众的感知理性会受到风险事件本身的复杂程度和公众感知局限性的影响。此外,风险事件的宣传报道也是对公众风险感知产生极大影响的因素之一。但公众在风险感知过程中却极有可能忽视这些重要的信息,以偏概全造成非理性的心理负担。

3.2.7 风险感知的信息功能

1. 信息源的意义

在风险事件发生后,关于风险本身的介绍、受险地区或人的详细情况的报告、针对风险采取的处理方式等信息在互联网上会铺天盖地。但仅仅依靠信息文本本身,公众难以对信息的真实性作出准确判断。在面对纷繁复杂的信息时,"信息源"在公众对信息可靠性的评估中起到了至为关键的作用。

信息源因其权威性和专业性成为公众风险信息感知中最为关键的判断依据。例如在发生了洪水、地震或疫情的时候,公众对灾害的起始点、地震震级及烈度、未知的病毒及其传染方式都是陌生的、未知的。此时具有权威性、专业性的信息源发出的相关信息则会让公众更易信服。

信息源的影响力对公众风险信息感知具有重要作用。在微信、微博、抖音等社交媒体中,"意见领袖"具有一定的公众影响力,由他们发布的有关风险的信息会经由他们的粉丝转发评论,让影响力不断扩大。若下一次再经历类似的风险,他们的粉丝也会及时向这一类博主寻求帮助。

信息源对社会事件的敏感度会影响公众风险信息感知。例如在新冠肺炎疫情期间,公众会倾向于信任那些对社会风险天然敏感的相关专业人士对疫情风险的判断。

信息源渠道是否权威、可靠,影响着公众风险信息感知。在中美贸易战期间,公众更倾向于关注官方主流媒体,如央视新闻、新华网等官方账号发布的内容。

2. 信息内容因素

在面对各类有关风险的信息时,可能在具有同样权威性的信息源面前,公众也仍然会有自身的信息筛选、信息信任习惯。影响公众风险信息感知的信息内容因素主要包括以下几点:

(1) 信息全面性。公众需要在最短的时间内了解到有关该风险事件尽可能多的信息,包括风险的发生地、发生原因、传播过程、造成影响、是否会对自身造成危害等。这些风险信息都是公众感知、捕获和分析风向的关键线索,那么能在第一时间内包含内容最全面的信息就更容易被公众选取。

(2) 信息时效性。风险事件往往都是突发性的,那么风险信息传递越及时就越能提高公众的风险防范意识,进而采取有效措施阻断风险的进一步扩大。

(3) 信息准确性。突发重大风险事件中,信息越准确越有利于公众对风险信息进行捕获、接收和处理。公众如果能获得翔实、准确的风险相关的数据和信息,就能有效地对风险信息进行分析处理,作出合理的行为决策。信息的不确定性会增加公众风险信息识别成本,也会浪费公众媒体资源。

(4) 信息过载会产生负面作用。社交媒体、自媒体信息铺天盖地,很多信息未能及时进行有效整合,这就导致公众面对大量纷繁复杂的碎片化信息时无所适从。信息过载会导致公众信息倦怠,甚至会产生"烦躁""情绪低落"等负性情绪体验。

(5) 干扰信息会影响有效信息的准确接收,例如假信息,其他蹭热点的抢占公共资源的娱乐八卦信息等,会导致风险信息没有接收、少接收或延时接收等信息感知过程中的偏差。

3.2.8 个体认知因素

1. 相关经历

在面对风险事件时,以往曾经有过类似经历的个体,会对新的风险事件感知更迅速、警惕性更高,并且相对更加冷静理性。例如在2020年的新冠肺炎疫情期间,之前曾经患过严重肺部疾病的人更容易对不明原因的肺炎产生警觉,相较于普通人也会更早开始关注相关信息并注意防护。

2. 规避心理

个体为了避免与既有感知不一致、不和谐状态的出现,会对所接触的信息采取有意或无意的规避态度。有的公众在面对一些突发的风险事件时,尽管已经关注到该风险事件本身,但潜意识里会呈现出否定的态度——宁愿相信是谣言,不会提早开始重视。信息用户的规避心理会导致其对风险信息延时处理或不处理,从而导致风险信息感知偏差。

3. 物理距离

与风险事件的物理距离的远近也会极大地影响个体对风险的感知程度。个体会持一种"事不关己、高高挂起"的心态。这样的心态往往会在风险事件开始不断蔓延、扩散至更大范围时才结束。

3.2.9 社会环境因素

1. 政府应急表现

政府应急表现,即政府相关部门在面对突发风险事件时的应急处置效果以及在此过程中展现出来的基本素质水平。在政府应急表现中,政府的应急态度、政府公信力、政府应急效果都是公众风险信息感知的影响因素。政府公信力与公众对政府的信任程度有很大关联,而同时信任程度也和政府的应急态度、应急举措息息相关。在面对紧急的突发重大风险事件时,政府如果判断失误、决策不果断就会导致风险控制效率低下,导致公众对政府信心不足,从而陷入恐慌和焦虑的负性情绪之中。

2. 社会环境信息

在突发风险事件中,社会环境会直接影响公众对风险感知程度的强弱和对风险信息处理能力的高低。首先是风险的社会关注度。当风险发生后,如果社会对此关注程度高,例如社交媒体上有关该风险的关键词频繁出现,新闻媒体也正在对该风险密集宣传,那么就可以逐渐形成全社会关注的态势,公众对风险信息的卷入度自然也就随之增强了。其次是他人应急行为。社会心理学研究表明,个体存在从众行为,即个体受到群体的影响会怀疑并改变自己的行为,朝着与大多数人一致的方向变化[89]。公众对风险信息的接收和处理会受到周边群体行为强烈的影响。例如在新冠肺炎疫情初期,公众对"戴口罩"这一行为就会受到身边家人、亲戚、朋友、同事行为举止的直接影响。最后是公共服务系统信号。社会中各公共系统的联动举措也会从侧面让公众感受到风险事件的严重程度。如果交通、卫生、餐饮等基本社会公共系统同时陷入瘫痪之中,那么公众自然就会意识到此次风险事件的严重性。

总之,理解公众对突发事件的风险感知,既要考虑个体认知因素,又要考虑社会环境因素。风险感知中从认知到行动的互动和连锁反应如图3-7所示。

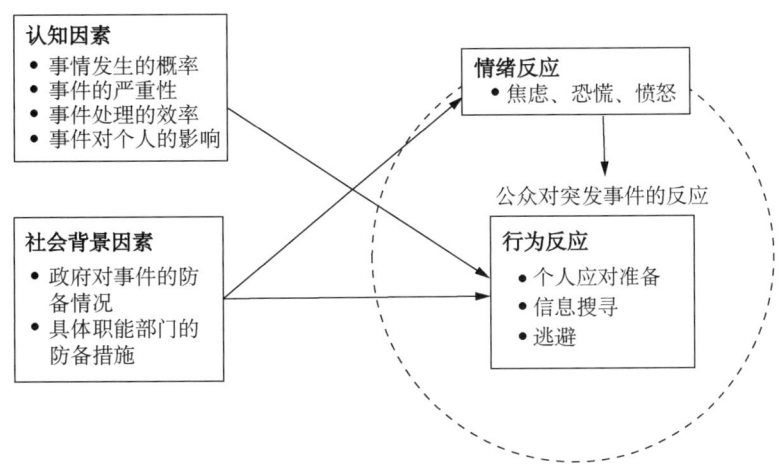

图 3-7 风险感知中从认知到行动的互动与连锁反应

3.3 个体与宏观社会的连接和信息共享

社会心态通过整个社会的流行、时尚、舆论和社会成员的社会生活感受、对未来的信心、社会动机、社会情绪等得以表现。它与主流意识形态相互作用,通过社会认同、情绪感染等机制,对社会行为者形成模糊的、潜在的和情绪性的影响。它来自社会个体心态的同质性,却不等同于个体心态的简单加总,而是新生成的、具有本身特质和功能的心理现象,反映了个体与社会之间相互建构而形成的最为宏观的心理关系[90,91]。

随着社会的全球化和现代化,个体和宏观的概念已经具有了时代特征。个体的自由意志在现代化中得到前所未有的彰显,更为清晰地被个体所意识,成为个体心理现代性的一个最为典型的特质。个体的这种自由意志所带来的能动性,在现代化社会中通过传媒、社会行动汇聚成社会力量,生产和再生产着风险和不确定性。

3.3.1 个体理性与行为

当个体感知到风险后,会因情绪因素出现焦虑、恐惧、躲避等状态。风险发生后,个体会因为有关信息的缺失而第一时间内忙于搜索相关信息,并展开一定程度的自救行为,期望通过这些应对措施在一定程度上减少损害。如果发现风险危害程度已超出自己的可控范围,个体就会陷入紧张、恐惧、慌乱的心理,转而寻求他人的帮助。如果寻求帮助的行为也受到阻碍,个体就会失望、手足无措,甚至躲避该风险,自我安慰的心理逐渐产生。

在突发风险事件发生后,导致各种个体行为发生的直接原因就是个体理性。对行为个体而言,价值观反映了人们对个体与群体之间的关系、个体在群体生活中对存在方式和价值实现方式等的不同认知。价值观可以分为个体理性主义价值观和集体理性主义价值观。对于社会中的个体而言，不同的社会阶层利益不同，各种利益在先的不同理性逻辑又会产生不同的行为动机、行为目标和行为方式，进而支配个体进行不同的行为选择。

面对风险时做出的个体行为，从理性认知和价值选择的局限性角度来看，是一种有限理性行为。个体理性和个体行为两者之间是相互影响的，并最终导致一系列在应对风险时出现的或好或坏的结果。同时，个体理性和集体理性之间不同的价值观，也会使得个体行为经受舆论、公众的评判，这也增加了新的社会心理风险出现的可能性[92]。

3.3.2 非常规突发事件中个体决策行为的影响因素

突发事件是指在一定区域内，突然发生的规模大、影响范围广、负面效应强、危及人民生命财产安全的、高威胁性、高不确定性、高衍生性的事件和灾难[93]。Craig Calhoun[94]将大规模灾害、冲突和人类疾病归结为突发事件。目前学界将非常规突发事件中个体行为作为研究对象，主要研究个体在突发事件中展现出的非理性行为，并深入探寻其背后的思维模式和影响因素。

目前心理学界对影响决策行为因素的研究大致有三个方面：时间压力、个体特质、个体情绪因素。时间压力主要体现在任务事件截止日期到达前个体产生的情绪变化，主要体现为焦虑、恐慌，这种负性情绪会在一定程度上影响个体的认知。个体特质主要包括两个方面：坚韧人格和风险偏好。坚韧人格是一组能够帮助人们管理应激的态度、信念和行为的特质，包括投入、控制和挑战三个要素。个体情绪会影响决策者的认知以及决策者最终接受信息的数量和质量。

在非常规突发事件中，影响个体决策行为的因素可以分为外部因素和内部因素两种。

1. **外部因素**

（1）多方关注。非常规事件的发生一定会引起社会各界的广泛关注，尤其是新闻媒体的密集宣传和跟踪报道。个体在进行决策时自然会考虑到各类宣传报道给自身或自身代表的集体带来的影响，类似于心理实验研究中的要求特征效应，这样就会对最终决策行为的时间、果断程度、保守程度产生一定的影响。

（2）连续决策。在非常规突发事件发生后，各部门一定会多方联动，针对已经发生和可能发生的各种情况作出一系列的决策，这个过程往往是连续进行的。这样高强度、高紧张度的决策判断会使个体感到压力和疲惫，不利于持续准确地进行决策。

（3）严重后果。严重后果是指事件处置不力带来的严重损失。在面对非常规突发事件时，面对最终结果的未知性和可能的损失会给决策者带来很大的心理压力，产生强烈的"无法确定这样的决策行为能否成功""如果失败了会带来怎样严重的后果"等类似的焦虑情绪。

（4）信息稀缺。很多非常规突发事件在刚发生时情势严重，但决策者甚至是当事人对相关具体信息常常都知之甚少。面对未知风险却没有丰富的信息帮助决策，这在无形中增大了决策者的压力，同时也不利于决策者在第一时间做出正确的引导。

（5）事态复杂。非常规事件的事态复杂性意味着对决策者的要求更高，需要决策者有丰富而全面的知识储备、良好的心态和强大的抗压能力。同时，事件越复杂就会使得决策行为的持续时间越长、准确性越低。

2. 内部因素

(1) 适应能力。决策者在面对非常规突发事件时适应能力的强弱会直接影响其作出决策的快慢,从而影响决策效果。

(2) 时间压力。时间压力是由于时间的限制而引起的个体相应的情绪反应。非常规突发事件的情景决策会让决策者感到时间压力。时间压力会随着非常规突发事件的发展,不同程度地影响决策行为的质量。同时,时间压力会使得决策者的决策信心下降,并使他们更多地关注负面信息,从而使决策者在时间压力下会倾向于规避风险,作出一些较为保守的决策。

(3) 经验缺失。大多数决策者经历过其他类似事件,只能借鉴其中部分先前知识经验,这在一定程度上会影响决策者的决策速度。

(4) 风险偏好。个体风险偏好一般可分为风险喜好型、风险中立型和风险厌恶型。决策者自身的风险偏好会直接影响其最终的决策行为。

(5) 消极情绪。消极情绪包括事件发生后的未知性给决策者带来的恐惧,时间压力给决策者带来的慌乱以及发生的事件造成的人员伤亡和其他严重后果给决策者带来的悲伤。决策者的消极情绪会增加其做出不合理决策行为的概率。

(6) 坚韧人格。当突发事件发生后,其所带来的巨大损失已经产生,那么决策者的任务是尽可能将后续的损失降到最低。在突发事件的情景下,个体的应激能力会影响决策行为。而应激水平很大程度上受到个体坚韧人格的影响,拥有坚韧人格的决策者在面对强大压力时会更加理性且承受能力更高。

3.3.3 突发事件中集群决策的基本范式

1. 集群和集群决策定义

"集群"的概念多用于产业发展研究领域中。哈佛大学教授迈克尔·波特(Michael E. Porter)于1990年在《国家竞争优势》一书中首先使用"产业集群"一词,对集群现象进行分析。目前,对"集群"的定义尚无统一的说法,学者多从不同研究背景出发对"集群"进行界定,但都反映了企业主体基于经济联系集聚在一个地区的空间组合现象的共同内涵。

其实,集群的主体超越了一般产业的范畴,是由不同类型的主体和机构在特定地理范围内的相互融合所构成的共同体。集群的特征主要集中在四个方面:①集群是特定区域空间上的集聚,即集群会在某一群体所熟悉或群体集中同意的特定区域、空间上集中。②集群具有较强的目标性,即集群主体为了某一个共同的目标聚集在一起。③集群主体之间具有明确的分工。在某一集群中,不同主体之间具有不同的优势领域,故集群主体之间更倾向于分工合作完成最终目标。④集群系统一般是一个庞大的、复杂的组织形式。在这个组织中,人员数量众多,分工明确,有着有序、有条理的产业化流程特征。

2. 集群决策内容

当突发事件发生时，集群决策首先应该要确定其决策目标。应急管理本质上是一个复杂的多目标优化问题。由于突发事件具有临时性、复杂、多变的发生规律，因此，决策目标不仅空间上是多维的，而且时间上必须根据实际情况进行动态调整。突发事件的应急决策具有阶段性重点，在时间排序上需要根据轻重缓急进行一定的抉择。例如，当某一灾难性事件发生后，前期要以伤员救援为主，减少财产损失为辅，在伤员救援结束后就要转向现场清理和恢复重建的决策目标。

基于突发事件应对的决策目标，应急决策过程通常依赖于多部门实现，包括评价方案、选择方案以及实施方案等。整个应急决策过程的核心任务是评估应急态势、制订应急决策方案以及确定应急方案。

（1）评估应急态势。当突发事件发生后，有关部门需要在第一时间内认真根据现场情况进行应急态势评估，然后将评估结果上报给应急决策指挥中心以帮助决策主体进一步掌握整体情况。评估应急态势的内容一般包括信息监测预警、报告反映和综合研判等。

（2）制订应急决策方案。在确定核心任务和目标之后，事件涉及的相关部门决策专家会根据事件态势的评估情况来制订相应的决策方案，并将方案具体落实到各个部门、人员。

（3）确定应急方案。当初步应急决策方案制定完成后，需要多名决策者一起协商研讨，综合应用规划、协商、调整等不同的协调机制根据现实情形，解决突发事件应急协调过程中的活动对应急资源的相互依赖，并确定最终的应急决策协调方案。

（4）方案实施反馈。在最终决策方案实施的过程中会产生相关决策处置效果的相关信息、评价和反馈，这些反馈信息可以帮助决策者再次调整和修正决策方案，并且动态调整决策目标。突发事件的应急决策关键在于决策方案的制订和优选，其中需要权衡各方案的指标权重，受个人偏好、团体合作和环境因素的共同影响。

3. 集群相关规律

（1）集群行为规律

集群行为对突发事件影响范围广、危害程度深，如果处理不当或不及时，则很可能导致二次危害或衍生灾害，因此需要有关应对部门具备高效应对、快速反应、动态修正、自我完善等能力，并且需要采取多种手段和多种决策辅助工具，例如机器学习、软计算方法、数据挖掘、定性推理、基于案例的推理等智能决策方法。同时，不同集群之间在面对风险后呈现出的应对能力不同，这也可能导致不同集群间行为发生冲突，例如公众不信任政府的有关部门和有关专家学者，不积极响应他们的号召；多个决策部门之间的沟通、配合和协调工作，由于各方考虑的利益不同，也会出现冲突和矛盾。

① 集群行为呈现动态变化性

风险事件是一个动态的不断变化的过程，集群会根据事态的发展不断调整和修正面对风险时的心态和应对行为。在决策过程中的动态自我学习是基于方案实施过程中的修正学习，目的是调整和修正自我决策认知,从而使自我认知趋向于群体认知、趋同决策目标,从而优化决策方案。因此,集群行为会呈现动态变化性。

② 集群行为呈现差异性

应对风险的行为是基于决策者个人偏好的集结,因此,不同决策者的个人偏好、认知偏差对最终的行为体现具有一定的影响。不同的信息认知和风险认知会导致集群决策的应急决策缺乏前例参照信息或事件暴露信息,而原有预案又远不足以为应急决策提供依据。在突发事件中,决策者面临着高度心理压力,因此,决策者的主观意志会在很大程度上影响集群决策的研判过程。

(2) 敏捷集群响应规律

敏捷响应是指在高速动态变化的决策环境下,实现快速而准确的决策。在突发事件中,决策事态不仅是高速动态变化的,而且处于多人、多组织、多条件的复杂环境之中。因此,针对突发事件中应急管理的敏捷响应,除了具有一般意义上敏捷响应原理的特征之外,还具有如下特征:

① 决策协调度更大

由于突发事件的受众群体广、环境复杂,因此,决策主体往往涉及多部门、多领域,甚至有时还会跨国、跨省联动。决策主体不仅包括政府、医院、消防、公安等公共部门,也包括相关企业、社团等多方组织机构,因此,决策的协调力度与难度会更大。

② 决策方式更加复杂

由于突发事件的发生分为即时性(如地震)和隐蔽性(如有潜伏期的传染病),因此,单一的决策方式显然不能满足突发事件的应对需要。为了获得第一手资料并进行快速决策,通常采用现场决策的方式。同时为了在复杂环境中实现多部门同时进行风险管控工作、统一调度资源,决策者还需要通过通信设备进行远程决策。

③ 系统性要求更强

为避免单一决策者对事件出现判断失误的风险,最终作出的决策需要建立在各部门、各团体统一协商综合考虑的基础上,这样才能形成较为全面系统的解决方案。

④ 灵活程度更高

决策需要根据突发事件发生的情况以及之后造成的影响而不断动态变化,所以具体决策的制订以及实施步骤都必须按照突发事件的发展阶段而不断调整。

应急管理和应急处理能力是突发事件应对响应中的两个重要组成部分,而其中一个重要的衡量标准就是如何对信息进行积极的响应。这一点会贯穿于应急处理的各个阶段和各个环节。当突发事件发生后,集群决策需要尽快进行信息响应。快速有效地获取和处理危机决策信息就是实现决策及时性和科学性的重要前提。

在集群决策中,因为决策主体较多,所以不同决策者之间个人的处理风格就显得十分明显。突发事件的应急决策会面临着风险情势变化的高度不确定性、决策方案实施的高风险性、决策时间的紧迫性以及决策信息的严重稀缺性等困难局面。考验应急决策者的不仅是短时间内对危机风险的判断能力,而且是面对巨大压力的心理承受能力。这是因为在集群决策中,不同决策者对决策信息的敏感程度不同,并且对信息的理解各不相同,再加上各个决策者之间的知识背景和经验经历都不同。集群决策的最终结果还会因决策者的风险偏好不同而产生不同的影响。

决策者心理特质会直接影响应急决策过程中的决策程序风格、决策方案选择、决策措施实施等方面。群体决策心理特质更为复杂,除了决策者之间在行为上和风格上具有决策差异之外,还涉及决策者之间的情绪影响、情绪传染以及情绪变化等问题,因此还需要做深入研究。

在突发事件应对的决策机制中,允许多种决策模式并存。此外还需要依据不同的决策情景和事态情况,选择合适的决策模式。

突发事件应对的集群决策询议决模型是指在应对突发事件过程中,决策群体可以借助先进的信息技术、通信技术以及计算机技术等,实现人机互动的智能应急决策平台,并在此基础上整合信息资源、知识资源、预案资源等一切能为应急决策服务的资源,通过科学有效的决策模式对突发事件进行快速动态处置。基于突发事件应对的集群决策询议决模型的要求,重点需要构建三大核心子系统[95],即信息集结的"询系统"、决策意见集结的"议系统"以及快速达成共识的"决系统",如图3-8所示。

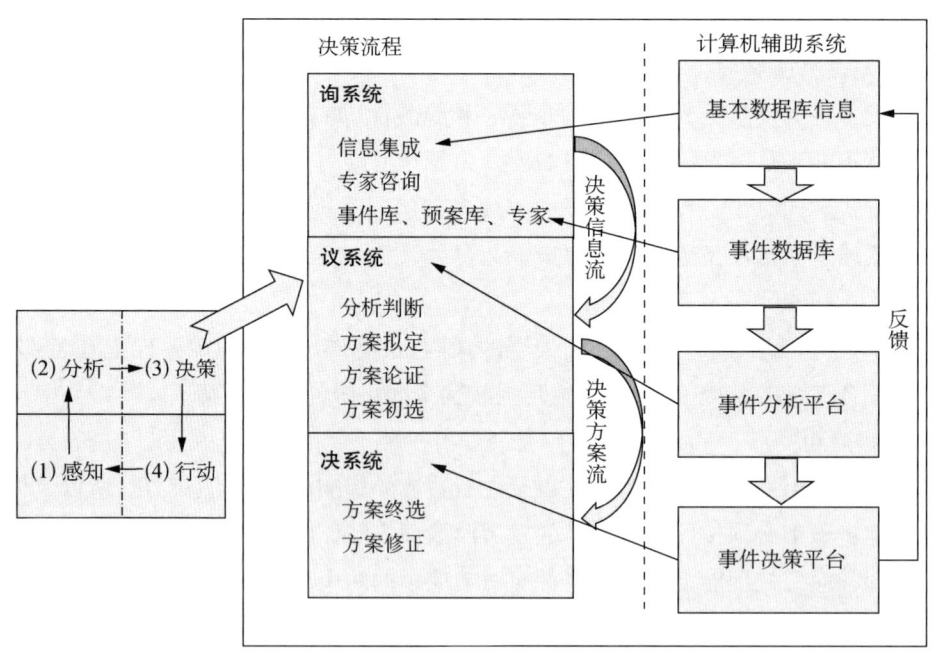

图3-8 突发事件应对的集群决策询议决模型

询系统,即向有关专家、权威者询问意见或建议,决策者搜集大量对应急决策有用的知识与信息的辅助支持系统。询系统包括信息搜集子系统、信息共享平台、专家知识库等子系统。

议系统,即提请决策者进行协商、减少决策冲突、提高决策效果的决策过程系统,分别从信息行为、专家行为及团队行为等研究集群决策过程。

决系统,即快速达成共识的应急决策环节,包括方案的最终审定和方案修正程序。方案的最终选择是指对某一方案是否可行进行判断确认,或在多个方案中确定其中一个方案。

集群决策询议决主要包括以下七个方面:

① 快议速决

快议速决是指集群决策者就突发事件进行快速讨论与协商,并在最短时间内作出决策。快议速决是突发事件应对集群决策的敏捷决策原理中最基本也是最首要的规律,这一点反映出了敏捷决策原理的根本诉求。在突发事件中,决策者都需要尽快进行商议并尽量在最短时间内敲定决策内容。

② 非常授权

非常授权是指在非常时期、非常状态下的一种非常规授权。有些突发事件会跨国、跨地区或在一些特别的时期内发生,此时决策者需要获得更大的"特权"来实施决策内容。非常授权主要出现在异地或异国应急处理情形,突发事件的应急指挥中心限于可获信息极度稀少,必须采用非常授权赋予现场决策者行使决策的权力。非常授权的实施需要按照"责权对等"原则和"有限制约"原则,避免滥用职权、无效授权。

③ 实时决策

实时决策是指决策者在掌握了最新的有效信息之后或根据事件的实际发展,及时作出决策调整与优化,甚至中止当前决策,另制定一套新的决策计划。在突发事件中,获取信息的快慢、多少、真假都会对决策产生不小的影响,导致决策也需要随着实际情况不断调整,因此,实时决策具有极大的灵活性。同时需要注意的是,在这个过程中需要一定的决策指导与监督,以避免不经过慎重推敲或因情势紧急随意作出决策。

④ 决控结合

决控结合是指应急决策过程与监督、控制结合在一起,实现决策目标的动态控制。将各界监督、决策、实施、控制、调整结合在一起,可以不断修正决策的实施效果,有利于实现决策的全面性和目标性。

⑤ 环节缩减

环节缩减是指在遇到极度紧急的情况时,需要决策者快速作出决策,此时可以简化常规决策环节,进行非正式紧急决策。环节缩减主要指简化决策流程、减少审批程序等,从而可以加快决策的速度。

⑥ 多管齐下

多管齐下是指突发事件的应急决策需要准备多个备选方案以供突发事件发展至不同事态时所用。在应对突发事件时,往往不能只准备单一的应对决策或策略,需要设想多种不同的可能性,并针对性地做出多种应对措施。唯有这样才可以为不同的事态发展做好充分准备,当某一种决策方案行不通时不至于过于慌乱,可以在短时间内进行二次补救。

⑦ 动态修正

动态修正是指根据最新获取的信息,及时修正现有的决策方案。由于突发事件具有复杂、开放性且不可逆转的特征,所以当决策者针对该事件作出大致预测后,还需要根据实际情况发展的不同时间节点进行修正。这样才能帮助决策者及时调整方向,修正现有的决策方案,防止决策错误再次扩大。

4. 集群决策合作博弈

在面对突发事件的集群决策时,由于决策主体众多、事件情况复杂,所以常常需要决策主体多方探讨,并策划多种应急策略,而最终确立的策略还需要在决策者的权衡和博弈下确定。由于决策主体之间的知识、专业、经验的差异以及他们对事件信息理解掌握上的分歧,往往会产生多重视角下的决策计划。此外,对于突发事件集群决策而言,决策者的决策并非是静态的,而是会随着主体之间的沟通和情势的变化而发生变动。为此,突发事件集群决策过程中经常存在着以改善决策可靠度为目标的决策权博弈活动,该活动发生在多应急策略的权衡过程之中。

突发事件中的集群决策合作博弈行为主要表现在以下两个方面:

① 决策个体的社会地位、价值取向和专业知识分布、过往应对危机风险的经验程度等因素构成了决策者影响力的基础因素。因此,当众多权威专家学者聚集一堂、面对纷争时,合作和博弈现象自然会同时出现。

② 突发事件应急决策的最终选择并不完全取决于该应急策略的科学性、完备性,更多的是取决于某一决策者或某个决策联盟的决策控制力和影响力。在突发事件集群决策过程中,合作、结盟、协商、沟通、游说等都是必要的,这些行为就是突发事件集群决策过程中的"结盟"行为。

集群决策合作博弈包括以下两个方面:

(1) 从众效应

集群的合作和博弈中的从众效应会十分明显。当面对从未经历过的突发事件,决策主体都没有十足的把握时,决策个体在决策的认知和讨论中会不由自主地趋向一致,向多数业界权威专家看齐、向领导看齐,决策群体往往也会遵循少数服从多数原则进行决策判断,具有从众性和领袖性的特点。

(2) 合作博弈行为影响决策结果

在突发事件集群决策过程中,少数个体会向多数专家看齐、向权威专家看齐,这些现象潜在地影响个体在群体决策中的影响力。对于决策个体而言,尽管为了改善其在突发事件集群决策过程中的影响力,以合作、结盟、游说为基本特征的结盟行为是其重要策略,但同时也会导致突发事件集群决策过程中出现"决策权扭曲效应",这些现象都从不同方面反映了突发事件集群决策过程中的合作博弈行为。突发事件集群决策过程既是一个群体决策的集结过程,也是一个决策权争夺的合作博弈过程,并且其中的合作博弈行为影响着突发事件集群决策结果。

5. 群体行为建构的四个阶段

（1）形成阶段

在突发事件的初形成阶段，因为外部环境的未知性刺激会让个体感受到自己的个人利益存在威胁的可能，所以个体会因对事件的关注和对自身的担忧等一系列共同的目标聚集，形成群体。在这一阶段，群体内成员的情绪开始出现波澜，群体行为以获取、交流信息为主。此时，群体内的结构尚不明晰，决策核心人员也不能确定。

（2）强化阶段

到了强化阶段，最明显的特征是群体规模扩大，群体内结构变得明晰，群体关系得到发展并出现决策人员。群体行为主要是信息传播和信息沟通，这也会在一定程度上影响群体内成员的情绪和风险感知力。此时最容易出现的现象是群体内出现谣言。由于信息的不对称性，有些个体会通过各种渠道散布谣言，甚至有些个体并不知道信息的真实性而在无意中进行传播。也正是因为这些假信息，更容易造成群体内成员的担忧、焦虑心理。

（3）执行阶段

到了执行阶段，群体内行为表现出混乱无序、非理性的特点。群体结构已经在这一阶段得到个体的广泛认可，群体行为也由之前的感性情绪发展到采取具体行动——群体内的一些成员会煽动大家的情绪，甚至唆使他人产生暴力行为。其他成员或多或少也会因为从众心理而纷纷效仿，此时大规模的非理性、混乱的集合行为会严重干扰社会秩序，会对政府部门和专家集体采取的应对决策产生很大的负面冲击。

（4）解体阶段

在第三阶段的群体性事件爆发后，政府部门开始高度重视并迅速采取应急措施进行应对，可以使不良的群体行为在短时间内得到缓解。此时群体成员的情绪会得到专业人员的安抚并逐渐趋于稳定，并放弃各种非理性活动。当有关部门采取的各种措施满足了群体的利益需求时，群体也就随之解体。

6. 三角模式

在风险发生后，社会中的三大主要组成成员——政府、公众和媒体对风险的感知和做出的应对行为会因各自主场的不同而不同。政府在社会层面上具有最终的决策权，也是解决风险的领导者。媒体则凭借自身的工作属性需要在政府与公众之间架起一座桥梁，一方面是风险具体情况的散播者——使风险事件在最短时间内为公众所知，另一方面是公众舆论的收集者和反映者——使政府听到公众真实的声音。公众中既有风险的直接受害者，也有利益相关者，所以最后风险的决策必须考虑到他们的反应。这三方力量相互关联，也相互制约。在风险事件中，政府可以或直接或间接地掌握媒体，同时也会受到媒体的监督；媒体在引导公众舆论的同时也会被公众舆论所影响；公众会接受政府的管理和帮助，同时也能通过舆论影响政府的最终决策。

从风险的产生到风险最终被把控和解决的过程中，三者之间的风险沟通是不可忽略的一环。

政府、媒体以及公众在风险中的角色、行为、作用及影响,形成了相互影响制约的"三角模式"。

(1) 互动沟通模式的关系分析

① 政府主导模式

政府主导模式一般出现在重大危机事件中,如战争、特大灾难、国家间的摩擦等,政府往往在风险中发挥主要作用。重大风险往往威胁到大部分公众利益甚至整个国家利益和安全,具有很大的破坏性和广泛持久的影响力。政府作为国家的集中代表和最高管理者,为了保证国家和社会当下及未来的长治久安,必须要有超前感知能力并在最短时间内了解危机情况,迅速控制局面,采取有效措施来恢复并保持社会稳定。为了达到这个目标,政府需要争取媒体和公众的配合与支持。一般情况下,政府会通过以下两种方式来实现对风险的管控和管理。

首先是及时公开信息,在实现信息真实透明的同时还要及时防止谣言的产生和传播,从而保持社会稳定。例如在新冠肺炎疫情期间,曾出现过好几次"板蓝根可以预防新冠病毒""豆制品和香蕉会传播新冠病毒"等谣言,市民一时间纷纷上街排队哄抢板蓝根。政府有关官方媒体平台立刻在网上辟谣,并呼吁公众不信谣、不传谣,及时制止了谣言的传播。

其次是发挥"把关人"的功能,通过法律法规或行政手段对信息实行严格把关。为保证有关风险事件信息的安全、真实、准确、权威,政府会对信息进行谨慎编辑和宣传。发布正面信息的同时,对可能恶化局势的信息加以处理,以防止负面影响。比如对有关战争的报道,政府会依据相关的新闻管制制度,限制不利于维护国家稳定、扰乱民心的军事报道。

② 公众主导模式

在风险中,公众的力量是不可忽视的重要部分。公众可以在风险中形成强大的、一致的、自主的力量,强大的公众舆论可以影响风险处理中的媒体报道、政府决策和风险发展。当政府和媒体的有关信息不够透明时,公众会采取人际传播或自媒体传播的方式。但这样的行为可能造成的不良后果就是谣言四起。个体集合成群体时,群体理性会将个体理性吞噬,继而感性情绪占上风,容易出现无序、混乱、非理性的群体行为。

此外,一些重大风险事件往往会触及公众自身的利益和公共价值观,此时公众可能形成强大的一致的声音,任何异议都将被淹没,也就是政治学和大众传播经典理论所说的"沉默的螺旋效应"。公众一边倒的舆论狂潮倒逼法律制度,也会对最后的司法公正产生影响。此时政府的主导功能和媒体的议题设置功能、舆论导向功能都不同程度地被弱化,而公众的情绪和力量被激活,迸发出强大的能量。在危机沟通中,网络民意的强势表达,使公众的参与权和话语权得到了前所未有的释放,也得到了社会各界的重视,尤其是政府决策的重视。

③ 媒体主导模式

在媒体主导模式下,媒体可以充分发挥自身议题设置、舆论导向和舆论监督的功能,从而达到引导公众和影响政府的危机决策效果。新闻工作的内在特质要求媒体在第一时间采集具有新闻价值的一切信息,并迅速将它传播给广大受众。风险事件本身具有的重要性、反常性、未知性、冲突性、接近性、影响力大等特点,无疑都会激起媒体的阵阵兴奋和报道冲动。

媒体在危机事件中发挥了极强的主动性。新闻敏感性使得他们在风险事件发生的第一时间内积极搜集有关信息并快速传播,甚至媒体常常会抢在政府之前发现危机事件。同时,媒体也是危机传播过程中的议题设置者,起着舆论导向的作用。此外,媒体还对政府起着舆论监督的重要作用,影响着政府的危机决策。

(2) 互动沟通模式对决策行为的影响

在政府的行政管理框架中,媒体是政府行政、宣传管理机构的组成部分,公众是被管理的对象,政府与媒体、公众的关系是管理者与被管理者的关系。在一些重大突发风险事件的处理中,媒体意识形态属性决定了其为政府宣传的目的。同时,政府为了能将风险带来的不良影响降到最低,有时也会选择在行政手段介入危机事件处理的过程中弱化和淡化公众的知情权、话语权和参与权。

其次,媒体的主动性有时无法保证,那么在决策行为的最终报道和呈现中就会大打折扣。媒体的商业性质决定了媒体无法始终及时、真实、准确地报道风险事件处理过程中收集到的所有舆论信息,这就会导致政府收集的民意不全面。

最后,公众参与度有待提高。在风险事件处理中,公众对政府和相关专家群体抱有一定程度的不信任感。也正是因为这样,公众正面应对风险的积极性会受到冲击,也会出现不主动配合政府决策行为的现象,不利于应对风险事件的顺利推动。

(3) 互动沟通模式的优化对策

在对风险事件的把控和处理中,政府、公众和媒体之间的互动沟通对最终正面结果的呈现非常关键,最佳的预期模式是三者之间达到一个由政府主导、媒体客观及时公正报道、公众积极参与的平衡状态,为了达到这种预期,互动沟通模式的优化对策分别如下:

① 政府体现主导性,坚持及时处置原则。政府信息必须及时、公开、透明并在最短时间内作出反应,积极调查、分析事件发生的原因和可能的发展方向,制订最佳的解决方案,这可以为风险处置争取时间,将损失减少到最低。政府以积极的态度面对风险、面对公众,有利于赢得公众的理解和信任,掌握事件处置和舆论引导的主动权。

② 公众的参与和配合是政府顺利进行风险沟通和解决风险事件的关键因素之一。公众首先要加强自身对风险信息的了解,其次需要建立起对政府有关部门和专家群体的信任感,相信权威人士的专业性并积极地配合政府部门发出的决策号召。在风险事件的发展中,公众保持理性,不信谣、不传谣,除此之外还可以主动参与风险管理工作,表现出积极合作的态度。

③ 媒体要尊重新闻规律,注重发挥自身的媒介属性,突出在风险沟通中的传播特色。在风险的爆发期,媒体对风险事件的新闻报道可以架起政府与公众之间沟通的桥梁,将公众最真实的反应和诉求反馈给政府,将风险沟通的效能发挥到最大。同时在进行风险沟通时,媒体要注意对一切有关风险事件的报道和科普信息的传播进行严格的审查,形成一个有利于

风险解决、有利于社会稳定的舆论环境,在最大程度上减少谣言的传播,保证民心和社会秩序的稳定。

3.4 风险社会心理共识的构建与达成

在风险社会中,社会心态具有的个体与宏观社会的关联性和互动性被淋漓尽致地彰显出来。首先,社会心态不再是心态史学家界定的那种较为稳定的、长期积淀在国民性中的心理特质,而是显示出极为活跃、变动的形态,这也是社会互动的结果和它本身建构性的体现[96]。其次,社会心态是由每个人参与构成的,而非仅为每个人的社会心理与行为的背景,社会心态无非是一种微观与宏观的关联。个人与宏观的互动关系,由于大数规律,继而因一些机制而形成众趋性质的关联。

3.4.1 社会心理的宏观存在

社会心态反映的是弥散在整个社会中的社会共识、心境和情绪状态,它来自社会成员个人的知觉、感受、价值观念、情绪体验,经过与大多数其他实际的和想象的社会成员相应的心理活动汇集融合后,重新形成个人社会心理活动的底色或背景,因此,社会心态是社会心理的宏观存在方式。社会心态各成分的结构-功能关系如图3-9所示。

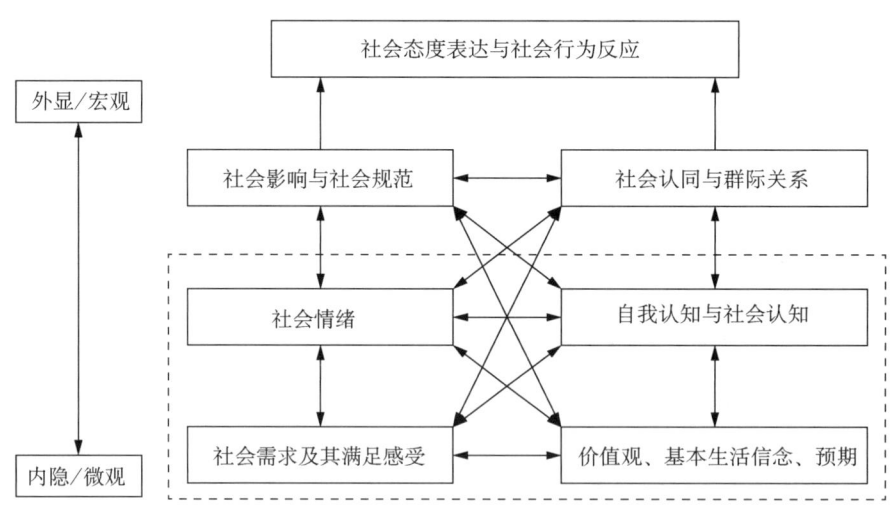

图3-9 社会心态各成分的结构-功能关系

在风险社会中,社会心理作用在各类现实活动中,形成风险感知。风险感知的内涵具有复杂的交叉性,它是由人的心理而引发的对外界风险事件的一系列认知过程所构成的,最终能够指引人的决策行为。

3.4.2 风险社会的社会心理

1969 年,斯塔尔(C. R. Starr)[97]在《科学》杂志发表了《社会收益与技术风险》一文,提出了风险认知的概念。风险认知研究迄今已走过了半个多世纪的历程,从山体滑坡、洪水等传统风险到气候变化、网络安全等新兴风险,从艾滋病毒(HIV)携带者、吸烟者等与特定人群相关的风险到犯罪、恐怖主义等涉及国家安全和社会稳定的风险,风险认知研究在诸多领域广泛开展。按照 Thomson 等[98]的观点,了解人们对风险是如何认知的,以及不同群体间的风险认知为什么会存在差异,这是进行有效风险沟通的重要前提,也可为重要决策的制定提供依据。

社会心态的研究重点是对一个共同体验的形成机制进行研究,包括理论构念的特点和性质以及主要构念成分之间的关系。只有理解了这一构念的特征,才可能在选择社会心态测量工具和进行数据分析时体现这些思想。

德国著名社会学家乌尔里希·贝克认为,尽管自然风险、政治风险、经济风险古已有之,但现代化过程本身所蕴含的风险,犹如一柄双刃剑,使人类在对主宰自己命运的种种不确定性进行控制的同时,自己也成为最大的不确定因素——风险的来源[36]。

因此,在社会心态研究中,需要特别关注的必然是这些个体的"不确定因素"是如何汇聚成一种弥散在社会中的、带有情绪基调性质的、成为个体心理活动赖以进行的社会心理背景的过程和机制。也就是说,要关注是哪些心理因素、哪些心理机制促成了社会心态这些特征。

3.4.3 风险社会心理共识的作用主体

1. 公众

提升公众的风险感知能力需要公众从自身做起。公众自身需要在平时多了解风险危机的相关知识,认识到自己可能遇到的突发事件并积极做好准备,努力提高自己的应急能力,提高危机意识和应急准备意识。

2. 政府

政府也需要强调风险沟通,多开展一系列的宣传活动,同时也要加强自身的公信度。政府可以以突发事件为契机开展应急宣传,向社会大众普及应急知识。政府可以在学校、社区、单位、公共安全基地等开展定时的培训活动,并出台相应的细节性政策帮助公众明确目标和责任,通过全方位和多渠道的宣教培训提升公众的风险感知和应对能力。

3. 媒体

新闻媒体和网络媒体自身需要加强媒介素养,不报道假新闻和未经证实的新闻信息,在报道突发风险事件的同时,也要有广泛普及和传播风险知识及基本应对技能的意识,帮助公众树立基本的风险应对意识,注重开展强化公众风险应对的心理健康教育,例如开展针对普通社会成员和志愿者的应急培训。

随着信息社会的到来,媒体的应用扩展到人们生活的每个角落,媒体不仅构建了环境风险感知,而且放大了环境风险感知对行为选择的影响。新媒体成为从环境风险感知到行为选择过程中的"放大器",即放大风险感知,导致环境风险感知与客观风险之间存在偏差。在信息爆炸的社会中,无过滤的大量信息成为风险放大的原动力,公众作为风险的承载体,处于对自身安全的焦虑中,信息未经过滤被新媒体传播,容易产生恐慌心理,导致个体产生非理性行为选择。因此,政府可通过与新媒体有效沟通,正确引导风险信息发布和公开,缓解公众的恐慌情绪,建立有效的对话机制,从而引导公众采取科学、妥当的行为方式。

3.4.4 风险社会心理共识的现实意义

1. 提升公众的政治参与度

风险社会心理共识在风险感知对行为方面有直接的正面影响。传统风险治理缺少风险文化建构,往往通过自上而下的管控,而现今社会需要依靠社团运动去防范和化解风险,建构风险文化,形成自下而上的"社团运动"治理模式。协商式民主以自下而上的方式为个体和群体提供了表达利益诉求的渠道,增强了公众对政府的信任和对公共政策的认同,从源头上抑制了社会矛盾,抵御了社会风险的衍生。公众通过政治参与能够深入了解政策制定,表达合理诉求,重新建构风险分配机制,从而使自身采取理性的行为。

2. 建构社区环境效能感

社区环境效能感在环境风险感知对行为选择影响路径中,起到了"缩小"效应。满足社区居民需求导向的社区环境效能感侧重于对个体环境风险的评估及对政府环境治理的信任。社区环境效能感能够在公众风险感知弱化的情况下得到有效提升,进而促进公众理性的行为选择。我国的环境风险评估,结合量化和质性研究的方法从制度层面建构指标,但是往往忽略了满足公众日益增长的环境需求,因而,单方面的政府和专家的风险评估需要引入民主协商型的公众参与,这可以从源头上减少公众非理性的行为选择,增加公众的理性判断和对环境负责任行为。

中国社会进入互联网时代,网民数量与日俱增,网络对公众社会生活的影响不断扩大,一种以风险为特征的新社会形态已悄然来临。与传统风险不同,网络风险更难预测、更难控制、更为危险,特别是公众在面对网络突发事件时产生的不安全感、不公平感、恐慌心理、非理性情绪等现象比现实世界的表现要强烈得多,而且这种风险还会在很大程度上影响公众的价值观及行为方式,给政府的社会治理带来了巨大的挑战,若解决不好,会十分妨碍社会的和谐稳定。

案例　李文亮:被训诫的"吹哨人"

1. 事件概述

2019年12月30日下午,武汉中心医院医生李文亮在同学群中发布有关华南海鲜市场疫情的信息。随后,他因"在互联网发布不实言论"被公安机关给予训诫。

2019年12月31日凌晨1点多,李文亮去卫健委参加应对疫情的会议。上班后,李文亮被反复询问是否认识到"造谣的错误",并被要求书写一份"不实消息外传"的反思与自我批评。

2020年1月8日,李文亮医生开始接诊患者。

2020年1月10日开始咳嗽。

2020年1月12日住院。

2020年1月14日转到医院呼吸科隔离。

2020年1月28日,最高人民法院微信公众号刊文谈及此事称,尽管新型肺炎并不是SARS,但是信息发布者发布的内容,并非完全捏造。如果社会公众当时听信了这个所谓的"谣言",并且基于对SARS的恐慌而采取了佩戴口罩、严格消毒、避免再去野生动物市场等措施,这对我们今天更好地防控新型肺炎,可能是一件幸事。"试图对一切不完全符合事实的信息都进行法律打击,既无法律上的必要,更无制度上的可能,甚至会让我们对谣言的打击走向法律正义价值的反面。"

2020年2月7日凌晨2点58分,李文亮医生殉职。

2020年2月7日,国家监察委员会网站发布消息:经中央批准,国家监察委员会决定派出调查组赴湖北省武汉市,就群众反映的涉及李文亮医生的有关问题作全面调查。

2020年3月4日,国家卫健委等部门印发决定,表彰全国卫生健康系统新冠肺炎疫情防控工作先进个人,其中有李文亮医生。

李文亮医生的被训诫和殉职,引起了全社会的高度关注。闻海大数据显示,李文亮医生不幸离世后,追思李医生成为舆论最大焦点,新浪微博的话题阅读量达1.4亿,大量网友在李文亮微博留言。《新华每日电讯》发表的纪念文章用了"愿逝者安息,愿天日昭昭"这样不同寻常、意味深刻的标题,文章称:毫无疑问,李文亮是一个医德高尚的医生。人们遗憾其不幸离世,不仅在于这世上少了一个妙术仁心的优秀医生,更在于他率先向身边人发出疫情预警信息。可以肯定的是,在危险来临时敢于直言的李文亮医生,展示出他作为一个普通社会公民的道德良知。

《环球时报》发表文章称:李文亮医生是武汉中心医院的一名医师,他是去年12月最早预警这场危险病魔的8名医生之一。回过头看,他的专业性警觉尤其令我们对他产生了敬意,他当时发出的警报没有立即受到重视,反而被训诫,这件事为社会开展反思提供了一个有触动的样本。

2. 反思与启示

正如《光明日报》的纪念文章说的那样:李医生的遭遇,让人们看到了阻塞这种预警的惊天后果,看到了轻率处理无主观恶意的言论,可能比虚假信息本身带来的危害要巨大得多。

这种危害体现在多个方面,最值得引起各级政府部门、各个公权力机构警惕的是:①在重大风险来临时,政府主体必须提前感知风险,并在风险发生后的最短时间内快速作出一定的回应,将风险带来的不良后果降到最低。②对于专业人员发出的预警,要以真诚的态度认真倾听和分析,不能充耳不闻,更不能阻塞甚至是打击。③李文亮医生的被训诫,是对政府公信力的再一次巨大戕害,从社会治理的角度考量,其后果是无法估量的。

4 突发灾难事件中的心理危机表现及干预

4.1 自然灾害下的心理危机表现

人类社会发展到今天,经历了无数自然灾害,如地震、海啸、台风、暴雨、洪水、泥石流、塌方、大火、严寒等。自然灾害不仅给人类带来身体上、物质上的损害,更会带来心理上、精神上的创伤。

在自然灾害面前,人们会表现出种种心理与行为反应。有的人惊恐万分、不知所措;有的人焦虑、沮丧,甚至自杀;有的人行为异常,做出令人无法理解的事,给自己和亲人带来无尽的痛苦,给社会造成无法挽回的损失。由于自然灾害具有突发性、不确定性、破坏性、恐怖性等特点,因此,自然灾害对每个人来说都是一种应激,会导致每个人产生不同程度的情绪、生理、认知、行为异常等应激反应。强烈的精神应激不仅会导致个体出现短时的心理障碍,如急性应激障碍,还会导致长期的心理创伤,如创伤后应激障碍。

由于每个人的性别、受灾程度、灾害经历、知识能力以及所受的教育、在灾害事件中所处角色等因素的不同,每个人所承受的心理创伤程度是不同的。另外,由于社会支持等原因,相同的灾害破坏程度也能造成不同的心理伤害。

4.1.1 自然灾害造成的常见心理反应

自然灾害造成的心理应激反应表现为情绪变化、生理反应、认知障碍及行为异常等。其中,情绪反应主要有悲痛、愤怒、恐惧、忧郁、沮丧、悲观、焦虑不安等变化。生理反应主要有疲乏、头痛、头晕、失眠、噩梦、心慌、气喘、恶心、胃肠道功能紊乱、肌肉抽搐等症状。认知障碍主要有感知异常、记忆力下降、精神不易集中、思考与理解困难、判断失误、对工作和生活失去兴趣等,并出现下意识动作、坐立不安、回避、举止僵硬、拒食或暴饮暴食、酗酒等异常行为,严重的甚至导致精神崩溃,出现自伤、自杀等异常行为。

自然灾害往往是始料不及的,灾害发生之后,公众由于伤情及承受能力等均存在较大差异,各自产生的心理行为反应程度互不相同,但产生的一系列心理行为反应却基本相同,主要包括:

(1) 恐惧,担心灾害会再次发生;害怕自己和亲人会受到伤害;害怕自己崩溃或无法控制自己;不敢进屋子里睡觉;地震之后对震动过度敏感,如冲马桶时都觉得又地震了。

(2) 无助,经过灾后的元认知评价,感受到自身是十分脆弱、不堪一击的;不知道将来该怎么办,感觉前途渺茫;觉得世界末日到了;一切转眼成空,面对损毁的家园,无法预期何时恢复。

(3) 悲伤,为亲人或其他人的死伤感到悲痛。大多数人会以大声号哭或不断啜泣来宣泄或疏解;少数人以麻木、冷漠无表情作为反应。

(4) 内疚,因为比别人幸运而感觉罪恶;觉得自己做错了什么,或者后悔没有做应该做的事情来避免亲人的伤亡。当情绪的对象是针对自己时,很容易出现罪恶感。

(5) 愤怒,怨天尤人,觉得上天对自己不公平;抱怨救灾行动为何那样缓慢;抱怨别人根本不知道自己的需要,不理解自己的痛苦,甚至对保护、协助自己的志愿者发脾气。

(6) 强迫性重复回忆,一直想着逝去的亲人,心里觉得很空虚,无法想别的事;灾难的画面会在睡梦中重复出现,一闭上眼就会看到恐惧、悲伤的画面。

(7) 否认,将自己与本次灾难刺激隔离开来,这是生物性的本能保护措施。心理上的隔离现象有两类:一类是心理上的休克,不易做选择;另一类是过度理智化的表现,冷静、专注、有效率地处理灾后的事情,而深藏自己的感情,维持6~7天后,才逐渐将个人的情绪宣泄出来。

(8) 失望和思念及过度反应,不断地期待奇迹出现,却一次又一次地失望;对已故亲人的怀念常有心如针扎般的感受。如对与灾难相关的声音、图像、气味等感觉过敏、反应过度;感到没有安全感、易焦虑;失眠、做噩梦、易从噩梦中惊醒。

(9) 基本信念的冲击,没有经历过大灾难的人,通常对其所处的世界拥有一些基本的信念,如生活的世界是有秩序的、安全的,这种信念受到灾难的冲击后可能会转变成:生活的世界是无序的、不安全的。这种转变也强化了对外界的怀疑、不信任,甚至猜疑救助者的动机。

面对重大自然灾害,受灾者会出现一种或多种从前在日常生活中不曾有过的心理和行为反应,比如用无所顾忌的呐喊来释放积压在内心的负性情绪等,这都是源自灾后内心的感受与体验。但对于大部分人来说,这些反应一般不会带来生活上永久或极端的影响。只要受灾者在灾难中还保有较为完善的社会支持系统,灾难后能得到亲友间的体谅和支持,他们大多能随着时间的推移恢复对现状的默认和对生活的信心。但是,对于社会支持系统缺损严重、经历了多个至亲离世等重大创伤事件、本就有严重心理问题的特殊个体来说,及时和科学的心理援助是其抚平心理创伤、恢复正常心理状态的必要条件。

4.1.2 自然灾害造成的心理应激障碍

自然灾害的发生具有突发性、破坏性和不可预测性,对每一个人来说都是一种应激事件,会导致每个人不同程度的情绪、生理、认知、行为异常等应激反应。心理应激不是病理性的疾病症状,而是个体在遇到重大突发事件时,机体对各种紧张刺激产生的适应性反应。如果个体的情绪、生理、认知以及行为出现了严重的不适应症状,则形成了各种应激相关障碍。根据《中国精神障碍分类及诊断标准》(第3版)(CCMD-3),心理应激障碍分为急性应激障碍、适应性障碍及创伤后应激障碍。

1. 急性应激障碍

急性应激障碍以急剧、严重的精神打击为直接原因,在受刺激后几分钟至几小时发病,病程短暂,一般持续数小时至一周,通常在一个月内缓解。症状表现为强烈恐惧体验的精神运动性兴奋,行为有一定的盲目性;或有情感迟钝的精神运动性抑制(如反应性木僵),可能意识模糊。

2. 适应性障碍

适应性障碍是由于长期明显的生活环境改变或应激事件后适应期间,主观上产生的痛苦和情绪变化,并常伴有社会功能受损的一种状态。病程在1~6个月之间。主要症状有:①以情绪失调为主的临床表现,具体表现为紧张、担心、烦恼、心神不安、胆小、抑郁、易激怒等。②常伴有生理功能障碍,如头晕头痛、腹部不适、失眠、食欲不振、便秘或腹泻等。③社会功能受损,表现为人际关系不良、沉默寡言、悲观厌世、不讲卫生、生活作息无规律、不能正常学习和工作,儿童可能伴有退行现象,青少年可能出现主动攻击行为。

3. 创伤后应激障碍

创伤后应激障碍(Post-Traumatic Stress Disorder,PTSD)是指对创伤等严重应激因素的一种异常精神反应,又称延迟性心因反应,常于突发事件发生后数月或数年后发生,对受灾人生命或身心健康有危险,并可能导致受灾者在创伤之后出现长期的焦虑与情绪激动。根据《美国精神障碍诊断与统计手册》(DSM-V)的诊断标准,创伤后应激障碍个体必须经历过严重的、危及生命的创伤应激;症状表现为持续性地重现创伤体验,反复的痛苦回忆、噩梦、幻想以及相应的生理反应;个体有持续性的回避与整体情感反应麻木;有持续性的警觉性提高,如情绪烦躁、入睡困难等;以上症状持续至少一个月,并导致个体明显的主观痛苦及社会功能受损。

4.1.3 自然灾害造成的群体心理影响

1. 对幸存者造成的影响

幸存者通常会经历这样几个阶段:首先会对劫难产生一种不真实感与否认的行为,不相信发生过的一切是真的,宁可认为这只是一场噩梦;在意识到残酷的现实之后,会经历一段消沉期,对周围的一切都变得麻木不仁,这时的精神状态远没有恢复到可以重建正常生活的水平;一旦他们认识到这些悲剧是真实的,便会产生严重的心理问题如急性应激障碍,如果得不到及时、有效的疏导,有可能造成长期的甚至永久的心理创伤,逐步发展成创伤后应激障碍。还有的幸存者因无法接受现实而产生自杀倾向。

2. 对罹难者家属造成的影响

当自己的亲人遇难时,遇难者的亲属会陷入无比悲痛中,不同程度地出现情绪与生理异常反应、认知障碍、异常行为,甚至出现精神崩溃、自残、自杀的倾向,并且与遇难者关系越亲近的家属其症状越明显。遇难者家属经常会把责任归咎到自己身上,认为全是自己的过失,因而产生内疚、自责心理。灾害造成的强烈应激或长期的应激状态会损害健康,甚至造成身体组织损伤,引发疾病。目前国内外关于灾害对罹难者家属造成的心理行为影响的研究报道较少,有待进一步开展。

3. 对救援人员造成的影响

自然灾害发生后，医务人员、救援人员会立刻投入到抢救工作中去，由于他们工作环境的特殊性，面对惨重的伤亡情况以及他们在灾难中所担任的角色，会产生一系列的心理应激，如恐惧、焦虑、无助、挫败感。灾难事件对救援人员的心理影响也不是短时间就能消除的，甚至在救灾结束后很长时间，逐渐出现类似"创伤后压力症候群"的后遗症，这种后遗症会延续很长时间，严重影响救援人员的身心健康。

4. 对一般公众造成的影响

一场重大的自然灾害不仅会给幸存者、遇难者家属、救援人员留下严重的心理创伤，也会对全社会造成潜在的心理损伤，使得知事件信息的公众内心蒙上阴影，同时还会导致公众行为的变化，引起公众焦虑、恐慌，少数人会发生精神障碍，因此，灾害对一般公众造成的心理行为的影响也需要及时有效的心理行为干预。

4.2 事故灾难中的心理行为表现

事故灾难是指具有灾难性后果的人为事故，是由于事故的行为人出于故意或过失的行为，违反治安管理法规和有关安全管理规章制度，造成物质损失或人员伤亡，并在一定程度上对社会、内部单位或居民社区的治安秩序和公共安全造成危害的事故。主要包括工矿商贸等企业的各类安全事故、交通运输事故、公共设施和设备事故、环境污染和生态破坏事故等。

事故灾难属于突发人为灾难，是由于人类生产、生活等活动中的失误或事故而产生的灾难，具有不可预知性、不可抗拒性及后果的毁灭性，能对社会公众的心理行为产生巨大的影响。

事故创伤不仅带给人们身体上的损伤与痛苦，加重个人、家庭和社会的经济负担，它同时也是一种心理应激和精神创伤。任何一起伤亡事故对于当事人而言都是灾难，人们在面临这种情境时不可避免地会产生十分强烈的心理恐慌及应激反应。其中，很多人会发生行为的紊乱，导致灾害的扩大、伤亡的增加，而灾后还会有相当比例的当事人和亲历者留下难以自愈的身心创伤，甚至患上心理和行为障碍，影响其日后的工作、生活乃至社会的安定，甚至有的人还会由于心理和行为的不稳定导致"祸不单行"，再次发生事故。

4.2.1 事故灾难后的心理应激反应

应激是指人对某种意外的环境刺激所作出的适应性反应。当人们遇到某种意外危险或面临某种突发事件时，人的身心都处于高度紧张状态，这种高度紧张的状态即应激状态。"应激"可以简单地描述为"心理的巨大混乱"。如2011年3月，日本发生核泄漏事故后，我国部分省市一度谣言四起，有网民传言日本核辐射将造成海水污染，从而很快引发了上海、杭州、南京等地的碘盐、碘片抢购风潮。之前在超市一元多一袋的碘盐，一夜之间涨到了十多元，而且还断货，一度造成了公众的心理恐慌。

这些重大突发事件通常会造成社会的群体应激,常引起极度恐惧、害怕、无助感,在生理、情绪和行为反应上产生异常,若不能正确干预和疏导则很有可能引发心理危机。

心理疾患是事故灾难引起的最为普遍的公共健康问题,包括抑郁、焦虑、创伤后应激障碍、医学无法解释的躯体症状以及被污名化。大量的流行病学调查发现,灾难后的创伤后应激障碍的发病率可高达33%,抑郁症的发病率可高达25%,受灾者和干预工作者还可能出现焦虑、睡眠障碍、物质滥用(如烟酒)等心理及行为问题。精神疾病史、创伤暴露程度、当下压力和社会支持缺乏等都是创伤后精神疾患的危险因素。相比自然灾害,事故灾难当事人的心理问题表现更复杂并持续受损。事故灾难影响的不确定性以及伴随疾病导致的生活改变及污名化,往往会给当事人带来巨大的持续影响。

事故灾难带来的巨大负性信息或影响会随着人际传播,特别是随着现代媒介而迅速传播,从而也会在灾害发生区域之外产生心理震荡,甚至会引起全社会的恐慌。

事故灾难还容易诱发谣言传播和加剧群际冲突。谣言是在模糊、危险或具有潜在威胁的情境中普遍流传的未经证实的说法,以帮助人们理解和管理感知到的风险。谣言的传播强度取决于情境的不确定性、环境的威胁和焦虑等。事故灾难形成的高风险情境会引发谣言的高发性。在真实信息真空的状态下,谣言替代性表达灾难后公众的震惊和愤怒等负性情绪,从而获得控制感。在环境具有威胁或危险性时,公众失去了自己的判断能力,在强烈寻求安全感的情绪推动下,公众一般没有欲望或动力去验证和调查信息的真实性;同时,危险和骚乱的情境也会使公众变得更加敏感,因此就更愿意传播谣言。

4.2.2 事故灾难后的心理应激特点

事故灾难对个体与群体心理影响表现在以下三个方面。

1. 事故灾难直接冲击公众的安全感

部分事故灾难的发生有着自然因素的影响,但即使是由于极端天气条件引起的翻船灾难事件,其背后还是存在着相关人员没有做好充分的预警和准备、存在安全隐患等更为关键的人为因素。这类事故同样归因于人类的失误或事故,这类灾难原本是可避免的。正因如此,较之自然灾害,社会和个体对人为灾难更加缺少心理和现实的预防和准备,即便有预防也不在个体的水平上。因此除了害怕、恐惧和无助之外,对于事故灾难,公众的情绪反应还包括疑惑、愤怒、不信任和指责等,这些负性情绪均是心理问题,乃至心理疾患的症状表现,这类情绪的出现和干预缺失,也容易导致长期的心理问题。同时,事故灾难随着媒体与人际的传播,会在短期之内在整个地区甚至国家范围内,产生心理冲击和恐慌情绪,甚至会带来社会层面的震荡。

2. 事故灾难会带来更多迭代心理创伤

自然灾害之后,社会各界会立即伸出援手,在第一时间开始筹集救援物资,受灾群众积极进行自救与重建。而对于事故灾难来说,救援反应相对较慢,人们往往等待肇事者或责任方承担对事件的责任,灾难恢复也往往不是外界首要(或唯一)的焦点,而重建工作也经常由外界主导,当地群众缺乏话语权。由于事故灾难往往存在责任方,问责和赔偿可能需要较大精力,往往需要法律诉讼甚至政治解决,这个过程也伴随着更强烈和更多样化的压力和心理负担的迭代产生。责任不明确、无人负责、赔偿不公平等都是后续负面情绪和心理创伤的来源,甚至可能因此导致各种社会群体的大规模冲突。

由于事故灾难的长期后果尚不清楚,尤其是化学或生物灾难(比如污染、核泄漏、食品安全等问题)是否对身体和精神造成损伤、是否对经济和生态环境造成影响,这些损伤和影响能否恢复以及何时恢复等问题的答案都是未知的,因此,在高风险、不确定的情境下,个体和群体的心理状态、决策表现都会受到影响。

3. 事故灾难亲历者的心理创伤具有典型阶段性

自然灾害之后,当事人通常会经历冲击(恐惧)、英雄主义(利他)、悲伤(内化)、愤怒(外化)、重建常态五个阶段。

事故灾难后,人们更多地表现出困惑、指责、不信任和对长期影响的顾虑,心理健康水平迅速下降并持续徘徊在较低的水平。事故灾难后,亲历者很少经历群情激昂的英雄主义,往往直接进入悲伤和愤怒情绪,部分人还会表现出攻击、张贴标语和网络泄愤等行为。有一些突发事故后的愤怒期时间会相应延长,甚至任何突发事件都可能延长或再次引发愤怒期。愤怒期可再细分为三个阶段。

(1) 酝酿阶段,经过冲击期、悲伤期之后,受灾群众心理显得较为敏感,总体表现为"暂时平稳,暗流涌动"。

(2) 释放阶段,部分民众在自身诉求迟迟未得到回复或外部信息与自身意愿相差过大时,容易出现不正常、过激的言行,例如攻击、网络泄愤和群体暴力等。

(3) 觉知阶段,随着时间的推移,受灾群众开始得到更多有关灾难事件处理信息,如当地政府出台的相关政策,或冷静下来,或继续释放,内心开始觉知思考,衡量利益得失。

4.2.3 事故灾难造成的心理和行为障碍

1. 急性与迟发性应激反应

急性应激反应也称急性心因性反应,发生于突发性的严重精神刺激事件之后,由异乎寻常和来势迅猛的精神打击所致。重大伤亡事故当事人家属和事故当事人均容易发生急性应激所致的精神伤害。另外,对于亲身经历伤亡事故的人,还会发生当事人综合征,这是精神创伤后应激障碍的一种表现形式,主要表现为抑郁、梦魇、夜惊、情感脆弱等。

人身事故不但会造成躯体伤害,还会造成心理创伤(精神创伤),若这种精神创伤超过一定程度,就会出现创伤后应激障碍,即当个体遭受到创伤性事件数日至数月后(潜伏期)延迟出现反复重现的创伤性体验、持续的警觉性提高和持续的回避,可能引起个体的心理、生理功能紊乱,继发心理适应性疾病。遭受不同程度创伤后,有 7.8%~8% 的人会发生应激障碍,导致长久的心理痛苦。面对各种职业伤害特别是重大伤亡事故等人为灾难和严重自然灾害,当事人、目击者甚至在抢救前线的急救工作者都有可能发生创伤后应激障碍。

2. 对伤害致残者的心理行为损害

严重事故可能会导致当事人永久性的残疾,包括躯体功能障碍、瘫痪、畸形等都会作为长期的心理刺激因素而影响其身心健康状态。瓦斯爆炸、火灾、严重烧伤患者创面愈合后的外貌畸形、功能障碍等残疾,常使患者产生刻骨铭心的印象,并诱发患者的心理活动异常。首先是患者对愈后自我形象的心理反应,有的人表现为悲伤,有的人表现为焦虑或抑郁。随着肢体部分功能的恢复、整形手术对外貌和功能的改善,再经心理治疗,多数患者能够接受现实,主动配合功能锻炼,最终达到生活自理,有的还可以参加一定的工作。亲属和社会公众的态度与反应会直接影响他们的心理状态,如果亲属对患者愈后容貌及功能障碍能够接受,尽心照料,使其得到亲情的温暖,则有利于促进他们的心理康复。另外,严重烧伤患者痊愈后在与社会接触时,公众的歧视性反应会加重他们的心理创伤,致使他们的自尊心受到损害,使他们害怕接触人群,生活空间进一步缩小,生存质量下降。因此,严重伤害致残者的心理康复和社会康复是长期、艰巨而复杂的工作,需要发挥社会、单位和家庭等各方面的力量共同给予帮助。

4.3 事故灾难心理危机干预

心理危机反应不是一种疾病,而是一种情感危机的反应过程。在心理危机发生时可以通过危机干预方式对当事人表示关怀和提供援助,这样可以帮助他们及时摆脱困境。创伤后应急心理干预就是帮助出现心理危机的人渡过困境,重建心理平衡,防止心理危机进一步发展。

4.3.1 事故灾难心理危机干预的原则

心理救援的一般步骤是在危机发生的最初阶段,提供情感支持,以缓解紧张情绪,然后指导当事人根据实际情况,寻求可能的援助,进而通过心理辅导帮助他们分析危机情境,指导他们学习新的认知方法和应对方法,有效处理危机事件,最后达到提高心理适应能力、重建社会生活的目标,最终战胜困难。事故灾难发生后的干预一般应遵循以下原则和方法。

1. 总体原则

危机干预的主要目标是降低事件的冲击和影响,助力正常的复原过程(正常人对非正常事件的正常反应),使人恢复正常的适应能力。危机干预一般需要遵从以下原则:简单(方法简单)、快速(几分钟、最多一小时)、应变(需要适应各种新的情况)、实用(任何建议必须实用才有效)、就地(就近接触)、及时(危机情况需要紧急处理)、预期(需要设立合理的积极效果)。在事故发生后,应该先就身体创伤进行积极抢救与治疗,而在心理创伤方面则首先要提供情感支持,以缓解紧张情绪为目标,使当事人感到周围有人在帮助他们,感受到温情与关爱,不使他们产生孤独无助的感觉。对事故现场的了解应主要靠实地调查分析,尽量避免向当事人直接询问情况,以减少当事人陷入对创伤刺激的反复"体验"之中。一些媒体记者在重大伤亡事故发生后不久就采访和询问当事人,这是缺乏基本心理常识和人文关怀意识的不科学做法。

在干预工作中,应该让当事人了解到,有些反应是正常的创伤后应激反应,并不意味着脆弱或无能,这样有利于减少当事人的回避症状,恢复心理平衡。另外,创伤后心理和行为障碍症状有长期性、慢性化的特点,如果对患者心理障碍的康复期望过高,反而会增加他们的心理负担,影响康复。所以在干预工作中,努力在患者周围营造一种包容和理解的氛围十分重要。

当事人在经受严重心理创伤后,通常会变得意志消沉,对生活失去兴趣。此时,应重点帮助他们重新鼓起生活勇气,指导其学习新的认知方法和应对方法,明确立足现实的生活目标,重建"新的世界"。

2. 具体方法

(1) 重在物质与精神支持,促进心理康复

有研究表明,心理创伤事件的强度并不是心理和行为障碍发生的决定性因素,事故发生后物质和精神支持的强度不够、生活事件和继发性不利处境等才是主要患病因素。周围正常人群对当事人的社会心理支持会起到不可或缺的缓冲和保护作用。创伤后实施早期干预措施,进行完善、细微的物质上的照顾和情感上的支持是减少心理和行为障碍发生的重要方法。

(2) 防止因过度反应导致继发事故

发生事故后,首先要做好心理干预工作,开展符合受灾者心理特点的制度和措施设计,同时要考虑事故灾害中的从众因素,防止加剧恐惧情绪造成过度应激而再次发生事故。

(3) 积极开展心理治疗工作

心理治疗是对当事人的主要疗法,常用的方法有认知疗法、行为治疗、精神分析治疗和集体心理治疗等。各地在建立快速反应急救系统网络时,除了建立各级政府部门、救灾中心、执法人员、教育体系、新闻媒体、家庭等灾后社会支持体系外,还应建立一套包括临床医护人员、心理工作者、精神科医生、社区心理保健机构在内的较为完善的灾后人群心理救援体系。

4.3.2 事故灾难心理危机干预的对象

根据心理复原的社会生态理论,个体受到家庭、学校、社区和社会文化等不同层面的因素影响:①个体因素,包括性格、应对方式、生理因素、遗传因素等;②家庭因素,包括家庭经济社会地位、亲子关系、教育水平等;③学校/社区因素,包括社会支持、同辈关系、社区环境、邻里关系等;④社会文化因素,包括社会经济因素、社会价值观、文化传统等。心理健康依赖于整个生态系统的健康与平衡。

在事故灾难后,所有受到影响的个体均可能出现不同程度的心理问题,需要针对全社会进行基本的心理干预,不仅针对有需求的个体,也包括没有出现症状或不会、不愿、不主动寻求帮助的个体。

由于个体需求不同,需要在初期进行评估、辨别,并有统筹、有侧重地开展针对性的心理援助。根据症状水平和发展趋势,按照对心理干预的需求程度,可将人群分为四类:①明显出现症

状的人群,包括临床和亚临床人群;②高危人群、高度创伤人群、心理疾患的高风险人群,包括严重受创人群、丧亲家属、干预工作者等;③易感人群,容易受到灾难事件影响、有较高风险的灾后心理疾患、较高流行率的人群,如儿童、青少年、女性、老年人等;④普通人群,暴露于重大突发事件的一般民众,可能受到影响的所有人群。

4.3.3 事故灾难心理危机干预的时机

事故灾难发生后,需要最大限度地减少灾难对相关人员身心健康的影响,提供急救和持续护理。为了将影响降到最低,必须实施心理危机干预和管理。典型的危机管理包括四个环节,即 PPRR——预防和减灾(Prevention and mitigation)、准备(Preparedness)、紧急反应(Response)及恢复(Recovery)。其中,紧急反应和恢复两个环节主要针对已发生事故的危机管理。同时,为了恢复当事人、干预工作者等的心理健康水平,需要开展长期的心理援助。

在灾后早期阶段,心理干预的重点是提高安全感、促进稳定性(冷静下来)、促进个体和集体的效能感、促进人际联系、重拾希望。危机事件应急管理是指针对危机情境中的个体,旨在缓和急性心理压力、恢复生理心理功能平衡、减小可能发生的心理创伤的紧急心理护理。一般应急管理融合了危机干预、小组压力辅导等技术,主要包括七个核心内容:危机前的准备(个人和组织层面)、灾后大规模遣散程序、个体紧急危机辅导、无害化处理(简短的小组讨论,旨在降低急性症状)、危机事件压力辅导(较长的小组讨论,旨在对灾难的心理完结及重症转介)、家庭危机干预、后续说明及转介心理评估与治疗。

心理危机干预本身一般都很短,是暂时解决问题,在事故灾难刚刚发生后进行紧急干预可以有效缓解当时症状、恢复秩序,并预防后续的心理疾患。

由于灾难所导致的心理问题不会很快消除,可能在多年之后仍有影响,个体在经历创伤之后可能出现不同的症状发展,主要包括四类:①大部分人在事件后不会表现出高应激状态和心理问题,有较强的心理韧性,这一类人群占 35%～65%;②第二类人群在创伤后应激水平较高,且症状随着事件的消失而消失,属于心理恢复人群,占 15%～25%;③第三类人群占 5%～30%,表现为认知功能或情绪反应长期受损、症状持续;④最后一类人群占 0～15%,在事件发生后初期没有表现出强烈的应激反应,而是在后期才表现出症状,属于"延迟受损"。因此,事故灾难后有相当数量的群体需要长期有针对性的心理援助。

4.3.4 事故灾难心理危机干预的方法

国内外常见的心理危机干预方法主要包括药物治疗和心理治疗。药物治疗必须在专业精神科医生的诊断下开展,如抗抑郁药(针对创伤后应激障碍、抑郁症)、神经刺激类药物(针对抑郁症)等。心理治疗必须由专业的心理咨询师开展。目前国际上针对创伤后应激障碍的心理治疗,临床验证有效的方法有认知行为治疗、暴露疗法、眼动脱敏疗法、森田疗法等;针对抑郁症的心理治疗,临床验证有效的疗法主要是认知行为治疗。近年来,我国也开始了中医治疗创伤后应激障碍的研究,有证据显示,针灸在治疗创伤后应激障碍方面的效果与药物相当。

对于高危人群(严重受创人员、丧亲家属、干预工作者等)应进行以心理治疗为主的心理干预,开展相关的心理教育,以防止其症状恶化或产生迟发性心理疾患。对于易感人群(如妇女、青少年及儿童、老年人等),可通过心理科普教育、组织团体活动等方式开展心理服务,促进学校和社区的文化氛围。对于普通人群,可通过公共宣传、新闻媒体宣传稳定情绪、促进积极情绪,从而提高全民心理健康水平。此外,针对事故灾难的污名化,也需要通过教育,让公众了解情况并与受灾人群接触,以达到去污名化的目的。

危机干预阶段的另一个重要任务是需求评估。与身体伤痛相比,心理创伤并不直观,需要进行较为深入的分辨与评估。事故灾难的心理评估包括社区层面和个体层面,分别考虑不同的实际情况和需求。

社区评估主要是为了了解人群中精神疾患和心理问题的发病率以及不同干预需求的频率和程度。准确的评估是分配有限资源、建议服务内容、明确干预重点的基础。社区评估要求快速、有代表性,通常采取走访社区干部和快速筛查的方法。根据评估内容的不同,评估进行的时间也有所不同。比如创伤后应激障碍的临床诊断病程要求是4周,即持续出现症状4周以上方可诊断(抑郁症的诊断标准病程为2周)。因此,早期的社区评估(事件后2~4周)主要是了解社区情况、创伤暴露情况、受损情况,并发现可能的心理问题个体。

个体评估则是进行相对细致的临床诊断以及就日常功能、社会心理因素、个人态度与信仰、个人及家族病史等方面作评估,并直接提供可以满足个体需要的心理健康服务。个体评估往往针对社区中发现的已经出现严重症状的人群或高危人群。

4.3.5 事故灾难心理危机干预的核心任务

随着我国城市化进程加速,人口越来越集中,城镇人口密集度越来越大,社会生活方式越来越高度组织化,事故灾难带来的人员伤亡和心理冲击风险也随之大幅增加。为了更好地预防和应对我国事故灾难中的心理健康和社会稳定问题,应进一步加强五个方面的工作。

(1) 完善灾后心理危机干预与援助法律法规,加强灾后心理危机干预与援助在国家救灾行动中的地位

近几年,我国发生了系列事故灾难,我国政府和社会不仅实施了高效的生命营救和物质救援,而且也高度关注灾后心理危机干预与心理援助。心理危机干预与援助专业性强,对人员知识、资质、临床经验有严格要求,当前仍缺乏专业人员资质认证、培训和效果评估,加之灾后非常态的社会状况,急需进行统一管理和组织资源支持,出台配套的法律法规,以确保心理援助工作及时、稳定、有效地开展。

(2) 建立科学的灾后信息发布、重大决策、善后处理和问题反馈等制度

要逐步或实时发布事故灾难后事故处理的进展,既要保证信息的公开、透明,又要表达对受

灾群众的重视,同时杜绝不实消息的产生。准确发布信息不仅有利于增加受灾群众的安全感和对政府的信任度,还有利于心理援助工作的顺利开展。扩大群众的参与权,吸收群众代表参与灾后处理及与重建相关的区域重大事项决策,增强决策过程的透明度。鼓励和宣传受灾群众通过合法途径表达自己的需求,如正常的信访途径等,让受灾群众能找到正常、合法的问题反馈渠道和情绪宣泄的途径。

(3) 重视次生灾害对个体与群体心理的叠加冲击

事故灾难发生后,紧急救灾时,要立即开展安全普查和教育工作,预防再次发生该类事故。如果在安置阶段发生次生事故或带有负面情绪的事件,将可能直接激化矛盾,影响事故的善后处理,应采取必要的措施降低这类影响。从概率论的角度,危险的工业设施必然会发生意外事故,只是时间早晚的问题。因此,需要科学地规划和设计危险类工业设施,使危险事故灾难后的心理危机干预与援助在可控和可预测范围内。同时,防患于未然,对危险类工业设施设置多重探测和预警系统,提前发现、提早处置。

(4) 维持社会稳定的工作要有符合灾后状态的定位

将不发生恶性社会性事件和一旦发生任何社会性事件能得到及时响应这两点定位为工作底线。对民众到上级部门提出要求等按照正常需求对待,以缓和民众和工作人员两方面的高压力状态,避免不良事件的发生。对极个别散布谣言、蛊惑他人、影响社会稳定的人员,联合公安机关依法给予严肃处置。建立问题快速落实和服务群众的长效机制。针对群众反映的困难问题,能现场解决的现场解决,不能现场解决的,在做好解释说明的基础上,开辟绿色通道,快速分流办理。跟踪督查落实,逐步将群众工作从应急状态转入常态,按照"先简后繁保基本"的原则,满足流动人口的教育、医疗等基本需求,逐步推进公民无差别待遇。

(5) 部署事故灾难后心理创伤研究单元和重大科研任务,为灾后心理危机干预与援助提供科学支撑

围绕"基于基因-脑-行为-社会的创伤后应激反应的发生机制"的系列科学问题,凝聚多领域科研力量开展研究,从而带动解决我国各类应激事件(交通、火灾、矿难等)带来的心理疾患问题。培养心理危机干预与援助专业人才,建立全国专业人才储备网络,以应对我国各类突发事件发生后的巨大心理危机与援助需求。

4.4 替代性创伤应对策略

在历次灾难事件中,灾难伤害的不只是灾区的民众,还有参与救灾的现场援助人员,他们也是容易受到伤害的。每一个看到灾难的人,某种程度上都应该被视为受灾者,特别是没有受过灾难心理训练的士兵、医护人员、心理援助人员、参加救援的政府工作人员、新闻媒体记者以及参与搜救工作的志愿者等,他们长时间暴露在重大危机事件面前,灾难现场、生离死别的场面都会给他们身心状态造成强烈的冲击,使某些工作者替代性地经历了受灾人群的情绪,出现了以

恐惧、焦虑及无助等各种形式表现出来的"替代性创伤"(Vicarious Traumatization，VT)。

4.4.1 替代性创伤概念及人群

1. 替代性创伤的定义

1996年，心理学家Saakvitne等[99]对替代性创伤下了一个定义："它是一种助人者的内在经验的转变，是同理投入案主的创伤题材所产生的结果。"助人者内在经验的转变有正向与负向之分。替代性创伤的焦点主要是在负向的转变上。也就是说，救援者在与创伤事件的当事人互动时，受到当事人内在经验的影响，间接感受到了灾难发生时当事人的创伤性体验，由此导致救援者的各种心理异常现象。危机干预本身是强度和要求都很高的工作，干预者在耳闻目睹各种负性事件后，会由此产生心理困扰和失衡，可能对其世界观、人生观和价值观造成影响。可以看出，对于危机干预工作者而言，替代性创伤是一种职业风险。

替代性创伤已经成为灾难救援中一个重要的问题，它对相关人群的心理损伤要远远大于身体的伤害，而且更加深刻久远。

2. 常见的替代性创伤人群

(1) 现场救援人员

在一线救援的官兵(如解放军、武警、消防官兵等)是心理问题发生的高危人群。在高强度的救援工作中，他们要尽自己最大的努力抢救人民群众的生命和财产，不断挑战生理和心理极限，极易出现失眠、胃痛、食欲下降、眩晕等躯体症状，同时还会产生内疚、自责等负面情绪，需要及时给予他们心理援助，减轻其心理压力。

(2) 医务工作者

灾难发生后，医务工作者每天都要接触大量的受伤灾民。在治病救人的过程中不断要面对哭泣、呻吟，因而他们较易成为替代性创伤的主要人群。多数医务工作者在长期高负荷工作中出现疲劳，并伴有失眠、食欲下降、身体不适等应激反应，还有的医务工作者由于未能成功救治伤员，流露出自责、忧伤、焦虑等情绪。

(3) 志愿者及相关人员

志愿者是自发组织的灾难援助的民间力量，他们有强烈的助人愿望，对实现自己的援助目标有较高期望，所以有一定的压力。志愿者在参与救援的过程中，常常会耳濡目染极其惨烈的灾难现场，不断面对重伤员和遇难者，有时他们会为自己没能达到理想的援助目标而深感内疚和自责。有时也会出现急躁易怒心理，甚至丧失了客观性，怨天尤人。他们与受灾者有同样的恐惧、绝望、痛苦等情绪，甚至会失去既往的安全感。有些人会采取压抑自己的办法，更加努力地工作，不知疲倦，处于亢奋状态，这些表现正是替代性创伤产生的征兆。另外，在灾难发生后进入现场的政府工作人员也是情绪枯竭的易发人群。他们不分昼夜地工作，经常发生工作与家庭的冲突，心理健康状况也受到极大的影响。

（4）媒体工作者

为了传递出及时、准确的现场救援情况，媒体工作者需要进行高强度的工作，对灾情的掌握、对现场的熟悉、采访、撰写稿件、编辑文字图片等都要在短时间内迅速开展。残酷的灾害现场常常让他们感到极度不安，有的记者难以适应灾害场面而非常痛苦，有的记者为不能直接参加救援而怀疑自己的职业价值，还有的记者对自己的工作目标期望过高而出现了焦躁情绪，各种心理反应如灾难画面闪回、焦虑、抑郁和饮食、睡眠障碍等时有发生。

（5）收看媒体报道的民众

灾难发生后，媒体传递了许多灾区信息，媒体报道中会涉及一些灾害现场十分惨烈的情景，如各种灾害造成的散落物品、受伤群众或遇难者的画面，让人看后感同身受。一些民众出现了诸多负面情绪反应，不能看报纸、电视，只要看到催人泪下的场景就心烦意乱，不能自制。白天工作受到影响，晚上睡眠困难。一些民众产生替代性创伤反应，他们的心理受到巨大冲击，甚至产生严重的心理创伤。

（6）心理救援者

在灾害发生后，有的心理救援者直接在一线为受灾群众及救援人员提供心理援助；有的心理救援者对返回的救援人员或民众进行心理干预；有的心理救援者暴露在灾难事故现场，整日面对死亡、受伤的场景和绝望、悲伤的情绪，与受灾者有着高度的共情。这些都有可能造成心理救援者心理能量的匮乏，出现心力交瘁、疲惫不堪的现象。

现场救援人员、媒体工作者、收看媒体报道的民众以及心理救援者是替代性创伤的高发人群，但关于替代性创伤的具体研究，主要还是以现场救援者为焦点展开。他们身处救援工作一线，按照《紧急心理危机干预指导原则》的规定，他们属于第二级干预人群，仅次于亲历灾难的幸存者。

3. 替代性创伤的症状

在灾害救援过程中，替代性创伤人群会有以下压力源：①灾难创伤事件的刺激；②救灾人员损失或受伤；③救灾任务的失败。替代性创伤人群要及时了解自己的压力源，并作出适当的调整，否则会导致以下症状的出现。

（1）易疲劳，生理上的不适感，体能下降，例如眩晕、呼吸困难、胃痛、无法放松等。

（2）社会性退缩，人际关系中亲密感下降，人际沟通困难，对人敏感不信任，常把自己孤立和封闭起来。

（3）职业倦怠和耗竭困扰，相关人员怀疑自己的职业价值，并开始质疑自己的工作意义，常出现情感上的精疲力尽、个人成就感下降、动机缺乏等反应。

（4）厌食、睡眠障碍和情绪问题，相关人员可能出现食欲减退、噩梦、失眠、错觉、闪回，并伴随暴躁、愤怒、没有安全感等情绪，或者过分为灾难悲伤和难过，也可能对自己经历的一切感到麻木与困惑，或者失去对公平、善意的信念，愤世嫉俗。身处现场的工作人员可能采取高强度工作的方式麻痹自己，无法体验到强烈的情感。

(5) 绝望、软弱、内疚和羞耻。参与救援者为救援工作的缓慢感到茫然和绝望,为自己的力量过于渺小而自责,并产生对受灾者的内疚。还有对自己也需要帮助感到尴尬和难堪,认为自己的问题与受灾者相比微不足道,觉得羞耻。

如果相关人群觉察到自己出现上述替代性创伤及其他相关症状,要立即进行自我调整、寻求帮助或接受督导,否则,这些应激反应可能会转变为创伤后应激障碍。

4.4.2 替代性创伤的预防与应对

1. 替代性创伤的预防

一般来说,预防替代性创伤要遵循三个基本原则——觉察(awareness)、平衡(balance) 和联系(connection)。

"觉察"是指救援人员要接纳和关注自己的不平衡状态,如觉察自己在需求、情绪和资源等方面是否存在不协调;觉察自己内心是否发生变化,发生了哪些变化,通过觉察恢复自己情绪上的平衡。

"平衡"主要是指救援人员的生活步调是否平稳,如是否能维持工作、休闲、休息的平衡,同时平衡也包含了内在的觉察和专注,以及找到释放压力的方法,给自己足够的时间与精力来处理自己所出现的心理伤害,重建心理和社会功能,建设新的平衡。

"联系"是指救援人员与自己、他人及外界能够保持良好的沟通渠道,巩固和完善自己的社会支持系统,开拓自己的内在需求、经验和知觉。救援人员加强自己和他人的联系是抵抗替代性创伤产生孤独的有效手段。

为了避免替代性创伤的出现,救援人员及管理部门要做到以下几点:

(1) 获得准确信息。在实施救援前,要尽可能掌握准确信息,使援助人员清楚目前自己和周围的状况。

(2) 轮换轮休制。救灾工作中,有些工作可以实行轮换制,包括轮换不同的岗位、轮换不同的责任及不同应激水平的工作,以便减小工作压力。救援工作强度非常大,因此要强制规定现场工作时间在 6~8 小时。对参与现场辨识、搜救工作等高创伤刺激强度工作的救援人员需要每 2 小时休息一次。

(3) 提供休息场所。救援工作中要尽量提供安全、隔离的休息场地,远离媒体和围观者,并且不能总和受害者或幸存者待在一起,确保救援者有独处的时间和空间。

(4) 维护良好的社会支持系统。保持和同事、其他救援者、家人、朋友的联系,缓解负面刺激和身心疲惫带来的心理压力和可能的心理创伤,努力维持相对正常的生活状态。

2. 替代性创伤的应对策略

在替代性创伤的应对策略中,可以借鉴 Saakvitne 等[99]针对助人者的思想、躯体和经验而设计的有关思考、行动和情感的三类活动,每类活动都包含了一些练习,稍加修改后可以用于援助人员的替代性创伤应对中。具体包括团体思考活动、行动活动和情感活动。

(1) 团体思考活动

团体领导者协助救援者利用表格记录救灾过程中的经验,并在团体中与其他成员进行交流和分享,攘除替代性创伤。具体的思考活动可以从以下几个方面的问题入手:

诉说事件:当时发生了什么事?救灾过程中自己印象最深的是什么?最难处理的是什么事?自己最困惑的又是什么?

表达心理反应:领导者协助救援者表达救灾事件发生时的情绪、感受或想法。这个程序在团体联系中需要较长时间完成。

关注自身躯体反应:领导者协助救援者努力觉察自身的各种反应,如疲惫、恶心、头痛等,并协助救援者处理这些问题,如放松训练、适量地运动、听音乐等。

分享成功的故事:讨论救灾工作中有意义的事件,并讨论在此过程中自己得到的启示,或是与团体成员分享最近个人生活中成功的经验以及带给自己的感受。

分享专业生涯的改变:与团体成员分享在救助工作中或救助后自己的内在改变,可以画出类似生涯曲线一样的图形。请团体成员写下自己在团体中的感受和心得,并相互分享。

(2) 行动活动

行动活动主要包括放松练习、亲近自然、丢垃圾、再造生命等。放松练习类似瑜伽的肢体舒展活动。亲近自然指到自然中去观赏、倾听一些有趣的事物,20分钟后集合,成员分享彼此特别的感受。丢垃圾指将自己不好的想法或感受写在纸上,然后丢到垃圾桶内。再造生命指运用象征物或仪式治疗不良情绪,如用蜡烛传递爱心或关怀,用歌曲或欢笑声表达身体的放松,用手拉手象征彼此的支持等。

(3) 情感活动

可采用主题活动(如心理剧或艺术治疗的方法)表达情感,如画树、自我塑造、未来的我等。通过情感活动使救援者更好地感受内心的情绪,并把这些情绪表达出来,通过分享或释放,重塑自己的心灵。

4.4.3 对替代性创伤人群的心理干预

1. 对救援人员的心理干预

(1) 干预目标

对救援人员心理援助的核心目标有两个:一是快速处理核心问题,恢复战斗力;二是预防未来创伤后应激障碍的发生。他们的核心问题是印象中有创伤症状的、带有痛苦体验的、惨烈的刺激画面,干预需要做的是为他们植入温暖的理念或画面,阻断他们的创伤记忆与痛苦情感之间的联系,快速恢复他们的战斗力,降低创伤后应激障碍的发生率。

(2) 干预原则

坚持"事前培训、事中减压、事后干预"的原则。事前要开展专业的心理压力模拟训练,事中要有专业的心理指导和系统的减压管理,事后要组织专职的心理干预专家在灾害应急救援工作完成后制订心理恢复的干预方案,定期对应急救援人员进行心理体检,及时发现创伤后应激障碍者并及时治疗,最大限度地减少心理创伤造成的减员,保证战斗力的持续提高。

(3) 干预技术

对摒除负面画面闪回的处理可采取以下四种干预技术。具体操作如下:

① 心理疏导。首先,干预者积极肯定救援人员的牺牲精神、顽强意志力和奉献精神。其次,干预者介绍在危机事件后有哪些正常的身心反应,让他们明白这些都是正常的应激反应。最后,鼓励他们以正确、积极的态度面对自身反应。采用以上方法对救援人员恢复战斗力是非常有利的。

② 情绪疏导。首先,鼓励救援人员准确地描述救援中对自己影响最大的、总在脑海中闪回的惨烈画面。其次,鼓励他们具体地表达自己的负面情绪是什么,如恐惧、悲伤、内疚等。再次,将这些负面情绪和图片一起打包。随着打包的进行,救援人员的不良感受会逐渐模糊。完成后大家鼓掌,鼓励自己的勇敢。治疗师要鼓励大家表达宣泄前后的感受。最后,描述让自己感到温暖的画面,该画面一定要让自己感觉到幸福、温暖。当不断强化温暖的画面后,原来被负面情绪占用的空间被重新填充,温暖画面被定格在脑海里。这时大家需要长时间的鼓掌鼓励。

③ 技术干预。主要采用感受呼吸温差放松法,表现为大脑意识沉静和放松。具体操作方法:首先,闭上双眼,让大脑的注意力集中在气流、鼻腔上,感受鼻腔气流的温度;其次,让气流随着呼吸往下直到肺部,让自己感觉气流在肺部、体内的交换,感觉到氧气的吸入、二氧化碳的呼出;最后,感受呼出去气流的温度,此时的温度要比吸入时的高。如此往复,让救援人员感受这种吸气时的凉,呼气时的热,感受这种呼吸温差的变化,达到放松。在这个训练中,救援人员感受到的温差越清晰,说明他的情绪越稳定,注意力的转移越有效,精神达到了真正的放松,使心理应激源对救援人员的影响减弱,尽快恢复救援人员的工作能力。

④ 心理行为训练。此训练的目的主要是通过肢体的活动调动救援人员的活力,提高其注意力和对自身身心水平的关注。例如,要求 16 个人在规定的时间里,可以构建任何图形,集体平移 2 米,但不能用脚触地。该训练是培养团队合作精神,需要团队的协作才能完成活动,可在短时间内提高救援人员的凝聚力,也能使大家体验到成就感。

2. 对心理救援者的心理干预

心理救援者是替代性创伤人群中比较特殊的一类,与这个群体中的其他人员一样,需要面对灾难现场给其带来的冲击以及灾难对其工作正常开展的影响。与其他人员不同的是,心理救援者因为在救援过程中对危机当事人的共情与支持以及可能遭遇的沟通困难、拒绝、抱怨乃至愤怒都将消耗大量的心理能量。他们可以通过一些干预技术进行自我调整,如自我肯定、积极的自我暗示、保证充足的休息与娱乐、保持客观与乐观等。此外,还有一些方法可以预防及应对可能产生的替代性创伤。

(1) 心理救援者的筛查

并不是每个心理治疗师都适合作为救援者进入灾区。通过体能与专业素质的筛查,确定可以承担救援任务的人选,并基于候选者的专业特长,综合各方面的考虑,合理分配心理救援任务。

(2) 进入灾区前的心理准备

采用各种形式(如集中培训、团体辅导等)为心理救援者对即将遭遇的心理冲击做好准备,学习积极的应对策略。

(3) 进入灾区后的监测

心理救援者要对自身状态保持觉察,出现问题及时进行自我干预或寻求帮助。同时,在参与救援的过程中,要注意以下三点。

① 建立和维护良好的社会支持系统。心理救援者进行灾后心理救援工作时,最好不要分散在各个地方单独工作,而是以小组的方式来获得同事的支持。同事间的相互支持可以帮助心理救援者及时地将自己的感觉和救灾的经验与同事讨论和分享。

危机干预中,干预者都需要必要的督导,出于条件的限制可以实行团体督导。团队工作结束后,可以让经验丰富的干预者或督导带领团队成员作分享,为干预者提供学习的机会。建立定期督导机制,对维护干预者的心理健康和提高专业水平非常重要。

此外,心理救援者还要保证与家人和朋友的沟通,保证自己有一部分相对正常的生活,可以在一定程度上缓解灾后心理救援工作带来的消极影响。

② 理解替代性创伤,接纳不良的心理反应。心理救援者出现替代性创伤时不要有自责、愧疚或羞耻的态度,也不要怀疑自己的职业选择和能力,最重要的是理解替代性创伤发生的必然性,并能面对自己不良的心理反应,尝试着了解自己出现替代性创伤的原因,并积极处理这种创伤。

③ 限制暴露。心理救援人员替代性创伤的形成,与对创伤幸存者的过分关注有直接关系,所以心理救援人员在帮助创伤幸存者时,要尽量减少自己在创伤资料下的暴露,以保护自己。倾听当事人的创伤经历是很重要的救援环节,但是也不必因此而承担额外的痛苦或面对过于惨烈的、不必要的创伤资料。

在干预的个案中,如有特别可怕或是超出自己承受范围的创伤治疗时,心理救援者要允许自己通过"退后一点点"的处理方法来保护自己。另外,心理救援者尽量不要到惨烈的现场去,不要看恐怖的画面,适度的回避可以有效地保护自己,以便更好地进行心理援助。

(4) 撤出灾区后的追踪

心理救援者在撤出灾区后仍要保持对自己身心状态的觉察,同时相关部门也要继续关注心理救援者在灾后的心理状况。在有条件的情况下,应对心理救援者再进行一次筛查,以期尽早发现潜在的替代性创伤者。

下篇
应急心理能力建设

5 危机状态下的负性情绪传播与舆情管控

5.1 危机状态下的负性情绪传播

5.1.1 负性情绪概述

心理学上把焦虑、紧张、愤怒、沮丧、悲伤、痛苦等情绪统称为负性情绪(negative emotion)，此类情绪体验是不积极的，身体也会有不适感，甚至影响工作和生活的顺利进行，进而有可能引起身心伤害。

在负性情绪中，恐惧是最常出现的，只是程度上的差别。因为来自生活方方面面的困难与矛盾太多，比如担心长得不好看、担心不能胜任工作、担心朋友背叛自己、担心配偶在情感上抛弃自己、害怕生病、害怕孤独、害怕失业、害怕穷困潦倒、害怕别人对自己印象不好、焦虑考试不及格、焦虑高考落榜丢面子等等，无以穷尽。

一般情况下，负性情绪的表现首先是情绪低落。一开始可能在短时间内表现为各种情感体验能力的减退，表现为无精打采，对任何事物都不感兴趣，还可能出现自我评价降低，常常伴有自责，严重时会出现罪恶妄想、疑病妄想等。其次会出现思维联想迟缓，比如反应迟钝、思路闭塞、语速慢、语音低、语量少，一言一行都需要克服重大阻力，严重者无法顺利交流。严重的负性情绪还会造成行动缓慢、认知功能受损、动作尤其手势动作减少。少数抑郁状态的严重者，会缄默不语、卧床不动，最严重时，会呈木僵状态。企图自杀的行为是最危险的症状。

5.1.2 负性情绪的传播

1. 情绪传播的概念及原理

情绪传播是传播者在精神刺激之下所产生的心理和生理活动，是一种以对客观事物的评价和行为反应为内容，对传受双方均产生相应生理唤起、主观体验和传播行为的传播活动。情绪传播的内容不仅仅是情绪信息，还包含情绪因素或由情绪因素引发的事实信息。

情绪作为传播内容的特性以及情绪传播机制的生成主要由情绪的功能决定。由于情绪具有适应功能和唤起功能，这就决定了情绪传播区别于一般传播活动，其具有生理调动的特点。

情绪的唤起功能起着心理和行为的动机作用，是生理内驱力的放大器。在情绪传播中，人很快进入情绪性信息所营造的环境，并在生理上调整到相应的情绪水平，这在客观上也造成了情绪在舆情事件中的持续累积。更为重要的是，情绪传播还具有行为指导的特性，在构建对新闻事件的认知过程中,情绪相近的信息会增加受众的接受程度,并进一步促成相互的传播活动。

情绪还具有认知功能,因此,人们特别容易对与自身当前情绪相一致的内容敏感。也就是说,相近情绪的对象更容易被注意并产生深入联系。情绪还具有交流功能,在人类进化和个体成长过程中,情绪的传递早于言语信息的传递,婴儿同社会建立最早的联系便是通过情绪的传播。情绪可以促进人际思想和情感沟通,使传受双方相互受到感染。通过视觉,人们可以快速进行情绪交流,激活接收方强烈的情绪反应。

2. 危机状态下的负性情绪传播

在风险社会和媒介化社会背景下,突发公共事件具有紧急性、社会性、复杂性、不确定性等特征,大众会形成同质化的情绪状态和社会认知,情绪传播呈现出非理性、循环性、辐射性、极化性四大特点。病毒式传播导致情绪快速散播,社交平台舆论场加大负性情绪扩散,人际传播产生情绪乘积效应。在这种传播方式下,如果放任传统精英媒体继续处于"失语"状态,而自媒体过度追逐注意力经济,则后真相时代,"情绪重过真相",受众高度介入事件的特征会加剧社会负性情绪的传播,造成流言四起、群体负性情绪积聚、诱发集合行为、焦虑情绪持续发酵、社会消极心态不断放大等问题,不利于社会稳定。基于此,主流媒体抢占先机及时发声,循序渐进引导舆论,发挥正面词汇抚慰作用,建立"情绪词库",对安抚大众负性情绪可起到积极作用,从而营造健康的舆论环境。传统大众媒体积极重塑专业权威与内容价值,寻求舆论的引导口,赢回媒体话语权,培养受众忠诚度,使自身更具有凝聚共识力。自媒体人应坚守职业底线,尊重事实全面性;报道须客观、理性、严谨,避免被民意绑架或曲意迎合大众偏激情绪;同时严格遵守相关法律法规并进行正确的舆论引导。

2005年7月5日,《环球时报·生命周刊》刊登了一篇《啤酒业早该禁用甲醛》的报道。一名啤酒研究者的来信出现在报道开头,"啤酒加甲醛在业内变成一个大家心照不宣的行规……",该报社记者以这封读者来信为线索展开调查。文中引用某业内人士的话"就产品的比例来看,95%的国产啤酒都加了甲醛……"。随后许多媒体介入炒作,"95%的啤酒加甲醛"的说法开始传播。随后韩、日等国都要求对从中国进口的啤酒进行检测,在国内也引发了啤酒的消费恐慌。

2005年7月15日,国家质检总局等7部门联合召开"关于啤酒甲醛问题说明会",会议声明"用甲醛提高啤酒的非生物稳定性,没有造成啤酒中的甲醛残留超标,不构成啤酒的卫生安全问题,国产啤酒的甲醛残留低于天然食品,可以安全饮用"。这一风波才逐渐平息。在此次事件中,个别媒体面对一个符合受众心理需求(即消费心理不成熟再加上对癌症的普遍恐慌心理)的虚假新闻线索,便去简单地迎合社会的非理性情绪,造成大范围的消极情绪传播,最终导致了恶劣的社会影响。

3. 重庆万州公交坠江事件中的负性情绪传播

2018年10月28日上午10时8分,重庆市万州区一辆公交车在长江二桥桥面与一辆小轿车发生碰撞后坠入江中,随后在未调查出事情真相之前,因一段现场视频中包含事故当事人女司机穿着高跟鞋坐在路边的画面,国内众多主流媒体开始发布新闻报道称事故起因是女司机逆行导致公交车避让不及时而相撞最后坠入江中。报道一出,短时间内引爆公众情绪,当天下午网络舆论从同情事故伤亡者转变为对女司机的声讨之中,"如果我是这个女司机,当场就跳下去算了……""只要有女司机,就有伤害"等类似言论出现在事件相关微博的转发评论中。然而,11月2日,"平安重庆""重庆发布"等地方官方微博公布事故原因是公交车司机与乘客发生激烈争执、互殴,事发时女司机为正常驾驶,与公交车坠江并无关系。一时间,各大新闻微博账号及微博"大V"开始删除指责女司机的相关微博,网络舆情也再一次发生反转,从"让女司机背锅"转变为"还女司机公道"和追踪事件真相。短短六天内,网络舆论关注点和攻击对象随着新闻报道的变化发生两次转变,悲痛、愤怒、质疑、指责等各种情绪交杂在网络场域中,跟随事件转变交叠高潮,网民群体情绪的波动、极端、非理性再一次在这次公共事件中得到较为明显的体现。本案例关于情绪管理的启示包括以下三个方面。

（1）信息生产层面:情绪先于事实

"重庆公交车坠江"事件初期阶段,网民情绪总体缺少理性,主流媒体对事故原因的报道成为影响情绪的重要变量。在信息生产层面,总体表现为情绪先于事实。在媒体信息生产方面,包括《新京报》、澎湃新闻、《中国日报》在内的主流媒体在未进行事实核验前盲目跟随小众媒体的报道,急于迎合受众情绪关注点,造成质疑谴责情绪的井喷。和普通的网民不同,主流媒体往往受众广泛,在微博社交媒体平台上拥有众多粉丝,且在网民心中具有一定的权威性,其发布的新闻一般会成为网民信息的直接来源,对网民情绪走向起到关键节点作用。在网民信息生产方面,受众在评论转发时并未等待官方信息,而是优先保证自我情绪的输出。网民在社交媒体平台上的评论、转发行为裹挟着更多受众进入虚假信息的传播圈子,进一步扩大了虚假信息的传播范围。值得注意的是,在后续的新闻报道中,女司机的丈夫曾表示他们也是受害者,并指出妻子驾龄有5年之久,且技术比他还好。但是这一事实声音在网民爆发性的情绪表达过程中被淹没,网民一味沉浸在虚假信息所带来的极端情绪中,造成事实很难进入传播路径中,形成虚假信息的"茧房效应"。

（2）信息传播层面:情绪与事实相互影响

朱天等[100]将信息传播分为两种舆论形态,一是信息流,二是情绪流。通过对个案的分析以及对事实传播路径和情绪传播路径的描述,在信息传播层面,这两种舆论形态相互影响,信息流中既有事实信息,也有意见性信息——一些新闻报道会直接触发受众的情绪,而受众对相关微博的评论、转发也会间接触发其他受众的情绪,影响事实传播的路径。此外,当受众产生非理性情绪后,这种情绪迅速聚集、扩散、感染其他受众,同时这一过程又容易滋生谣言等虚假信息干扰舆论,影响信息流的传播。

（3）信息传播效度层面:情绪先于事实

从传播的角度来看,传播行为是伴随着信息的产生而产生的。情绪传播与事实传播的分界点也在此。情绪传播,顾名思义,其优先保障的必然是情绪,按照新闻理论的思路,情绪强调的新闻价值要素更多地满足受众的感官需要。在传播效度层面,情绪感官让位于新闻事实,传播主体甚至可以通过篡改事实来增强传播内容的煽动性与情绪性，从而构成情绪传播。再反观情绪传播本身，传播内容上的情绪化成分比较明显。在"重庆公交车坠江"事件中，两次引起群体性情绪浪潮的节点微博都暗含引发受众情绪传播的成分，且均被大量转发和评论，在效度层面远远先于事故相关的事实报道。

5.1.3 规避危机状态下的负性情绪传播

从"重庆公交车坠江"事件的分析中可以看出，在信息生产、传播和传播效度三个层面，情绪传播均先于事实传播并影响着事实传播，该事件触碰事实前的"一波三折"也为社交媒体平台如何完善事实传播手段提供了思路，即强化个体公共舆论意识、重塑平台意见领袖以及建立官方审核机制。

当然，在短时间内，受众参与大众新闻传播的心理因素是无法改变的，未来一段时间内，社交媒体平台上的受众参与还将会呈现情绪化的状态，在这种情况下，公众参与大众新闻传播造成的混乱似乎是无解的。但这并不意味着"存在即合理"，重塑社交媒体平台的公共话语体系不仅是新闻媒体人的重任，也关系着每一个平台使用者，打破谣言传播的信息茧房，让事件回归事件本身，是保障事实传播的重中之重。

1. 强化个体公共舆论意识

著名新闻传播学学者陈力丹在对"舆论"下定义时就指出，舆论是一种"信念、态度、意见、情绪表现的总和"。公共舆论的形成是受众个体信念、态度、意见、情绪的综合体现。受众个体有意弱化自我在传播中的力度，发布微博的低成本让他们认为其传播效应也是相对较低的。在互联网环境中，公共舆论的形成恰恰是个体意见的碰撞与汇总。面对快节奏和高强度的现实生活，网民往往在互联网环境中更为情绪化，在转发评论中优先确保情绪输出，并未意识到自我个体作为网络结构中的一个节点对整体局面造成的影响。在信息爆炸的时代，作为接收者，个体必须学会主动了解和认识媒体传播的本质、目的和机制，学会对庞杂的信息作出判断和筛选，主动规避虚假、不良的网络信息。另外，加强个体法律意识，对网络公共场域内的行为进行自我规范也是极其重要的。总之，对事实传播的维护从根本上还是要回溯到个体公共舆论意识的建立，从源头建立对信息是否真实的敏感性，减少虚假信息的二次传播。

2. 重塑平台意见领袖

在社交媒体平台上，用户个体接触到的信源并非经过专业媒体从业者的过滤和筛选，传统新闻专业中"把关人"这一职能逐渐在互联网传播路径中被隐去。但其实"把关人"这一角色在社交媒体平台上以另一种形式存在着——比如传统媒体的官方微博、专业记者的个人微博账号，还有从事媒体相关行业的"大V"等，他们在平台上的表达可以被看作现实社会动向的风向标。这与拉扎斯菲尔德（Lazarsfeld）提出的经典传播学理论、二级传播理论相一致。在"重庆公交车坠江"事件中，事件及大众情绪的两次反转均与这类意见领袖相关：第一次群体情绪的产生来自官方媒体的视频和虚假新闻，即"坐在马路边穿高跟鞋的女司机"和公交车坠江是因与女司机逆行驾驶的轿车相撞；第二次群体情绪的产生来自"平安重庆"和"重庆发布"两个"蓝V"微博发布的事故原因声明。第一次群体情绪从对受难者的同情和悲痛走向责备、咒骂女司机的极端，第二次群体情绪从这种负性情绪转变为为女司机鸣不平、要求道歉等等。从事件的传播路径可以看出，网络意见领袖在社会化媒体上的意见表达和情绪表露直接影响网民的情绪，进而影响事件的进程和方向。因此，重塑平台意见领袖的职位显得尤为重要。在社会公共事件发生后，一些媒体和"大V"只顾吸引眼球、盲目追求时效性，罔顾社会责任和职业规范，不经调查随意发布、转载新闻，无形中为反向情绪煽风点火，而一旦反向群体情绪生成，想要矫正就需要一定的话语资源和时间差，虽然矫正后事实得以传播，但对当事人的伤害却难以弥补。在网络平台上，意见领袖拥有比以往更多的话语资源，能够实时发布信息并进行广泛传播，重塑意见领袖在社交媒体平台上的职责对公共事件的事实传播起着至关重要的作用，因为意见领袖不仅把控着事实信息的起点，也与各受众节点的情绪紧密相连。

3. 建立官方审核机制

将"重庆公交车坠江"事件看作一个整体，受众方呈现出盲目参与情绪化表达、没有正确方向引导的状态。在事实信息缺位的情况下，谣言作为一种"用户自生成内容"（User Generated Content，UGC），在没有把关人审核的情况下进入了大众传播的领域，造成这样的后果是必然的。受众与受众之间并不存在信息公布、审核的传播链条。而以《新京报》、澎湃新闻等为代表的意见领袖在接受了失实的"用户自生成内容"后，进行的传播以一级传播为主，进而加剧谣言的散布。而官方媒体的工作实际上是滞后的，在受众已经完成转发和情绪扩散后，后续的调查、辟谣实际上只能成为一种补救行为，对事实传播的影响已成定局。

在社交媒体默认的受众自由参与大众新闻传播的语境之下，打破这种桎梏的关键就在于建立权威的官方审核机制，因为公共事件的传播不仅是媒体与受众之间的互动，平台作为整个信息的交流场域也对整个事实传播负有责任。

在信息生产层面，平台可以使用自然语言处理（Natural Language Processing，NLP）算法对文本进行预处理，包括分词、词性标注和句法分析等过程。比如，容易诱导情绪生成的词汇是形容词和副词，那么可以通过重点抓取文本中的形容词和副词，检测其中包含的情绪（如正负面性、主客观性等），对其进行过滤和筛选，减少散布在平台上的极端情绪。此外，平台作为事实传播的第三方可以对新信源进行横向比对。比如，在"重庆公交车坠江"事件中，发布"女司机逆行"为事故原因的微博信源是否来自事件所在地的官方媒体或权威媒体，如果不是的话可以考虑设置相应的审核机制，比如要求博主补充事实根据（照片、视频、提供官方信源等），提高信息的真实度。

社交媒体平台作为现阶段公众接触新闻和交流意见的一大渠道，除了提供公共空间外，也需要起到一定的宏观调控作用。在平台授权的状态下，受众或意见领袖的自生成内容在经过平台官方证实的过程中将会经历协商环节，尽管权威媒体的信息量仍然很少，但平台官方在审核的过程中可以对子虚乌有的用户自生成内容进行质疑与流量限制，能够有效地减少虚假信息的发布和传播，从而引导、把握群体情绪。值得思考的是，微博平台之所以能在突发公共事件中发挥如此特殊的作用、吸引如此多的关注，是因为社交媒体平台满足了公众对突发公共事件信息的强烈需求，填补了传统媒体留下的信息真空。然而在其所造就的开放性公共领域内，如何保证引导情绪传播走向理性，如何确保事实传播路径正确，仍需要受众、媒体及平台三方的努力。

5.2 危机状态下信息发布的原则

5.2.1 "黄金两小时"内务必发声

如今已进入移动自媒体时代，突发事件一旦发生，事件相关信息被上载到网络并实现传播和再生产。往往几分钟后就有目击者用手机将现场图像和相关信息发到微博、微信上，十几分钟后就会有网站转载，一两小时内网上讨论就可能热烈起来，形成舆情热点。新华网舆情监测显示，当今80%以上突发事件的传播扩散均始于移动自媒体。

传播学研究成果告诉我们，突发公共事件往往会伴随着谣言传播。由于谣言大多呼应着公众的现实感受、心理预期、情感共鸣，且真假信息相互混杂，具有内容误导性和来源模糊性，常常比真相更有冲击力、传播力，其危害不可小觑。因此，重大敏感事件发生后，只有快报事实，让权威发布跑赢小道消息，才能抢占先机、赢得主动，在舆论博弈战第一回合中立于不败之地。这就要求主管部门必须摒弃"堵、捂、拖"的错误做法，避免陷入"自己不说别人说、政府不说百姓说、媒体不说网民说、境内不说境外说"的被动窘境，切实做到第一时间发声，主导舆论议程，不给谣言猜测留下传播空间。

那么，究竟是怎样的"第一时间"，才能做到先声夺人、先发制人、先入为主，抢占舆论制高点，掌控舆论主动权？

《广东省突发事件总体应急预案》对突发事件信息发布与舆论引导作出规定："事发地人民政府或应急指挥机构要在事件发生后的第一时间通过权威媒体向社会发布简要信息，随后发布初步核实情况、政府应对措施和公众防范措施等，并根据事件处置情况做好后续发布工作，履行统一领导职责的地方人民政府要加强网络和手机短信的内容管理和舆情分析，积极引导网民依法、理性表达意见，形成积极健康的社会舆论。任何单位和个人不得编造、传播有关突发事件事态发展或应急处置工作的虚假信息。"

这条规定提出了突发事件信息发布的具体要求，指导性、可操作性较强，但还没有对"第一时间"作出明确规定。传统媒体时代，突发事件新闻发布奉行"黄金24小时法则"；2010年上半年，人民网舆情监测室提出了"黄金4小时法则"。随着移动互联网时代的到来，自媒体传播速度大幅提升，特别是"手机随手拍上网""手机＋微博直播"渐成潮流趋势。广东省网信办参照政府突发事件信息报送对时间的要求，率先提出"黄金两小时法则"，要求抓住舆情应对处置的最佳时机，突发事件从发生到网络传播扩散、形成舆情指向，所需时间在1~2小时，一旦错过，就会被不实信息和不当言论抢占网络，纠正舆论走向的成本很高，因为公众接受信息具有先入为主的"首因效应",最先获悉的信息很大程度上决定了公众对事件的基本认识和判断。因此,处置部门要在"黄金两小时"内尽快发声,争当突发事件新闻的"第一定义者"和"第一解释者",控制事件处置的话语权,赢得舆情引导主动权。

特别是事关群众生命财产安全、影响社会公共秩序、容易引起舆论高度关注甚至揣测的重大敏感突发事件,更要快速抢占信息发布先机和话语主动权。如果信息发布晚了,不但无助于挤压谣言猜测空间、消除公众疑虑恐慌,还可能会造成更大的生命财产损失,引发更严重的舆情危机,加大舆论引导难度,给救援、调查、善后、追责等关键处置工作带来极大困扰。

"汶川大地震"于2008年5月12日14时28分发生,仅过17分钟,新华网就发出消息,19分钟后,新华社向全球播发了英文快讯,15时整,中央电视台口播了这则新闻。随后,具体灾情、救援措施和进展情况又通过各个媒体滚动播报,及时、透明的权威信息发布,起到了"压舱石"的作用,缓解了公众的信息焦虑,让谣言失去了传播的机会。

然而,反面例子也有很多。典型的如2014年4月10日17时,兰州威立雅水务集团检测发现,其出厂水苯含量超标20倍,但兰州市政府直到一天后才公布水污染事件,提醒市民24小时内不宜饮用自来水,一时间各种猜测和说法满天飞,焦虑不安的情绪笼罩全城,各种桶装矿泉水、纯净水抢购一空,连整箱白酒都成了热销货。5名怀疑自己在此期间有可能误饮含苯超标水的市民心有余悸,愤而将威尔雅水务集团起诉至兰州市中级人民法院。

2014年5月7日晚7时,在南京作业的天津宏迪检测公司发现一枚放射源铱-192丢失,当晚11时向公安部门报案;9日凌晨1时报告南京市环保局,但直到10日上午,南京市环保局才公布消息。10日下午5时30分,这枚失踪长达85小时的放射源才被安全收回密封铅罐内。事后有媒体诘问:如果说放射源丢失是对公共安全的第一次危害,那么知情不报、信息公开滞后,未能第一时间把危险告知公众,就是构成了对公共安全的第二次危害,而后者比前者有过之而无不及!重大安全事故理应第一时间告知公众,这是最为理想的安全防范措施。反之,瞒而不报,或者非得等到一切"搞定"之后再报,实际上等于将民众置于巨大的危险之中。公布放射源丢失的消息固然会引起一定程度的恐慌情绪,但不能因此而剥夺公众的知情权。必须重申一点,在社会管理的价值序列中,公共安全永远排在第一位,或者说,公共安全信息如果掌握在某些人和某些部门的手中,而公众成为局外人,那么所谓的社会稳定就只是权力的意淫。

2015年天津港"8·12"火灾爆炸事故(165人遇难、8人失踪、798人受伤),也因新闻发布迟缓造成舆论被动和群众恐慌。事发当夜,自媒体便疯狂转发爆炸现场视频,吸引大量网民讨论,舆论热度迅速攀升,事故原因、伤亡情况、救援进展等焦点问题亟待政府部门回应。令人不解的是,至事发翌日上午,当地主流媒体并未报道事故消息,天津卫视在爆炸发生10小时后仍在播韩剧,引发网民强烈不满。直至13日16时30分,在事发17小时后,政府部门才举行首场新闻发布会,对救援和善后工作作了回应,但仍因信息发布不全面、相关政府主官缺席、提问环节直播中断等引发舆论"大爆炸",助长了"700吨氰化钠将毒死全中国人""爆炸物有毒气体飘到市区""爆炸与恐怖分子有关"等可怕谣言的疯传,对公众心理和舆情应对带来严重冲击,对事故处置造成极大困扰。

与快速发布突发事件信息一样,对网络突发敏感舆情也要第一时间核查、回应,最大限度地降低负面影响。2014年12月21日,微博图文爆料称"西安一家医院的医生在手术台上玩自拍",网友对该医院医德医风厉声责问。该图文随即被大量转发,引发网上热议,舆论一边倒地口诛笔伐医务人员。不到一天时间,西安市卫生部门迅速成立调查组,查明事实,果断作出分管副院长等3人被免职、所有参拍人员深刻检查的处理决定。原来,这是同年8月15日西安凤城医院医护人员在完成一台高难度手术后的拍照留念,原因是手术室即将搬迁,且征得当事病人同意。照片被放上微博,是竞争对手恶意为之。真相大白后,爆料者只好尴尬删除微博图文,上万网民则留言怒斥其不顾事件背景、挑拨医患关系。这起手术室自拍事件之所以能在一天内实现舆情大逆转,就在于当地卫生行政部门重视舆情,反应迅速,处置得当,深得人心。

令人欣喜的是,国家对政务舆情回应设置了时限。2016年8月,国务院办公厅印发《关于在政务公开工作中进一步做好政务舆情回应的通知》,同年11月又出台实施细则,明确涉及特别重大、重大突发事件的政务舆情,最迟要在5小时内发布权威信息。须知,这"5小时内"是不可逾越、违者得咎的底线时限,而非争分夺秒、时效至上的黄金时间。

总之,自媒体时代的信息传播经常"先入为主",发布权决定话语权,话语权决定主动权。只有及时主动公开信息,高效回应社会关切,才能挤压谣言传播空间,减少无谓的猜测、质疑,为事件处置营造良好的舆情环境。

5.2.2 新闻发布的时、度、效

真实是新闻和信息的生命,也是政务公开、信息发布的"根"。唯有真实客观,才有权威公信。李克强总理曾在国务院廉政工作会议上指出,建设廉洁政府,其中重要的一项是加强政务公开,"主动及时地公开,向群众说真话、交实底。我们要及时公开相关信息,主动让人民群众了解真实情况,接受人民群众和媒体的监督"。2015年天津港"8·12"瑞海公司危险品仓库特别重大火灾爆炸事故发生后,李克强总理在事故救援指挥部主持召开会议时强调,要公开透明、权威充分地发布相关信息,及时回应社会关切,让群众第一时间了解实情,不得漏报瞒报,不能靠拍胸脯,要拿数据说话。权威发布一旦跟不上,谣言就会满天飞。

国务院办公厅2013年10月印发的《关于进一步加强政府信息公开回应社会关切提升政府公信力的意见》明确要求,地方政府要做好政府信息公开,确保在应对重大突发事件以及社会热点事件时不失声、不缺席。2016年8月国务院办公厅印发的《关于在政务公开工作中进一步做好政务舆情回应的通知》明确规定,突发事件的政务舆情回应内容,应围绕舆论关注的焦点、热点和关键问题,实事求是、言之有据、有的放矢。

公开透明、真实准确,是政务信息发布的基本要求,也是突发事件舆情应对的首要原则,是释疑止谣的关键前提。如果缺少真实性保障,信息发布非但没有任何意义,反而会刺激网民的质疑心理,驱使他们以非理性行为回应政府的不坦诚,要么挖掘小道消息,要么主观猜测臆断,导致

谣言盛行、社会恐慌。因此,倘若政府信息发布造假,不仅会自取其辱、自毁公信力,还可能使事态恶化、局面失控,陷入舆论倒逼困境。事实反复证明,公开引领信任,透明消弭猜疑。只有公开透明地发布信息,才能抢占舆论高地,树立坦诚、负责的社会形象,赢得公众的理解和支持。

但"公开透明"并不意味着任何信息都要毫无保留、不加选择地和盘托出,而是要综合考虑事件舆情走向、处置进程、社会效果等因素,确定合适的发布内容、口径和措辞。涉及国家秘密、商业秘密、个人隐私的信息不得公开,不利于事件处置、问题解决和社会稳定的负面敏感信息也不宜一概发布。国家利益高于一切,这已成为世界各国的共识。正如英国前首相撒切尔夫人视察英国广播公司(BBC)时告诫管理高层:"如果将政府所有信息都毫无保留地公之于众,无异于为恐怖主义提供氧气!"

可见,公开不等于没有节制,透明不等于没有秘密,要辩证理解公开透明的含义,准确把握信息发布的量与度。正如习近平总书记所强调的,要把握好舆论引导的时、度、效。

政府部门及其官员在发布突发事件信息时,必须以真实客观确保权威可信,即应把时间、地点、信源、事件性质、危害程度、事态发展、政府态度、处置措施等基本情况如实发布。如果隐瞒事件真相,其性质往往比事件本身更严重,很可能付出更大的代价。

2016年7月,河北邢台发生特大洪灾,也一度被指"瞒报伤亡而引发当地群众强烈抗议"。7月20日凌晨2时许,邢台市开发区大贤村突遭洪水袭击,造成9人死亡、4人失踪。但开发区官网竟然谎称"没有人员伤亡",迅速点燃了遇难者家属的怒火,导致部分村民围堵高速公路,要求与政府对话。直到23日晚邢台市市长在新闻发布会上公开道歉,表示"将根据调查结果接受处理",网上质疑、谴责的浪潮才逐渐平息。

事实再三证明,虚报瞒报突发事件信息必然要付出代价,哪怕是动机良好的善意谎言,如果为了稳定公众情绪而编造不实说辞等,即使有再高的舆情应对技巧也不能取信于民。可见,无论出于何种动机,在危机发生时都不能抱着侥幸心理撒谎,否则会失去公众信任和支持,很可能引发新的舆情危机。

现在公众对信息的要求越来越高,不但要求官方渠道发布的信息必须及时、真实、准确,还希望公开的内容尽可能全面、系统、充分。也就是说,一般层次和层面的公开已经不能满足公众需求,只有不断丰富公开的内容,提升公开的质量,满足公众期待的深度知情和精准监督,才能获得公众的充分信任。

政府职能部门都应当依据"公开是原则,不公开是例外"的理念及要求,及时、准确、全面、充分地公开回应公众关切,即把公众关心、不属国家秘密的政务信息,不隐瞒、不保留,原本、真实地公开,经得起任何放大镜、显微镜的检验。正如媒体不遗余力地呼吁:政务公开,提速更需"保质"。

5.2.3 信息必须完整客观

遮掩事件重要信息会使公众认为此事"必有黑幕"。因此,不能把对本单位有利的信息就公开,不利的就隐瞒;也不应纠结是否把最坏的结果公之于众,就算公众承受能力有限,但若知情权被漠视,势必唤起公众更强烈的愤怒情绪。只要是公众关注的信息,不影响保密和维稳,就应及时如实发布,确保信息全面客观,以免引发质疑,平添舆论灾情。

如深圳市大鹏新区葵涌街道规划土地监察队队长张庆云涉嫌受贿一案,于2014年8月7日开庭审理时引发"多退赃款被返还"风波,真让人看得眼花缭乱:起初,有媒体报道该队长涉嫌受贿,主动退赃90万元却又被返还30万元,引起舆论哗然。接着,深圳市检察院表示,此系检察官口误,误将"19万元"说成"90万元"。随后,检察院相关负责人接受媒体采访时称,根据起诉书的指控,被告对检方指控的受贿人民币19万元、港币30万元进行了退赃,不存在多退赃款的问题,更不存在被返还30万元的事情,此言一出,又让一般受众陷入云里雾里。对此,《人民日报》相关评论指出:"口误"之说能否相信?"返还30万元"又是怎么来的?回应上的语焉不详,让人从先前的"数字陷阱"跌入了"回应困惑"中。是媒体误解?是检察官口误?还是这背后有什么"难言之隐"?到底哪一个才是真相?应该说,被推上舆论风口浪尖的深圳检察院,面对公众质疑,尤其是关系到自己的清白、荣誉,及时站出来澄清,很有必要。问题在于,回应舆论关切,还必须拿出诚实、透明的态度,任何语焉不详、遮遮掩掩都不利于扭转公众先入为主的观点,越是欲说还休,越是顾左右而言他,公众就越会把猜想认定为事实,把沉默当成是理屈。长此以往,政府的公信力必会受到伤害。

5.2.4 重要信息持续有效发布

突发事件信息发布既要讲究节奏、频率,要及时、适时通报重要情况,满足公众知情权,又要把控火候、温度,该热则热,该冷则冷,既不翻"烧饼",也不做"夹生饭",防止发生次生舆论灾情。

1. 持续发布重要信息

突发事件重要信息大多万众瞩目、高度敏感,务必根据事态发展和公众关切,持续发布,准确扼要,官方及媒体切忌口若悬河、长篇大论,以免节外生枝、授人以柄。大道至简,以简驭繁。要用最简洁的语言滚动发布要情,用最简明的事例和数据说话,以求最佳传播效果。

对重大公共卫生事件特别是集体中毒、疫情传染,可在一段时间内每天公布发病数量和救治情况,即使无新增病例和治愈进展,也要每天准时公布,以安民心,否则就可能出现猜疑,加剧社会恐慌。

2015年6月1日长江"东方之星"号客轮翻沉事故(442人遇难)发生后,从6月2日至13日,救援指挥部新闻中心在湖北监利县组织召开了15场新闻发布会,就救援、打捞、气象、水文、航运、生还人数、善后赔偿等舆论关注焦点逐一回应,并作出专业的解释说明。这一系列迅速、主动、密集的新闻发布会,权威性高、信息量大、针对性强,成为中外媒体获取事故处置核心信息的主要来源,有力主导和牵引了媒体的报道基调和舆论倾向。

2. 选准最佳发布时间

首条新闻在两小时内快速发出后,后续信息发布就要追求最佳传播效果,要实现传播效果最大化,除了写好新闻通稿,还得选准发稿时间。据调查,晚上 8 点至 11 点,我国有逾 4 亿人上网,这是网民在线高峰期,应选择在此时段发布重要信息或评论文章。

创新工场董事长兼首席执行官李开复在《微博:改变一切》一书中指出:如果要让更多的人看到你发的微博,一定要选择最合适的发布时间。他对此有独到见解,值得参考。

首先,找准网民上网的高峰期和网络消费习惯,选择合适的时间段发布信息;其次,根据发布内容决定发布信息的形式和合适的时间。

3. 发布形式灵活多样

采取多种形式发布信息,如新闻发布会、情况通报会、媒体吹风会、接受记者集体采访或专访、提供新闻通稿、授权媒体发布等,可视事件发展情况和受众反应灵活选用。如时间紧迫,可通过网络在线发布并答记者问,也可在事件现场随时发布最新消息。

5.2.5 谨慎定性

突发事件的定性和处置备受社会公众关注,必须经得起舆论评判和拷问,处置部门一定要充分调查,周密论证,深思熟虑,确保万无一失。如果上纲上线、乱贴标签、罔顾民意、自以为是,就会激化舆情、恶化事态,处置起来更加棘手。因此,新闻发布应当顾及网民的认知和感受,在不损害党纪国法权威性的前提下,充分考虑网民的朴素情感和心理承受力,通过合乎常识常理的定性处置方式,最大限度安抚网民的心绪。这一切,无不考验着处置部门对法、理、情的抉择与平衡智慧。突发事件主要定论原则如下。

1. 淡化政治色彩

近年来,群体性维权事件的诉求大多是小范围群众甚至只是少数人的经济利益问题。许多社会泄愤事件中的暴力行为,也很大程度上是民众的愿望和要求不能得到有效满足之后才发生的[101]。

群众的诉求目标更多的是涉及经济、民生利益,很少与政治搭界,他们根本没想过要以体制外的行动方式来谋求体制内的权力再分配。但一些地方领导对利益之争的群体性事件,仍有"过度政治化"解读的倾向,往往把群体性聚集维权定性为破坏社会秩序乃至反对党和国家的违法犯罪行为,轻率地采用强硬处置手段,造成矛盾升级、事态扩大,无谓地把自己推到群众的对立面,严重损害了干群关系和党委政府形象。因此,面对带有政治权利诉求的事件,尽可能巧妙地用非意识形态手段去处理,努力将其淡化为一般性问题,大事化小、小事化了,最大限度降低负面影响。

当然,也不排除有的群体性事件可能是在境内外敌对势力插手操纵下演变成政治性事件。一旦碰上这种情况,必须坚守原则立场,敢于发声亮剑,坚决打赢舆论战,维护社会稳定和政治安全。如 2018 年 7 月发生的深圳佳士科技公司工人"维权"事件,表面上是工人们为争取利益诉求,多次非法冲击佳士公司,实质上是一起由境内外组织联手策划、裹挟部分高校学生参与声援、企图将劳资问题政治化的恶性事件。对此,新华社等主流媒体深入披露事件真相,有力回击了境外敌对媒体的造谣中伤。

2. 公正定性

查明起因、界定性质、追究责任是突发事件处置的关键步骤。探因定性,既要实事求是,又要把握好分寸;问责处理,既要依法依规,又要讲究顺序。有时要先对官方直接责任人给予停职检查等初步处理,再对事件准确定性、公正处置,老百姓才会相信政府主持公道、为民说话,才能尽快平息舆论。须知,实情决定舆情,网下决定网上,事件处置是第一位的,舆情应对是第二位的。

2014年5月23日,天涯社区等论坛反映四川泸州市合江县交警大队副大队长许江带女下属开房时弄丢配枪,并长期与该女下属保持不正当性关系,还与该县一大型汽车修理厂存在官商利益输送关系。24日,有记者来到合江县公安局采访,副局长陈献辉介绍说,县纪委已介入调查。他表示,许江一事并不是"丢枪",而是"枪支失去控制",理由是"服务员整理房间时发现枕头下面的枪后即拨打110报警,并未动那把枪,如果动了,拿走了藏起来,那就是丢枪了"。

陈献辉的"表态"一经披露,顿遭舆论猛烈抨击。舆论普遍认为,合江县公安局把事件描述为"枪支失去控制",是一种很随意的庇护之辞,不科学,也不符合法律规范,完全是对事实的曲解。媒体的持续报道和评论引起有关部门高度重视。26日晚,在四川省公安厅派出工作组调查认定许江严重违反公务用枪管理规定后,合江县纪检监察部门立即撤销县公安局原给予许江行政记过处分的决定,给予许江开除党籍、公职的处分,并表示,对于网民反映的其他问题,有关部门正在进一步调查。至此,事件初步得到公正处理,舆情暂告平息。

然而,网民苦等了一个半月,仍未等到有关部门的"进一步调查"结果,反而因政府舆情回应"烂尾",惊闻事件"女主角"为捍卫名誉,被迫"以处女膜证清白"的荒唐之举。7月16日,这名女协警打破沉默,极不情愿地告诉媒体记者:"我没有与他保持不正当男女关系,我连恋爱都没谈过。在宾馆开房也是谈事情,并且房门始终是开着的。"她说,为证清白,看到网上帖子当天,她就去医院做了妇科检查,证明处女膜完好无损。

这则反面例子告诉我们:突发公共事件发生后,如果事件处置不当,就会引发次生舆情,招致舆论批评,损害政府形象。丢枪事件中,当地公安局或纪委在严格查处时,如能根据双方口供和酒店监控记录,公开真相,澄清事实,就可排除舆情隐患。令人不解的是,有关部门不但不回应舆论关切,反而躲躲闪闪、含糊其词,甚至要求女协警"在家休息",这无异于默认了舆论的猜疑,让当事人的关系变得更加"不明不白",令女方不得不尴尬地以处女膜完好证明自己的清白。可即使如此也无法彻底打消公众疑惑,仍有网民纠结于此,舆论重点跑偏、庸俗化,人们不禁要问:既然当事双方关系清白,官方发布为何"烂尾"?对于与汽修厂利益输送的举报,回应更加没了下文。

因此,事件处置要为舆情应对创造有利条件,每一项处置举措的实施都要慎重考虑舆论和社会效果。只有这样,才能有效化解负面舆情,促进事件顺利处置。但在实际工作中,一遇突发事件舆情升级恶化,有的地方主管部门不问事件处置是否妥当,却把责任全都推给宣传部门或发言人,并下达一些不合时宜、不切实际的应对指令,使得他们捉襟见肘、难收实效,也使政府形象大打折扣。实际上,舆情应对离不开事件处置,其背后体现着如何解决问题的态度。面对问题,如果不主动认错纠错、追责问责,就不可能真正平息负面舆情。特别是对重大敏感事件的处置,一定要做好舆情风险评估,兼顾法、理、情,实现政治效果、法律效果、社会效果、舆论效果的有机统一。对一般问题、孤立个案、偶发事件,定性定论不能扩大化,更不可政治化。

5.2.6 占领舆论高地

习近平总书记多次强调"要把网上舆论工作作为宣传思想工作的重中之重来抓"。随着云计算、大数据、人工智能等信息技术的突飞猛进以及微信、微博、短视频等信息载体和呈现方式的日新月异,网络深刻改变着媒体格局和舆论生态,影响着人们的工作生活,冲击着现实社会秩序,甚至带来严重舆情危机和信息安全危机,威胁国家意识形态安全和社会政治稳定。可以说,网络已延伸到世界每一个角落,如同一张无边无际的网,连接个人、联通全球,使人们的信息传递、诉求表达、社会交往、工作生活、思维习惯等都发生了深刻变化,已然成为新闻信息传播的主阵地、公众发表意见的主平台和思想舆论博弈的主战场。从这个角度看,网络不仅是技术、媒体、经济,更是文化、意识形态、国家软实力的重要体现。相关主管部门必须占领网络这一主阵地,办好"三微一端"(微博、微信、微视频,应用软件客户端),做好网上舆论引导工作,在众声喧哗中唱响主旋律,在众说纷纭中凝聚共识,不断消减网上假音、噪音、杂音的负能量,凝聚实现中国梦的强大正能量。

1. 办好政府门户网站

建设政府门户网站,顺应了网络社会发展进步的时代潮流和政务信息公开共享的百姓需求,在移动互联网时代仍将发挥重要作用。但近年来一些政府门户网站渐渐成了摆设:疏于管理,更新迟缓且不规律,运营维护人员责任心不强,低级错误层出不穷。2014年3月13日,网民在"中国消防在线"网站发现,来源于"河南开封消防支队"、署名刘铁柱的文章《开封市副市长:消防工作也是派出所的"主业"》,与3月4日来源于"河南漯河消防支队"、署名张建华的文章《漯河政法委书记:防火监督是预防火灾的前沿阵地》,内容如出一辙。更可笑的是,开封市副市长的讲话中居然有"构建和谐平安漯河"的字眼,被网民戏称为"开封指导漯河工作"。

当前,迫切需要对政府网站进行升级优化,满足多样化、透明化的公众需求,发挥政务公开、服务群众、纾解舆情的作用。为此,政府网站要做到定位明晰、内容实用、表达生动、更新及时。比如,应以舆情监测分析为依据,围绕社会热点难点问题,特别是某些群体的利益诉求,有针对性地开展舆论引导;应及时发布群众关注、与百姓切身利益相关的重要政务活动、重大政策措施,让公众第一时间了解政府决策和行动;应加强互动交流,为公众提供留言、投诉、咨询平台,及时受理、回复。

办好政府网站,不仅要丰富内容形式,提高服务质量,强化用户体验,还要按网络舆论规律办事。如中央纪委国家监委网站巧妙运用传播规律,坚持在一段时间里相对较多地在每周五晚上公布"打虎"案件,几周下来,敏感的媒体和网民就发现了这个规律,并且开始定时守候。这种选择"周五见"的"点击期待"迅速成为热点话题,网站影响力飙升,日均访问量高达600万次。可以说,这个公众高度关注、频繁点击的网站,已经成为廉政建设的舆论高地和监督执纪的有效平台。

2. 充分发挥"三微一端"作用

以微博、微信、微视频为代表的移动传播,深刻改变了传播格局和舆论生态,甚至引发了经济和政治领域的变革。截至2021年12月,我国网民规模达10.32亿,互联网普及率达73.0%。网民中,即时通信、网络视频、短视频用户使用率分别为97.5%,94.5%和90.5%。微博、微信已然成为超强的舆论"头部",传播力、影响力远远超过传统媒体。特别是微信,已超越手机新闻客户端和电视,成为公众最主要的资讯获取源。因此,政府部门在办好门户网站的同时,应积极主动地发挥微博、微信和应用软件客户端(App)在发布突发事件信息、引导网上舆论热点、开通官民对话渠道、拉近官民距离、塑造亲民形象等方面的即时、便捷、高效优势,努力提高政府的传播力和公信力。

近年来,已有许多地方政府和部门充分利用微博、微信等新媒体平台,建立起舆情收集、信息发布、政策解读和沟通协调四大机制,让新媒体真正成为构建舆论的"定盘针"、宣传政策的"扩音器"、了解信息的"一点通"、凝聚共识的"催合剂"。政府官员微博的行政级别分布呈"金字塔"形,大多数是县处级以下干部注册,其中不乏百万粉丝量级的"明星官员"(如广东省卫生厅原副厅长廖新波2010年开博,粉丝达到800万之众。廖新波现已退休)。在经过官方认证的政务微博中,以政府系统为主,党委系统次之,特别是公安微博发展迅速,在发布信息、提供服务、获取线索、调查取证、介绍案件进展、提高办案效率等方面作用显著,已成为信息公开的便捷平台和协助办案的重要工具。

数据显示,政务微博集群化发展,形成从中央到地方,覆盖不同级别、不同职能部门的政务微博矩阵,其信息发布、舆论引导、应急管理等方面的价值持续提升。政务微博已成为政府部门应对重大突发事件的"标配",在发布权威信息、回应社会关切、安抚民众情绪、引导坊间舆论方面发挥了重要作用。

2016年7月,在美国挑起的所谓"南海仲裁案"结果出炉后,"共青团中央""国资小新""外交小灵通""中国维和警察""国防部发布"等中央部委微博及时联动发声,表明严正立场、辨清南海归属、驳斥非法仲裁,发挥了凝聚爱国共识、彰显坚定意志、放大国际声音的重要作用。人民网舆情监测室秘书长祝华新表示,借助政务微博,"党和政府已经在相当程度上夺回了互联网上的'麦克风',夺回了一些突发事件和敏感议题的话语权"。正如中央网信办网络新闻信息传播局原副局长孙凯所言:"微博正扮演着凝聚社会共识不可或缺的平台、推动社会治理不可或缺的桥梁、发展公益事业不可或缺的力量。"

与此同时,越来越多的党政部门为了兑现"让信息多跑路,让群众少跑腿"的承诺,积极运用微信平台发布政务信息、提供便民服务、了解社情民意,取得了良好的效果。截至2018年6月,全国政务微信公众号逾67万个,其中中央部委微信公众号拥有率超过五成。不少政府网站同时入驻腾讯微信和新浪微博,开启了政务传播的"双微"模式。

但也要清醒地看到,当前基层政府官网休眠、官微失语的现象仍存在,需要完善、增强官方微博、官方微信号的公共性、专业性和权威性,不能对民情民意漠视和对宗旨观念淡薄。政府网站和政务微博微信已被视为提升政务公开水平和执政施政能力的利器以及回应社会关切、服务公众的平台。

3. 发挥微博、微信的信息发布作用

党政领导干部特别是新闻发言人在微博、微信时代如何说话?纵观《人民日报》等权威媒体的有关评论,结合专家意见和笔者体会,政务微博、微信发言要注意如下几点:

(1) 不说套话、不说假话

微博、微信平台"将平民和莎士比亚拉到了同一水平线上",其草根化的平民话语环境与一些领导干部习惯了的官场话语体系有很大差别,这就要求一些官员"重新学会说话"。因此,在微博、微信上的表述要字斟句酌,只有不说官话、套话,才能让微博、微信有实情、有真意。而微博几何级数的扩散、直达受众的传播,令说假话、说错话的后果不堪设想。

北京市公安消防局原副局长、新闻发言人李进,就是一个善用微博发言的榜样。2013年10月11日,北京市石景山区喜隆多商场发生火灾,两名消防官兵在救灾中不幸牺牲。参与现场灭火指挥和搜救失踪战友的李进,当天就在其实名微博发声:"面对眼前生死相依搂抱一团的遗体,视觉受到了强烈的冲击,无法言喻的悲壮,眼角的温度似乎比火灾现场的水滴更滚烫得多。为了事业总有牺牲和奉献,愿逝者安息,生者坚强。"这条带着汗水和泪水的微博,在网上广泛传播,打动了无数网民。

(2) 平等对话、真诚沟通

互联网的精神是平等、互动、体验和分享,也是其传播优势和魅力所在。在自媒体时代,公众成为重要议程和议题的设置者,只有平等交流、坦诚沟通、我说你评、你问我答,才能消除信息不对称带来的舆论偏颇,赢得公众信任,增进社会共识。例如,发言人不能把新闻稿原样放在微博上,一定要放下身段,以人性化语言表达,吸引网民关注,增强互动交流。

(3) 及时发言、准确表达

与普通网民的微博相比,政务微博具有特殊重要性。他们掌握更多的权威信息,对党和国家的方针政策有更深刻的认识和理解,这是网民关注的主要原因所在。通过微博平台及时、准确、有效地回应网民关切,才能达到政务微博开通的最终目的,听民意、知民情、惠民生、解民忧。所以不能忽略互联网这块舆论阵地,要主动发声,通过新媒体倾听社情民意,与网民沟通互动,解决群众实际问题,同时,对重大事件和焦点热点话题及时回应,提升政府公信力。例如,2014年4月4日晚,成都市公安局官方微博针对"成都可能限制小汽车上牌"的传言发布公告:"今天,有人编造谣言称成都市可能限牌。目前,我市正对谣言展开调查。"这条发布很快攻破了当日下午出现的网络谣言,随后报道造谣者被行政拘留的消息。近半天时间,一则全市疯传的谣言就被权威发布消弭于无形。

移动互联网时代,官方回应应表现出坦然、从容和对工作的自信、对突发事件的了解、对百姓的真诚、对责任的担当。在网络执政已成常态的今天,能否驾驭网上突发舆情,体现的是领导干部的施政能力。领导干部想要"不怵网",除了要熟悉网络传播规律、具备舆情处置技能,还要充分了解本单位工作情况、及时掌握所涉舆情信息、公众关注焦点及相关背景。有些事情极其复杂敏感,如果信息不全、决策不周,就可能"一说就错""越描越黑",引起"舆论发炎"。

2014年12月,国务院办公厅印发《关于加强政府网站信息内容建设的意见》(以下简称《意见》),着力解决部分政府网站内容更新不及时、信息发布不准确、意见建议不回应等问题,要求政府网站强化信息发布更新,加大政策解读力度,做好社会热点回应,加强与公众的互动交流,接受社会的批评监督,并规定,收到网民意见建议后,对其中有价值、有意义的应在2个工作日内反馈处理意见,情况复杂的可延长至15个工作日。2017年5月,国务院办公厅又印发《政府网站发展指引》,对网页设计、信息发布、解读回应、办事服务、互动交流、应急处置等作出明确要求。2018年12月,国务院办公厅印发《关于推进政务新媒体健康有序发展的意见》,要求各地区、各部门要以内容建设为根本,不断强化发布、传播、互动、引导、办事等功能,为企业和群众提供更加便捷实用的移动服务。

4. 创新新媒体发稿技巧

利用新媒体(微博、微信、客户端)进行信息发布只是完成了第一步,后续的推广和传播更为关键。传播的力度、广度、深度取决于很多因素,需要考虑众多变量,比如发布素材的选择、种类、信息量和说服力,发布的时段、频率、协作媒体的跟进以及"大V"或其他意见领袖的介入,等等。

办好政务新媒体,首先要发挥"政"的优势,第一位的正事是政事、政务,核心价值在于公信、效用;其次要增强"新"的本事,创新表达方式,运用动漫、图表、音视频、表情包、移动直播、虚拟现实、全景拍摄等手段,强化感性体验。

5.2.7 培养意见领袖

做好网络舆情引导和应对工作,亟待形成政府主动回应、网络同频共振、网军唱响主调、意见领袖声援等多层次网上联动引导新格局,营造理性平和、开放包容、积极向上的舆论生态,发挥解疑释惑、澄清事实、驳斥谣言、凝聚共识、推动工作的重要作用。

为此,要建立健全网络评论员选拔、培训、使用、激励、淘汰机制,打造一支专兼职结合、综合素质较高的网络评论员队伍。

1. 网评要接足地气

网评最大的战斗力和吸引力就在于真、短、实:"真"是要讲真话、报真事、动真情、揭真相;"短"就是主题集中、言之有物、文字精练,一般不要超过800字;"实"就是符合实际、务实管用,用朴实、通俗、生动的语言去阐释深刻的道理,以深入、独特、新颖的观察发出独到的见解、公允的观点。

网评一定要讲究方式,掌握好分寸和节奏,把握好尺度。例如,保持立场客观,包容不同声音,心平气和地摆事实、讲道理,杜绝不容置疑的语气和动不动就扣帽子、打棍子的文阀作风。

此外,网评要适量适度。把握好时机,该介入时果断介入,该停止时即刻停止。并非所有热点事件都需要评论,更不是越多越好;并非舆情发展的每个阶段都需要引导,介入过早可能会催热舆情;新热点出现以及舆情续热的条件发生变化,就要及时作出反应。

如2010年上半年,深圳富士康科技集团连续发生12起员工跳楼事件,造成10人死亡、2人重伤,激起网上舆论对深圳富士康"到底把员工怎么了?""会不会出现第13跳?"之类的集中质疑和猛烈抨击。为此,有关方面计划开展两次较大规模的网评战役。第一次网评贯穿舆情发酵期和爆发初期,紧扣"劳动者需要尊严""关心员工生活""适当提高工资"等议题,取得了良好的引导效果。第二次网评刚开始,正巧碰上佛山南海本田配件厂工人罢工,舆论关注焦点随即从富士康转向本田厂。有关方面权衡利弊,果断中止第二次网评,网民也逐渐淡忘富士康事件。

在舆情应对一线奋战多年的曾胜泉结合实战经验,提出网评写作的"十要十不要":

> 一要开门见山,不要绕来绕去;
> 二要突出重点,不要面面俱到;
> 三要角度新颖,不要老调重弹;
> 四要降低姿态,不要随意拔高;
> 五要具体可感,不要抽象概念;
> 六要逻辑通畅,不要颠三倒四;
> 七要以理服人,不要强加于人;
> 八要言简意赅,不要拖沓深奥;
> 九要标题醒目,不要冗长乏味;
> 十要把好时度,不要冷热无度。

2. 要有与意见领袖打交道的办法和能力

有能力影响网上舆情的意见领袖主要是四类人:

一是学界知识分子,他们在网络事件讨论陷入焦灼状态时往往会以自身专业知识给出解释或判断,具有较高的公信力。

二是媒体从业人员,他们长期活跃于各类媒体,擅长解读政策措施、评说公共事件,具有较大的社会影响力。根据人民网舆情监测室调查,网络意见领袖以新闻界精英居多。

三是法律实务人士,他们熟悉法学理论和法律条文,善用法律思维分析评判社会事件和司法案件,具有较强的说服力,能够影响网民对公理、正义、权力、权利、义务、责任等方面的看法。

四是其他评论写作者,他们以体制外人士居多,有的以评论写作为乐,有的视之为第二职业,有的以此谋生度日。

上述四类人在经济收入和社会地位方面大多属于中间阶层,他们媒体素养高、民主意识强,普遍关注公平正义、民生福利,常借舆情事件促进革故鼎新。

意见领袖又称"网络大V",多为社会各界的精英翘楚,拥有众多粉丝和追随者,能轻易获得百万量级的评论和点赞,是设置公共话题、推动网络舆情的重要乃至决定性力量。他们熟悉网络传播规律和网民接受心理,能在公共事件发生后的较短时间内策动议题、发酵情感、凝聚共识、牵引舆论、诱发行动,对事件处置的影响举足轻重。大量网络热点事件的舆论走向表明,在意见领袖的权威压力下,多数网民会逐渐改变自己原有看法,努力在众说纷纭中与意见领袖保持观点一致。貌似庞杂喧嚣的微博舆论场,实际上经常被少数"网络大V"所操控和影响。

正如拉扎斯菲尔德(Lazarsfeld)的二级传播理论所言,大众传播对公众的影响不是直接的,而是一个二级传播过程。来自大众媒体的影响首先到达意见领袖那里,意见领袖再把他们读到和听到的内容传达给受他们影响的人[102]。

因此,要密切关注意见领袖的动向。一旦发现他们介入政府正在处置的重大敏感事件,就要跟踪分析其言论的影响程度,视情况作出适当回应。亦可与他们坦诚沟通,提供信息,谋取共识,通过他们公布事件真相、表明政府立场,而不是任由他们"扔砖放炮"、扰乱视听,诱使盲目跟风的网民随波逐流、推波助澜。

诚然,争取意见领袖的理解支持并非易事,要善于公关。平时,要与他们保持紧密联系,定期或不定期座谈或在线交流,或主动邀请他们参观考察重大公共项目,增进彼此间的理解和感情。但对那些唯恐天下不乱、超越法律界限、别有用心的造谣滋事分子,必须依法严惩,绝不手软。

5.2.8 正确对待媒体记者

1. 正确看待媒体和记者

做好媒体公关,关键要建立长效的沟通机制,熟悉新闻规律,善同媒体沟通,功夫主要在平时。政府部门有政府部门的职责,要宣传,要新闻见报,要舆情应对,要平息纷争。主管部门负责宣传工作的人员应该主动熟悉新闻规律,清楚媒体的工作准则和工作流程,加强与媒体一线工作人员的沟通。若有好的新闻选题,应主动向记者、编辑提供素材,交换意见。要与媒体保持密切联系,自觉接受舆论监督,尊重新闻舆论的传播规律,正确引导舆论是治国理政、定国安邦的大事。

领导干部应做好情绪管理,避免由于情绪失控或官僚主义而诱发部门与媒体间的矛盾,拖累宣传工作,引起舆论圈的不合作乃至冲突,甚至败坏公共形象。

2. 有序组织现场采访,尽可能为记者提供方便

与各方面现场记者处好关系,公平对待各个媒体的记者是媒体公关的重要环节之一。突发事件发生后,面对蜂拥而来、信息饥渴的大批记者,处置部门要迅速设立媒体接待中心,及时主动提供新闻素材、采访机会或滚动发布信息,避免记者在得不到官方消息或消息来源有限的情况下,将非常规渠道打探的不准确消息传播出去,误导公众视听,损害政府公信力。为此,处置

部门要迅速派人赶到现场,会同其他工作人员热情接待记者、有序组织采访。

接待现场记者,关键要树立服务意识,保障记者的正当采访权益,协助其顺利完成采访任务。但在实际工作中,事件处置方往往把记者当成"找事的",不尊重记者甚至动粗的现象时有发生,特别是公安、城管等执法部门有时会把现场记者视为干扰执法的因素。其实,大部分记者一般不会主动与执法人员"作对"。部分政治和法律素养不高的记者,出于"抢"新闻的需要,有时考虑不到自己的采访行为已经妨碍了公务,如拍摄时影响现场某些人员的情绪,或干扰执法行动。此时应客观判断记者的行为是否对处置事件产生明显干扰,若是,则应制止,但要耐心说明理由,不能简单粗暴对待。当然,是否构成干扰,常常没有明确的标准和界限,需要在记者法定采访权和执法者不受干扰的执法权之间作出慎重权衡。若现场情况允许,可给记者提供最佳拍摄位置,助其圆满完成采访任务。对境外记者来访,也要依法依规处理,有礼有节接待。

综上所述,面对媒体监督或舆情危机,涉事主体一定要做到"五不":不拖延,要快速反应;不狂妄,要尊重舆论;不逃避,要勇于担责;不狡辩,要真诚沟通;不慌乱,要有序应对。也有专家概括为"五度":发声速度要快;回应角度要准;沟通态度要诚;道歉风度要雅;发言制度要严。

5.3 危机状态下的舆情管控

5.3.1 突发事件伴生的舆情危机

《中华人民共和国突发事件应对法》对突发事件的定义是:"突然发生、造成或者可能造成严重社会危害,需要采取应急处置措施予以应对的自然灾害、事故灾难、公共卫生事件和社会安全事件。"危机管理作为专门的管理科学,是为了应对突发的危机事件,抗拒突发的灾难事变,尽量使损害降至最低点而事先建立的防范、处理体系和对应措施的总和。

当今社会转型期,阶层结构、利益关系、价值取向正在发生深刻变化,公众的权利意识、法律意识、参与意识空前高涨,社会舆论的活跃性、情绪性、倾向性明显增强,如果突发事件刺痛了某个社会群体的敏感神经,唤醒了他们的"刻板印象"和"标签思维",就会导致集体围观、抱团声援甚至是群体极化,在短时间内引爆网上舆情,甚至酿成网下行动,发生诸如上访、游行、静坐、罢工、罢市、堵路、围攻执法人员、冲击党政机关等群体性事件,对社会和谐稳定造成严重威胁。

因此,每当突发事件发生时,对党政机关、企事业单位、社会团体或公众人物等涉事主体的不利报道、质疑性话题甚至网络谣言,就会引发媒体集中报道,公众也会借助网络渠道表达自己的态度、意见和情绪等,进而媒体报道观点与公众的态度、意见和情绪快速汇集,给涉事主体造成巨大的舆论压力,甚至反过来影响事件处置。通过对大量舆情危机的对比与分析可以发现:危机矛盾、话题敏感性、相关群体诉求、声誉公信力与舆论关注是舆情危机的五大构成要素,每一个构成要素均有自身特点与运行规律,整体决定着舆情应对的动态发展和最终结果。

改革开放 40 多年来,社会主义市场经济的快速发展特别是互联网的高歌猛进迅速带动了我国公共空间的发展,我国网民规模非常大,舆论生态、媒体格局、传播格局已随着互联网的大规模普及发生了翻天覆地的变化。一方面,我国正处于经济社会深刻转型的多元多变时代,观念交锋尖锐激烈,利益博弈复杂敏感,矛盾问题集中凸显,突发事件易发高发,危机管理形势日益严峻;另一方面,现代社会早已经进入"大众麦克风"时代,信息传播和舆论生成的渠道和速度前所未有,公众表达诉求和意见建议的热情之高、力度之大前所未有,其中释放和反映的公众心理的多元和转换变幻莫测。两相叠加,使得如今的突发事件此起彼伏,政府部门、官员、企业、社会机构、公众人物等稍有不慎即有可能形象受损,且一旦爆发,危机管理难度将呈几何级数增加,舆情应对作为与事件处置相对应的重要一环,需要比以往更精准的科学化、规范化、创新性流程,方能占据主动、有力促进突发事件的快速有效处置。

当前网络舆情呈现以下特点:①传播范围广、速度快、影响大;②普遍存在易变性和不稳定性;③专业的网络推手令情况变得更加复杂;④网民与管理者、网民与网络媒体、网民与网民之间的互动性越来越强;⑤网络舆情出现了娱乐化。全新舆论环境下的新闻发布和舆情应对,必须基于对网民心态的全方位把握,针对这些特点不断学习、快速提升,才能在应急处理时正确疏导公众的情绪,缓解社会心理压力,达到事半功倍的效果。

5.3.2 突发事件中的网民心态

网络舆情的发生发展就是网民心态对公共事件的投射过程。因此,做好网络舆情应对,必须准确把握网民心态,科学分析突发事件中社会群体的心理特征,深入了解他们对公共事件的情绪、态度、意见、观点和行为。当下社会心理驱使网民围观热议的典型心态如下。

1. 仇官仇富心态

城乡二元结构体制和收入分配机制的不完善,是我国经济和社会发展中存在的两个严重障碍,造成反映我国居民收入差异状况的基尼系数持续攀升,已超过国际公认的警戒线 0.4,达到较高的不平等程度,贫富分化严重和等级观念抬头。不少中低收入群体的"相对被剥夺感"明显增强,驱使他们把自己对工作生活现状的不满情绪发泄到被他们认为是衣食无忧的公务员和富裕阔绰的有钱人身上,逐渐滋生了仇官仇富心态,以致不少网民极端地认为"官员都贪得无厌,富人都为富不仁"。

因此,无论何种突发事件,只要涉及官员和富人,大多会在网上快速传播扩散,产生舆情共振,驱使许多网民和意见人士习惯性地选边站队、"扶弱抑强",给当事人"贴标签""立靶子",先入为主、不分青红皂白地质疑否定、苛责谩骂,导致群体极化,舆论偏激,加剧社会怨恨和矛盾冲突。"逢官必闹""逢富必究"已成为引爆网络舆情的主要因素。

2. 不信任心态

由于长期的工作作风落后和疏于媒体形象的塑造,部分地区的某些公权力部门陷入了"塔西佗陷阱"。公众产生了不信任心态,主要包括"习惯性质疑""习惯性批评""习惯性反对""习惯性不信"等思维定势,具体表现为曲解机构权威定论、质疑官方信息和挑战主流话语。

在"后真相时代",突发事件发生后,许多网民往往从个人情绪角度出发,主观臆断压过客观事实,甚至不问真相就展开有错推定,一味指责,并与此前类似负面事件相联系,认为责任全在政府部门。对基层政府理性平和的回应,也存在根深蒂固的逆反心理,总是先入为主,怀疑一切,否定一切。而对于谣言猜测、小道消息、内幕揭秘,则懒得求证、不辨真伪、轻信盲从,甚至热衷于添油加醋、造谣传谣,还美其名曰"以谣言倒逼真相",导致民间舆论场频现"劣币驱逐良币"现象,使政府负责任的发布和辟谣效果大打折扣。

在过去几十年里,由于一些地方政府公信力不高,老百姓对基层政府、执法人员的行政行为和司法裁决的公平性、公正性持怀疑态度,对地方政府涉及民生、环保等方面的某些政策措施或建设项目抱以抵触情绪甚至抵抗行动。与此同时,社会诚信体系千疮百孔,整体不信任之风令人扼腕叹息;人与人之间也缺乏基本信任,连见义勇为之举也被怀疑为动机不纯,部分群体之间甚至互相敌视、冲突和对抗。例如,2020年爆发的新冠肺炎疫情,就是对政府公信力的挑战和考验,我们欣喜地看到社会整体对政府的公信力态度在理性地转变。

3. 极端民族主义心态与民粹主义心态

民族主义是一种有着广泛影响的思想意识形态,通常是指以维护本民族利益和尊严为出发点的态度与行为,是某一国家与外部世界发生碰撞后的自然流露,既表现为强烈的民族认同、国家认同,也反映在对待民族问题的情感归属和行为方式上。它代表不同的政治主张和思想倾向,既有积极作用,也有消极影响。因此,民族主义是一把"双刃剑",既可与爱国主义高度重叠,凝聚全民族团结一致、同仇敌忾的爱国力量,也会因滥用而沦为自利至上、孤傲排斥的单边保护主义和功利实用主义,催生无谓的国际贸易摩擦乃至政治争端,影响外交关系和经济发展。

网上极端民族主义者时常与民粹主义者合流,打着维护弱势群体、草根民众利益的旗号,对某些敏感事件发表悲情化、非理性言论,以贫富差距、身份悬殊等特征分辨"是非",将复杂的社会问题简单化、口号化,将一般的利益诉求扩大化、政治化,将正常的意见表达情绪化、集群化,导致网络舆论朝偏激、极端方向发展,甚至被别有用心者裹挟利用,趁机颠倒黑白、造谣传谣、煽风点火、挑起事端,企图把矛头引向政府机关。因此,处置此类舆情时,应提醒网民保持理性、节制愤怒。

4. 怀旧心态

怀旧是对过去的一种重构与思念,作为一种正常心理现象,几乎每个人都会怀旧,但正所谓过犹不及,如果沉醉于过去而否认现在和未来,就变成了心理病态。有的人因社会变迁、价值观改变或生活质量下降而产生失落感,不能积极调整心态、勇敢面对生活,而是逃避现实,陷入怀旧的泥潭无法自拔。更糟糕的是,一味怀旧会造成更大的挫折感和不适应感,持续强化对过去的依恋,长此以往,恶性循环,个体与环境的隔阂不断扩大,形成过分的怀旧心理和行为方式。

时下,网民的怀旧心态主要表现为:不满当今社会存在的功利主义、浮躁心理和冷漠氛围,怀念20世纪五六十年代的坦诚团结与和睦相处,向往后来80年代的激情燃烧、浪漫主义和理想主义。怀旧者多为当下的中年人,他们经过几十年的艰苦奋斗,普遍积累下比较稳定安全的财产,倾向于保住自己现有的生活,缺乏重新学习的意愿和能力,不愿接受新的挑战,担心再出现变动的风险,将来的收益可能弥补不了失去的东西或威胁到自己既有的利益。于是,他们安于现状,不愿奋斗,乐于怀旧。这种心态的蔓延不仅会影响中年人不断开拓进取的信心,也会传导给刚入职场的年轻人,逐渐磨损他们为梦想而拼搏的动力。

社会学家普遍认为,是我国存在的社会突出问题催生、助长了人们的怀旧心理。国家行政学院教授竹立家将社会主要问题归纳为贫富分化问题、"三农"问题、腐败问题、失业问题和诚信问题。他认为,这五个具有颠覆性的社会问题,既是未来影响中国社会稳定和持续发展的"燃点"问题,也是"改革顶层设计"要重点关注的社会突出问题,是"中国改革突围"的关键环节和突破口。只有这五大问题从制度安排上得到根本解决,国家才能获得一个稳定、和谐、可持续发展的价值和制度平台,也才能有效解决教育、医疗、社会保障等公共服务问题。没有价值内涵和制度保障的经济增长,其发展结果有可能造就一个"失败的社会",犹如快速行驶在路基不实的轨道上的高速列车,出轨是迟早的事。对此要有忧患意识,保持清醒的头脑,意识到改革的紧迫性。在党中央高度重视保障和改善民生,努力带领全体人民创造美好生活的新时代,随着"五个具有颠覆性的社会问题"的逐步解决,中国必将获得一个稳定、和谐、可持续发展的价值和制度平台,不断促进社会公平正义,不断完善公共服务体系,不断满足群众生活需要,使人民的获得感、幸福感、安全感更加充实、更有保障、更可持续,从而使过分怀旧者越来越少。

5. 弱势心态

弱势心态涉及很多主体,无论是扛着编织袋进城的务工人员、拿着简历在职场奔走的大学生,还是月入上万的白领、生活稳定的公务员,都有不少人把自己归入弱势群体,给自己贴上"弱势群体"的标签,而且这种心态仍在蔓延。追寻这种弥漫在各阶层的弱势心态的心理根源,不难发现,人们最为痛恨和不满的,不是自身素质和技能的"无能为力",而是在不公平、不公正环境下的"回天乏力"。他们过度关注社会不公平现象造成的个人生存发展和社会地位的巨大落差,不断冲击着每个涉事人的情绪和心态,导致他们感到失败、无助与绝望,进而抑制不住愤怒情绪而报复社会,不断制造着社会风险因素。

社会心理学研究表明,人们觉得自己渺小和弱势,很多时候是因为面对那些自己无法控制的烦心事,使得无力感、不安全感、不稳定感等弱势心态被成倍放大。

弱势心态蔓延是一种可怕的社会心理问题,如果越来越多的人都把自己当作被边缘化的弱势群体,就无异于越来越多的人对现实不满,甚至产生怨恨情绪,社会和谐稳定的基础就越不牢固。

毫无疑问,弱势心态的盛行与我国现代化、市场化、城市化的快速推进密切相关,既有合法竞争造成的弱势化,也有制度障碍导致社会不公形成的弱势化,而社会不公又多半是由于缺乏科学公正的人才评价体系和充分竞争的人力资源市场所造成的。

弱势心态呼唤公平正义。只有回应呼声,用科学的制度和合理的规则创造公平发展的空间、共建共享的平台,为社会成员提供通过公平竞争实现地位上升的通道,并对因自身能力不足而陷入困境者提供基本的社会保障,不断完善社会心理危机干预体系,才能让更多自认"无力、无助、无奈"的群体走出弱势阴影。

5.3.3 突发事件中涉事群体的心理特征

社会心理学研究表明,个体参加群体行动时,由于匿名、模仿、感染、暗示、顺从等心理因素的作用,会丧失理性和责任感,呈现出感情冲动、言语偏激、攻击性强等特征,迅速将言行推向极端化,直至上升到失控状态。情绪化的人或人在情绪化时,对人对事爱"贴标签",看问题容易走极端。

因此,要妥善处置突发事件及相关舆情,就必须准确把握涉事群体的心理特征。根据以往的社会心理学研究成果,涉事群体在突发事件中主要存在以下五种心理。

1. 借机发泄心理

随着社会贫富差距不断扩大,许多人生活工作压力大或受过不公正对待,心理上产生了被剥夺感或挫折感,促使他们逐渐滋生出对现实的不满情绪乃至泄愤动机;某些地方基层政府存在行政不作为、乱作为,损害了群众利益,而类似信访维权这样的意见表达和利益诉求渠道又不畅通,使得一些人感到无处说理、愤懑不平,转而在网上反映个人遭遇、发泄不满情绪、滥用语言暴力,甚至成为网下行动的煽动者和参与者。从现实情况看,不少参与群体性事件的群众并非被所谓"别有用心的人"煽动利用,而是基于对他人抗争诉求的"切己性"认同,出于同情和义愤,自发聚集到一起。很多人与事件本没有任何利益纠纷,既不是当事人的朋友,也非其亲戚,完全是被他人负性情绪所感染,或者联想到自己曾经遭遇的不公,凭一时之念临时决意加入的。此外,也有少部分参与者并非纯粹借机泄愤,而是为了促进社会公平正义,体现个人价值追求。有学者将这种人称为"非直接利益群体"。

2. 逆反心理

某些重大敏感事件发生后,政府部门出来辟谣或定性时,有的网民不买账、不领情,说什么"本来不相信,政府一出来辟谣反而就信了",甚至将政府的解释说明怀疑为推卸责任、掩饰真相,导致辟谣或定性非但达不到安抚人心的目的,还起了火上浇油的反作用。诚然,的确有一些政府部门以"辟谣澄清"为名,行"掩盖隐瞒"之实,最终却被证伪,从而损害了政府的权威性、公信力,助长了网民的质疑、逆反心理。鉴于此,政府在发布事件信息时应善用平实客观的表述,避免因措辞不当、定性不准而对负面舆情推波助澜。

3. 表现欲和英雄情结

每个人从小就或多或少怀有表现自我的欲望和崇拜刚毅勇敢的英雄情结,进入社会后,仍有一种表现欲。现代化造成个体间的差距以及因此形成的对人性的异化,并没有改变人类渴望群体生存这一本能性的需求,但会以另一种方式表现出来。在突发事件现场,总会自觉或不自觉地希望得到"出人头地""一呼百应"的表现机会。如在群体聚集现场,不少人心里都想抛头露面、发号施令,成为众人心目中"敢说敢干"的"英雄好汉",从而收获一种自我满足的"成就感",而此时,急于表现者一旦被群体推举为领导者,往往就会头脑发热、忘乎所以,非要干出一番惊天动地的"大事"不可。舆情应对中对这类"危险分子"必须予以高度重视、认真对待,因为他们最兴奋和最卖力的就是"小事搞大,大事搞炸"。

4. 盲目从众心理

法国著名社会心理学家古斯塔夫·勒庞[103]在《乌合之众:大众心理研究》一书中深刻阐明了群体心理的本质:聚集成群的人,他们的感情和思想全都转到同一个方向,他们自觉的个性消失了,形成了一种群体心理。群体中累加在一起的只有愚蠢而不是天生的智慧。这种叠加的"愚蠢"导致群体意志显现出冲动、易变和急躁,容易听命于一切暗示,被极为简单而夸张的情绪所左右,变得轻信、草率、极端和狂热,不能容忍对立意见。于是,"他不再是他自己,他变成了一个不再受自己意志支配的玩偶",就像"傻瓜、低能儿和心怀妒忌的人"一样,在摆脱了自己卑微无能的感觉之后,会释放出一种肆无忌惮、短暂而剧烈的能量。

许多参与者,根本意识不到事态的严重性,更无法说清参与的目的和动机,往往只是"看着别人跑过去,我也跟着跑过去了"。正是这种群起效仿心理,常常使一个起因简单、偶发孤立的小事件,在很短的时间内引发几千人甚至上万人到场围观,从而积聚起巨大的群体能量。如果这种能量得不到及时有效的疏导,就可能很快爆发严重的肢体冲突乃至打砸抢烧行为。

另一种盲从心理就是突发事件中的群体无意识蔓延。如在公共场所,不管是否有灾难降临或危险发生,如果出现集体跑动尖叫,大多数人的第一反应就是盲目跟着跑。但是,过度的恐慌反应,常常会导致比事件危害更为严重的后果。经验表明,在突发公共安全事件中,许多损失并不是事件本身带来的,而是由于现场群体慌乱无序、挤压踩踏造成的。

盲从心理有时也表现为随大流的冷漠和麻木。如2018年6月20日甘肃省庆阳市19岁女生季依依(化名)因患有抑郁症从百货大楼八楼跳下身亡。在消防员劝导她的3个多小时僵持中,不断有围观者起哄、直播,"怎么还不跳""要跳赶紧跳""一秒能解决的事情别耽误大家的时间"之类的高叫声不绝于耳,甚至视频直播配发的文字赫然写着"1,2,3,跳!"。最让人心寒的是女孩跳下后,居然有围观者鼓起了掌! 近年来,这类冷血的言行出现在媒体报道的"围观跳楼"事件中。面对轻生者,围观者非但不去劝阻,反而集体无意识地当成一种刺激的娱乐方式,并直接充当了催命的"刽子手"。如此不分是非、亵渎生命的围观取乐行为,一览无余地暴露了人性的阴暗和麻木。

大量事实表明,一旦群体的盲目从众心理形成,个人约束往往让位于群体的非理性行为,酿成群体性的道德失范、法律失守[101]。

5. 法不责众心理

很多人参与群体性事件是由于法不责众心理起了重要作用。这种心理在我国流传久远、危害甚广,如中国式过马路、货车事故现场哄抢物资、网络人肉搜索和谣言传播等就是典型表现。许多人认为,只要混在群体之中,做着和其他千百人相同的事,就相信自己的行为不会受到追究。群体行动中个体的去身份化现象是这种法不责众心理产生的根源。

"羊群效应"是很多群体性事件扩大的根源,"首羊"即第一个人的行为几乎决定了整个群体的行为走向。这就是法律要对滋事首要分子予以严惩的理由所在。然而,法律至多是事后惩戒,甚或姗姗来迟,对于遏制现实中这种法不责众心理的形成,作用相对有限。

群体性事件频繁发生,除了社会转型期矛盾问题凸显、公民维权意识增强外,还有一个重要原因就是,传统的意见表达渠道不畅,意见提交渠道匮乏,往往是"大闹大解决、小闹小解决、不闹不解决"。于是,当事群体堵马路、堵党政机关如家常便饭,试图以"大闹"方式扩大声势,博得媒体介入、领导批示、上级查处。

另需指出的是,在情绪感染、行为模仿方面,专家学者们普遍提到了"媒体播报的传导效应"。他们认为,一些媒体对群体暴力事件具体实施细节的详尽描述,客观上起到了渲染暴力手段的效果;对应急安全防范的过度解读,则加剧了社会公众的恐慌情绪。同时,借助新媒体的快速广泛传播,暴力事件容易形成示范效应,引燃其他地方的类似矛盾。因此,在群体暴力事件舆情处置中,应当对一些网络意见领袖、公知的言行进行适当的劝导与规范,尤其要警惕一些别有用心的人利用新媒体操控舆论走向、煽动对立情绪、助推事态升级。

不可否认,社会永远都有矛盾和相应的不满,且会随着具体事件被释放,而网络经常充当着社会成员释放不良情绪、缓解心理压力的"出气筒"。很多时候,网上大量的多方吐槽、激烈的观点交锋、快速的热点转换等现象,就是不同身份的网民借事宣泄焦虑、郁闷、不满心理所致。这在一定程度上能有效防止相关群体的负能量积累到不可控的地步,进而有利于调适社会关系,缓和矛盾冲突,这时不妨"让子弹飞一会儿",以发挥网络表达对公众情绪、社会矛盾的"减压阀"功能。

5.3.4 危机状态下的舆情应对

舆情应对考验的是涉事主体把控纷繁信息、预判舆情走势、主导舆论议程、凝聚社会共识的能力和水平。重大突发事件发生后,面对社会关切、舆情汹涌,涉事主体不仅要有公正、高效的处置措施,也要有回应公众质疑、化解负面舆情的宣传与回应技巧,以求达到事件处置与舆情应对相得益彰的理想效果;否则,网上舆情应对不当,必然会对网下事件处置造成干扰。换言之,舆情应对是事件处置的另一个战场,两者相辅相成、缺一不可,必须有机衔接、统筹推进、同向发力。舆情应对主要方法包括信息报送、舆情研判、新闻发布、舆论引导、媒体公关等。方法恰当,事半功倍;方法不对,平添负面舆情,加大处置难度。

当前,社会思想多元、利益诉求多样、网络监督活跃、舆情危机频发,迫切需要务实管用的应对策略和技巧。当然,网上舆论复杂多变,舆情应对没有通盘适用的"一揽子方法"。只有沉着冷静、对症施策、灵活机智,才能把棋走对、把路走通,确保有条不紊、科学高效[104]。

按照"及时准确、公开透明、规范有序、科学适度"的舆情应对原则,结合各主管部门的实践经验和处理实例,下面对危机状态下的舆情应对方法作出论述。

1. 下好议题设置的"先手棋"

习近平总书记指出:"高明的议题设置,往往都是时机、技巧、方法的最佳运用。"议题设置是舆情引导的"遥控器",是凝聚社会共识、平息舆情风波的重要手段。议题选得准、讲得好,就能抓住公众的关注点和兴奋点,将纷乱意见和过激情绪消弭于理性、建设性言论之中,最终达成舆论共识,促进事件妥善处置。

在一定程度上,舆论主动权、主导权、话语权的争夺就是有关各方议题设置能力的较量。因此,突发事件发生后,如果仅满足于信息发布、回应质疑,就会被公众牵着鼻子走,陷入舆论被动。只有围绕处置决策,适时设置议题,巧用表达方式,选准传播平台,才能最大程度获得社会公众的理解、支持和配合。可以说,在全民都可以成为议题设置者的自媒体时代,谁主导议题掌控话语权,谁就能推动舆情朝自己想要的方向发展。政府可以主导,媒体可以主导,企业可以主导,网民亦可以主导,网络舆论博弈已成常态且日趋激烈[105]。

2. 用好媒体应对危机

2005年广东兴宁"8·7"矿难让都市类媒体首发政府敏感议题的大胆尝试和策划技巧,至今仍然令人耳目一新,足资重温效法。2005年8月7日下午1时30分,广东梅州兴宁市黄槐镇大兴煤矿发生特别重大透水事故,123名矿工困于深井,生死未卜。广东省政府迅速成立抢险救援指挥部,调来全国最好的3台潜水泵,日夜不停地抽水救人。抽水持续半个多月后,救援面临两难困境,多数专家认为,抽排水救援已无实际意义,因为在地下300米的深井内作业的矿工们,挖穿了头顶上方积水达1500万立方米的巨大采空区,这相当于一个中型水库的容量,按现有3台潜水泵24小时不停抽水,至少要600天才能抽完,况且还有地下水源源不断流入,完全抽干几无可能。更为严峻的是,现场救援指挥部所在地因连续抽取地下水而发生严重地陷。为安全起见,指挥部全体成员迫不得已转移到附近的镇政府办公。现场救援人员则随时都有安全之虞。

但救援指挥部不敢轻易宣布停止抽水,因为被困矿工的600多名家属聚居在兴宁市区,每天都焦急地询问救援情况,强烈要求"生要见人,死要见尸"。党中央、国务院高度重视救援工作,胡锦涛总书记、温家宝总理作出重要批示,要求不惜一切代价抢救被困矿工,强调"只要有百分之一的生还希望,就要尽百分之百的努力"。指挥部坚决执行中央指示,顺应家属期盼(其实心里都清楚被困矿工凶多吉少,抽水救人是为了呼唤生命奇迹、安抚家属情绪),抽排水救援工作仍旧继续进行。

抽不干地下水,又不敢贸然叫停,怎么办?最佳出路就是请中立、权威的第三方设置舆论议题,助力政府决策。为此,新闻组提出了"主动设置议题,科学引导舆论"的思路,建议先在大众市场有影响力的都市类媒体刊出"面对现实,终止抢救"的专家意见,再视舆情反应适时转为政府决策。之所以选择都市类媒体,是因为社会公众普遍认为它比较客观中立,由其首发敏感议题,为政府决策鸣锣开道,可避免"机关报为政府说话"之嫌,更易于被公众信服与接受。救援指挥部经慎重考虑,采纳了新闻组的建议。随后,新闻组主动协调《南方都市报》,本着尊重科学的精神、实事求是的态度,通过采访参与救援的抽排水专家和研究生命科学的专家,独家发布了"抽干地下水至少要600天,继续抽水对救援实际意义不大"的重大敏感议题。

对权威第三方说法,矿工家属普遍反应冷静理智,没有出现过激行为,且认为"政府已尽力了"。新闻组因势利导,组织省内多家主流媒体针对抢险救援实际,集中推出一批理据充分的解释性报道,引导社会公众理解和认可"终止抽水救人"的专家建议。矿难第23天,在连续几天舆论铺垫下,抢险救援指挥部召开新闻发布会,正式宣布"终止抽水救人,转入善后赔偿"。此案例后来被收入全国宣传干部学院编、学习出版社出版的全国首本《宣传思想文化工作案例选编》。

在如今全新的舆论环境下,舆情应对"只有一天的成功,没有成功的一天"。每次网络舆情危机结束后,政府(率机构、企业、公众人物等处置主体)一方面要继续做好善后工作,及时对网络舆情危机所产生的危害进行修复,另一方面也应该重新对网络舆情进行评估。一是重新评估网络民意。由于网络舆情的主体多元性和议题多样性,一次网络舆情危机往往又蕴含多个舆情隐题。不能因为一次危机的结束就一劳永逸,而是要进一步加强网络监测,关注相关网络话题,了解网民态度的变化,掌握舆情动态情况,对网络民意作出正确的评估和引导。二是切实反省自身所存在的问题,对于民众的意见和建议,要认真听取,及时改进。所谓"无风不起浪",无论民意是对是错,舆情是真是假,都要以此为契机反思自己的工作问题,加强自身建设,避免重蹈覆辙[106]。

3. 澄清谣言传闻,学会"拦网得分"

根据"破窗效应"理论,如果一扇窗户破碎了必须尽快修补,否则将会有更多的窗户被打碎,因为人们接受了这样的心理暗示:打破窗户是被允许的,不会受到指责与惩戒。在互联网上,如果某个信息符合人们的社会认知和当时的情绪,人们就会不假思索地相信、附和,继而相互传播、议论,使之像滚雪球般越滚越大,形成难以遏止的扩散势头。

2018年9月间,自称"资深金融人士""财经问答专家"的吴小平,在其个人微博发布《中国私营经济已完成协助公有经济发展的任务,应逐渐离场》一文,立即在网上炸开了锅。一时间,"国进民退""私企离场"等传言弥漫网络,刺痛了全社会的焦虑神经,引发了广大民营企业家的恐慌情绪。针对这些违反宪法和改革开放政策的荒谬论调,《人民日报》《经济日报》等央媒刊文批驳以澄清思想认识。9月27日,正在辽宁省考察的习近平总书记来到辽宁忠旺集团,表示党中央"毫不动摇支持非公有制经济发展,民营企业要进一步增强信心"。这掷地有声的最高表态,给民营企业家吃了"定心丸",网上杂音、噪音顿时销声匿迹。这可以算得上是澄清错误言论"拦网得分"的一次经典案例。

因此,当网上出现谣言时,相关主管部门要高度重视,及时处置,或删除、封堵,或澄清、反击,坚决阻止群体盲信和"破窗效应"的形成。因为网络谣言极具欺骗性和迷惑性,特别是那些貌似叙事逻辑化、说理科学化的谣言,以情理的可能性装扮出故事的真实性,击中了网民的心理弱点、知识盲点,令很多人不再求证就深信不疑、随手转发,四处扩散,从而混淆视听、侵扰思想、迷乱心智。所以,相关部门不仅要及时公布事实真相,驳斥错误言论,遏制谣言扩散,还应揪出造谣传谣的"始作俑者",依法严惩,形成震慑。

近年来,我国也加快了依法治网步伐,出台了一系列管理法规和司法解释,努力从源头和渠道两方面防止违法有害信息的野蛮生长。如 2014 年 4 月 17 日,北京市朝阳区人民法院以诽谤罪和寻衅滋事罪,对蓄意在网上造谣传谣、制造社会恐慌和矛盾、非法获取经济利益的网络红人"秦火火"(秦志晖)判处有期徒刑 3 年。此前,已有多个"网络大谣"受到惩处。这是打击网络谣言炮制者、极端行为挑唆者、不当利益谋取者的最有力手段。可以说,随着 2017 年 6 月 1 日起《网络安全法》正式实施,"大谣们"已经而且还将付出更大的法律代价。

如果是网络举报、爆料,首先要鉴别真假。由于网络具有隐蔽性、匿名性等特点,不排除一些人在证据不充分的情况下道听途说、捕风捉影,甚至无中生有、颠倒黑白,利用网络的力量达到个人打击报复的目的;其次,要判断所涉内容的敏感程度、观点倾向、传播路径和影响范围,有无网络意见领袖介入或别有用心的人煽动,舆情走势如何,会不会成为网上热点,甚至向网下蔓延,酿成现实群体事件。根据分析研判情况,采取相应处理方式。若是属于个人情绪发泄,难成网络热点,无须急于回应;而对于那些关注度高、容易引起网民"共鸣"的重要敏感信息必须重视,其很可能发酵演变成舆论风暴,应及时制订舆情应对方案,视情作出适时和恰当的处置。

此外,对于实名举报党政官员、企事业单位高管的网络舆情,官方不能轻易回应或草率定论,以免激起质疑声浪和对立情绪。如 2015 年 9 月 12 日 16 时,一篇题为《亿万富翁实名举报湖南怀化沅陵县长龚琪千万索贿受贿的事实》的帖文开始在网上热传。举报者为湖南商人向杰,他在帖文中列举了龚琪"多宗罪"。13 日 15 时,举报不到 24 小时,沅陵县委互联网宣传管理办公室通过其官方微信公众号"沅陵发布"称,龚琪同志回应从未收礼,网帖所谓的"举报"缺乏依据,是故意报复政府主要负责人的行为。这一回应立即遭到网络舆论强烈质疑。不少网民认为,该县长是否索贿受贿,涉及刑事犯罪问题,必须走法律程序来判定是非,官方不能仅凭其自我辩护之词,就公开将举报定性为"故意报复"。官方回应显然操之过急、证据不足、草率定论、难以服众。

4. 成功转移公众注意力

对某些舆情,要先观察、冷处理,如果在信息掌握不完全的情况下仓促回应、不断回应,漏洞和把柄就可能越来越多,无谓地激起舆论纠缠,反而不利于平息舆情、缓和事态。因此,有的问题在网上曝光后,要对相关舆情的紧急程度和影响范围作出评估,部分舆情适当回应即可,不一定要高调召开新闻发布会,既郑重表态,又长篇大论,吸引公众的注意力。通过处置部门持续释放相关信息,人为地将本来没多大的事情搞得舆情热烈,闹得沸沸扬扬,让公众想不关注进展、不追踪结果都难。很多时候,在保证公正、公开、实事求是的前提下,舆情应对责任主体可以利用舆情事件多发、热点转移快的实际情况,及时有效地转移公众注意力,防止舆情事件成为引发社会矛盾、制造社会危机的源头。

(1) 适度冷处理"大事化小"

2011 年 6 月中旬,广州某街道办主任刘某陷入"裸聊艳照门"。刘某接受记者电话采访时表示,已向组织作了汇报,记者如需了解情况,应通过正常渠道采访组织。他说:"我想,还是相信组织。" 6 月 20 日,广州某区纪委、监察部门在其官方网站予以初步回应,在官网发布刘某因违反生活纪律被免职的处理决定,各媒体也友好配合,淡化处理,仅在冷门版面和时段"来函照登",成功避免舆情扩大。

(2) 善于转危为机

2011年6月26日,天涯社区一篇题为《太假了,我县的宣传图片》的帖子,爆出四川凉山彝族自治州会理县三名县领导考察乡村公路的"PS悬浮照",不仅被微博大量转发、评论,成为热门话题,激起网民一边倒的批评谴责和"有些干部能耐大,脚不沾地能视察"之类的嘲讽挖苦,更引发规模空前的"全民PS大赛"网络恶搞狂潮。

面对突如其来的舆论危机,会理县政府快速处置。事发翌日下午,便在新浪微博开通官方账号,公开承认照片造假并诚恳道歉,同时表明县领导下乡检查工作确有其事。照片发布者孙正东也通过个人微博致歉,并附上未经PS的原图,感谢网民的关注与批评。两条微博均被大量转发。会理县政府尊重民意、闻过即改的坦诚态度,受到网民一致好评,负面舆情随之平息。

但照片发布者孙正东并未就此"罢休"。他灵机一动,想出了"利用会理千载难逢的出名之机,趁热打铁推介旅游资源"的锦囊妙计。于是,他把会理最美的一组风光照发上微博,并调侃称"绝对没有PS",一下子将网民目光引向这些"养在深闺"的天赐美景。众多网民看后不禁赞叹:没想到,会理有这么多神奇秀丽的自然风光和底蕴深厚的文物古迹。不少人表示要前往会理旅游。

这样的舆情应对方法,不仅成功化解了来势汹汹的舆情危机,还巧蹭热点、借势营销,提高了会理的知名度和美誉度,堪称利用微博及时回应、坦诚面对、转危为机的经典案例。

5. 学会面对记者说话

在互联网时代,网络有记忆,更是没有办法收回话语,说错任何一句话都可能在网上迅速扩散,催生出意想不到的舆论风波。在实际工作中,有一些地方和部门在舆论危机来临时,面对媒体任性表达,结果引发次生舆情,陡增舆情处置难度。相关公权力部门应明确,记者背后是公众,要学会面对记者说话,把真话说真、好话说好。

如果碰到极个别无视职业操守、不怀好意的无良记者,相关负责部门和涉事主体还毫无警惕顾忌,仍旧信口开河,那会引发更大的负面影响。这类缺乏专业素养的记者,往往会在采访中用激将法或设陷阱,在报道时使用以偏概全、断章取义、抓住一点无限放大的恶意炒作手法,甚至以歪曲事实、颠倒黑白的卑鄙伎俩来吸引公众注意。

(1) 记者面前言语失当的三种情况

① 用词不当。部分领导干部熟谙"官场文化话语体系",平时习惯说官话套话,到了圈子外也转换不了语境,因措辞不当惹祸。2011年7月29日,广州增城区新塘镇公安消防员姚携炜抢救卧轨轻生者光荣牺牲,当地政府领导登门慰问其家属时,一手送上慰问金,一手拉着英雄父亲的手,开口蹦出的第一句话居然是:"恭喜你培养出这么优秀的儿子!"现场愕然,英雄家人无言以对。此话被随行记者微博曝光后,立即引发舆论热议。不少网民指责这名领导"说话没经过大脑""不会说人话了",批评这种"恭喜体"缺乏同情心和人文关怀,体现的是无知和冷漠。

② 紧张忙乱。探寻突发事件引发次生舆情之因,以前大多缘于事件处置部门"不愿说、不敢说",如今多半是由于"急着说、慌着说"。因新闻发布会准备不足,发言人仓促上阵,导致说错话、惹风波的现象时有发生。

③ 情绪失控。领导干部、执法人员应有敢于、善于被质询、被围观的意识和胸怀,因负面问题需要接受记者采访时一定要调整好情绪,冷静理性答问。

媒体是政府与公众沟通交流的桥梁,对待媒体的态度,也就是对待公众的态度,这是检验执政理念和施政水平的一个重要指标。

(2) 应对记者敏感提问的四种方法

① 巧妙反问。很多情况下,新闻发言人就某一重大敏感事件接受媒体集体采访或举行新闻发布会时,少数记者喜欢提一些与事件本身关联不大的刁钻甚至怀有敌意的问题,某些问题无论回答"是"还是"不是"、"好"还是"不好",都会引发负面的评价。在部分记者设定的话题情境下与其讨论、答问,尤其是一两句话难以说清的问题,发言人的处境会十分被动。此时反问是一种有效的应对方式。不是不正面回答对方问题,而是以其人之道还治其人之身,以同样的逻辑反过来向对方发问。反问要简洁明快,含义深刻,有力度,足以难倒对方,让自己变被动为主动。

反问是一种语言技巧,但并非适用于记者提出的所有难以回答的问题,不应成为搪塞和掩盖真实信息的手段,如果是切合民众关切的,关乎国计民生的问题,无论是否敏感,都不应以语言技巧应对。通常在无法正面作答而又不能沉默以对的被动时刻才考虑使用,并且要合乎情理和新闻规律,如果滥用,就会适得其反。

② 切换话题。针对不恰当或目前信息掌握不完整的提问,在简洁而准确地回答问题的某个方面后,话锋一转,谈原本该谈的内容、公布应该公布的信息、表达应表达的态度,是恰当的应对方式。可灵活使用一些方便过渡的连接词,自然地引向恰当的话题。如针对指责性问题,可以说:

> 我们不赞成……但同时需要指出的是……
> 事件正在调查中,我们应当特别关注的是……
> 针对猜测性问题,可以说:我们不能对此妄加猜测,我们应当关注的是……

使用上述过渡语,既能回答疑问,显示真诚,又能赢得反思的时间,有利于从容不迫地纠正问题或澄清事实。

③ 重复表达。当面对内容重复或涉及同一范畴的提问,需要强调主管部门针对某一问题的态度,或需要终止某些不恰当的提问时,相关发言人可以通过重复表达的同一个意思的话语来应对。但作为相关部门的代表,不应重复提问者的负面陈述,否则就可能"变"成说出那些话的人,并被别有用心者截取含有负面内容的话语做文章。常用的表达方式有:

> 是的,但我不得不再次说明的是……
> 在这么多问题中,我认为更重要的还是……

真正的问题是……

　　很多记者朋友都关心的是……

　　④ 不予回答。对于涉及国家秘密、商业秘密、个人隐私或容易引发社会心理危机及其他不利于社会稳定的问题,发言人要避而不谈、守口如瓶,或者有理、有利、有节地明确拒绝。

　　(3) 接受采访的五个"不要"

　　一是不要一味辩解。对涉事官员的负面舆情作回应时,不能刻意粉饰,更不能在没有充分证据或纪检部门仍在调查的情况下矢口否认涉事官员存在违纪违法的传闻,否则会令公众反感,被怀疑为"官官相护"。万一日后证实该官员存在违纪违法问题,就会引发舆情反弹、激起公愤、自毁公信,陷入"塔西佗陷阱"。对自身问题也不能过度辩解,以免越描越黑,弄巧成拙。

　　二是不要过度承诺。有的官员为了让公众对政府更有信心,往往会作出不切实际、不留余地的过度承诺。如 2008 年北京奥运会前夕,美国多家媒体披露我国出口的部分宠物饲料因含有三聚氰胺毒死了当地一些猫狗,我国有关部门立即高调回击,驳斥报道毫无根据,坚称中国饲料完全合格、中国食品保证安全。岂料,就在奥运会举办期间,惊爆三鹿奶粉添加三聚氰胺毒害婴幼儿事件,由此引发"多米诺骨牌效应",牵出一连串食品安全问题,时任国家质检总局局长李长江因此引咎辞职。以美国为首的西方媒体趁机大肆炒作,多国禁止进口中国乳制品,令我国食品行业的信誉和形象严重受损,过了多年仍未能修复如初。

　　三是不要居高临下。要以平等、真诚之心与网民沟通交流,问题面前不回避,指责面前不冲动,增进双方理解共情,缓和社会舆论压力。2015 年深圳"12·20"滑坡事故处置可以算是平等、真诚面对舆论的典范。12 月 25 日晚,中央电视台《新闻联播》公布国务院调查组将滑坡定性为"安全生产事故"仅半小时,时任广东省委副书记、深圳市委书记马兴瑞即率领深圳市党政负责人,通过新闻发布会向社会鞠躬道歉,表示"坚决拥护上级对这次事故的定性""该负什么责任就负什么责任,该接受什么处理就接受什么处理,该处理什么人就处理什么人",彰显了深圳市委市政府对生命的尊重、对责任的担当。这是迄今为止我国地方主官里级别最高者首次对安全生产事故公开道歉,并且在央视报道仅半小时后就作出回应,实属难能可贵。在事故舆情很可能因公布定性结论而升级转向的关键节点,如此快速、诚恳的鞠躬道歉和担责表态,收到了"一鞠躬解万般怨"的舆论解围效果。

　　四是不要张扬个性。相关部门的新闻发言人及其他负责宣传工作的人员要做"媒体的引路人",把记者和公众的注意力吸引到需要传递的信息上来,让信息本身成为新闻的主体,以取得理想的传播效果,不能为了自己扬名而过度展示个性,甚至不分场合以"抖机灵"讨好记者、娱乐受众,不顾舆论感受博取人气,使得严肃的新闻发布会沦为制造噱头的个人表演秀。

　　五是尽量不要接受电话受访。接受电话采访有四个难以把握的问题:一是难以了解记者的采访初衷;二是看不到记者的同步反应;三是面对别用用心的媒体,记者提问往往不见报,而相关的回答却出现在脱离对话逻辑的独立报道中,容易被断章取义;四是语气助词难以听清,特别是回答疑问时的语气是肯定、否定还是反问,容易误听。

6 社会文化心理与应急管理

灾难频发导致的严重后果可想而知,与之相对应的则是防灾和减灾能力的薄弱。因此,加强应急管理体系建设成为现阶段兼具紧迫性与重要性的国家议题。

党的十九届三中全会通过的《中共中央关于深化党和国家机构改革的决定》提出了国家应急管理体制的新构想,提出了要加强、优化和统筹国家应急管理的目标,确定了要建立以统一领导、权力和责任明确一致、高效应对突发事件、具有更高权威、具有更高应急能力的国家应急管理体制。该决定还明确了建立新的应急管理体制的目标,即防范和化解重大、特大风险,健全国家公共安全体系,从而提高安全生产保障能力,提高公共安全维护能力,提高防灾、减灾、救灾能力,实现维护人民群众生命和财产安全及社会稳定。中华人民共和国应急管理部重新组建,按照"9+4"模式,整合了13个部门的应急管理职责。新成立的应急管理部将原来分散在不同部门的地质灾害防治、抗震救灾、防汛抗旱、安全生产管理、消防救援等职能整合,构建统一领导、权责一致、权威高效的防范化解重特大安全风险的国家应急管理体系。

随着应急管理部的成立和履职,我国的应急管理体系在制度上已然有了飞跃式的进展,而如何惠及民众,就要充分借助社会文化心理手段。社会文化心理生发于日常生活层面,是广大群众的"日常社会意识",既受到社会经济基础和上层建筑的影响,又受到自然生态和生产条件的影响,其形成、发展与演变具有一定的复杂性。它既是长期积累、形成和积淀的,具有长期性、继承性和相对稳定性;又是不断变化、创新和发展的,具有阶段性、创新性和动态变化性,是可引导、可教育、可塑造的。

随着公共危机发生的常态化,危机管理、安全(应急)技术和安全文化逐渐构成了公共危机应对与治理工作的三个支撑与保障要素,三者的综合实力在很大程度上决定了突发事件应急效度与危机治理的成败。随着文化建设的日益重要,社会文化心理与应急管理的相互作用成为新热点,是理解应急心理能力建设的必经之路。本章将从梳理应急文化的内涵和功能入手,重点探讨社会心理文化与应急管理间相互影响的路径与机制,最后提出应急管理的人本发展目标。

6.1 应急文化的内涵与功能

近年来,各种自然灾害、事故灾难、突发公共卫生事件和社会安全事件频频发生,给人民生命财产、社会经济发展造成了严重损失,对社会公共安全构成了严重威胁,危机处置和突发事件的应急管理工作越来越受到人们的关注,与之相对应的应急文化的相关理论研究也快速发展,应急文化的内涵进一步明晰,相关外延与功能也在不断扩展。

6.1.1 应急文化的内涵

新成立的国家应急管理部在承担起新时代应急管理职责过程中,迫切任务就是建设应急文化,而如何理解应急文化的内涵便显得十分重要。

1. 应急文化内涵的学术界定

从文化哲学来看,文化是"人的一切活动领域和社会存在领域中内在的、机理性的东西,从深层制约和影响每一个个体和各种活动的生存方式"[107]。应急文化属于文化的范畴,它与人类生活密切相关。之所以会存在应急文化,是因为长期以来人们在应对突发事件时,形成了与应急有关的行为习惯、思维方式、价值标准等。

应急文化可称之为安全文化或安全减灾文化,是社会的公共安全价值观及其思维方式和行为模式,包括应急知识、社会意识形态、思想、道德、法律、社会心理等文化观念和行为准则。具体可分为应急心态文化、应急物态文化、应急制度文化以及应急行为文化四个层次[108]。此概念结合社会的各个方面,全面地概括了应急文化的结构。

应急文化是人们应急活动的反映和成果,其表现形式具有精神和物质两种形态。精神形态的应急文化包括思想、观念、理论、知识、科学、技术、制度、风俗、方法、策略;物质形态的应急文化包括应急设施、设备、装备、器材、工具、网络设备等有形的内容。此概念从内容上更具体地表达了应急文化的内涵[109]。

从广义上来说,应急文化主要是指在紧急情况下,人们长期形成的行为方式和心理习惯;从狭义上来说,应急文化主要是指在面对突发事件和紧急情况时,人们形成的与应急相关的行为活动、价值标准、思想意识等[110]。这也是学术界广泛认同的观点。

2. 应急文化的外延

在应急文化之前已经有安全文化、风险文化、减灾文化、消防文化等,梳理多方文化建设的经验与成效,对思考应急文化建设非常重要。①要自上而下推动应急文化建设,形成应急文化建设氛围。②参考借鉴国际先进应急文化建设经验,比如日本的灾害文化。③要有理论研究,通过扎实的理论研究,在明确应急文化概念、范畴等一些基本问题的基础上,逐步形成应急文化建设体系。④本土化,任何一种文化,只有与本土实际结合才有意义。⑤应急文化一定是普及的、全员化的,才能真正落地。⑥应急文化建设需要有明确的国家标准和政府规范,目前有两个相关的国家标准。⑦示范模式,一套可供借鉴的示范模式,对于推进、强化和提升应急文化建设能起到很好的促进作用,有助于形成多种应急文化品牌。

应急文化不是孤立的,它与传统的、历史的、民族的文化有着千丝万缕的关系。因此,建设应急文化,就要思考其与以往的安全文化、风险文化、减灾文化、消防文化的关系,只有理顺了这个关系,应急文化建设才会有传承和发展。优秀、先进的应急文化一旦被人民群众所掌握,就会变成改造社会、推动经济社会发展的巨大力量。从这个意义上讲,应急文化内涵是杂糅在多种文化建设中的,博采众长,是一种全方位、全过程的应急思维,渗透在人类的应急实践活动中。

3. 应急文化的制度化结构

从规范意义上讲,应急文化是指个人、组织及社会在防范与应对突发事件过程中在物质、精神、制度和行为等维度所呈现出的存在样态、思维特征和行为方式。从大众文化的角度看,应急文件是一种通俗易懂的防灾避险、自救互助、博爱和谐的安全文化。应急文化是以保障承灾体安全为目标,以主体价值观为核心,以标准、制度和物资储备为载体,以演练、培训、教育为手段,在一定程度上决定了处于危机中不同群体的心理与行为,影响着应急系统的功能和应急行动的效率[111]。从这个意义上讲,应急文化是公共危机管理体系的一个重要组成部分,也是构建公共危机应急救援体系的文化基础。因此,发达国家的一些大城市把塑造发达的应急文化、着力提高市民和各种社会组织的应急能力作为危机管理系统建设的一项基础工程[112]。

要把习近平总书记对国家综合性消防救援队伍提出的"对党忠诚、纪律严明、赴汤蹈火,竭诚为民"的四句话方针要求作为应急文化的核心理念,将"极端认真负责、甘于牺牲奉献、勇于担当作为、善于开拓创新"这四个方面的要求作为应急文化的具体内涵。在制度文化建设方面,在构建一系列科学规范、运行有效的应急管理法律法规体系过程中,要通过文化建设促进应急管理法律法规体系的落地,提升应急管理法律法规体系的执行力。在行为规范确立方面,要制定一系列应急管理队伍行为规范、准则等。在标志标识等文化环境建设方面,可结合以往消防领域的成功做法和经验,进一步完善应急管理系统内其他标准标识等文化环境建设,形成一个良好的应急文化氛围。

文化建设从来不是一蹴而就的,需要一个产生、发展、形成的过程。在建设应急文化过程中,一定要坚持文化自信。习近平总书记在庆祝中国共产党成立95周年大会上的重要讲话中就指出,"文化自信,是更基础、更广泛、更深厚的自信"。因此,文化自信理念一定要贯穿于应急文化建设全过程中。在文化自信的背景下,党的十九大报告对新时代文化建设作出了全面部署,提出了明确要求,也为应急文化建设指明了方向。

我国在长期的灾害治理过程中,政府和社会各界通过不断总结灾害应急的经验教训,逐步建立起了一套比较完善的应急制度体系,相应地就会形成应急文化。

6.1.2 应急文化的功能

一个国家的应急管理体系和能力现代化与否,直接决定了这个国家应对各种突发事件的效率和结果[113]。而一个国家的应急文化功能是否发挥着自身的作用,也同样决定着这个国家应对各种突发事件的效率和结果。文化作为一种精神力量,会潜移默化地影响人们的思维方式和行为举止。应急文化作为文化的一部分,对突发事件发挥着举足轻重的作用。应急文化的功能主要体现在以下八个方面。

1. 文化功能

应急文化是一种人民至上的人本文化。"一切为了人民"是我党的初心和宗旨，也是我国应急工作和应急精神文化建设的出发点，要求应急事业和应急工作必须把人民利益放在首位。以人为本、关爱生命的人本文化，是保护人的生命安全与健康的文化。通过对应急文化思想、意识、情感和行为规范的潜移默化，显示出应急文化对公众安全与健康需求的特殊融合和统一，能够凝聚人们的应急意识和思想。

应急文化是一种生命至上的责任文化。应急文化关注的是人的生命与安全，要求个人、组织以及政府都充分履行自身所肩负的危机应对义务，本着对生命与社会发展高度负责的态度重视应急文化。在常态下，公众都应有避免灾害发生或减小灾害发生概率的责任以及做好应对准备的责任，如日常工作生活中，发现并努力消灭事故隐患的责任；在危机发生时，有自助和帮助他人的责任；等等。政府、企业和社会团体更须坚决履行所担负的社会责任，如住宅建筑、公共应急防护设施等应本着对生命高度负责的态度和理念进行设计与施工。

应急文化是一种预防与应对并重的全过程文化。1997年7月，时任联合国秘书长安南在第二次世界减灾大会上提出："我们人类必须由反应文化转变为预防文化。"这种预防文化在应急管理理论上可以理解为，在灾害事故发生的萌芽期就通过细致的观察、缜密的推断，于细微之处预先感知危险的存在，提前做好应对准备，达到未雨绸缪的效果。而危机的发生与发展往往是不可控的，在危机发生时，科学组织应急救援力量有效应对，切实做到指挥统一、反应灵敏、协调有序、运转高效，形成具有高度文化自信与文化自觉的公共危机应急文化。

应急文化是一种展现真善美的伦理文化。安全是第一伦理，意味着人的生命存续是全球认同的底线伦理，人的生存基本权利的保障应当被置于社会发展中的核心地位。而应急文化的最终目标就是要保证人最基本的生存权利，保障生命生存的底线伦理。因此，应急文化建设就是对人性与人权的价值诠释，并从尊重生命的角度，在危机预防、应对与恢复全过程中，彰显社会伦理的终极目标——真善美，以及对应急过程中假恶丑现象的深刻批判[114]。这就要求在灾难面前，所有生命都一律平等，每个人的生存权、隐私权、名誉权等都应该得到公平对待和必要的人道主义援助[115]。

应急文化是一种习惯养成的日常文化。现代社会是一个高风险社会，在整个体系运行过程中，因为存在着诸多不安定因素（包括自然因素、人为因素等），所以整个社会处于一种高风险状态。因此，在应急管理和应急文化建设过程中，必须在公众思想中树立一种风险意识。只有保持适度的风险意识，才能在预先做计划和采取行动前进行更全面、更周密的思考，从而在实际应对中更加从容，避免过度恐惧和被动。

2. 导向功能

社会应急基础设施建设的设计与维护、公共危机应急救援体系的建设与发展、各种应急法律法规的出台与预案制定等，都与应急文化的价值理念息息相关。应急文化价值的导向性主要体现在社会应急基础设施的建设和各种应急预案的制定上。应急基础设施应从外在表现形式上给公众以一定的视觉辨识度,公众可以通过对应急避难场所、防灾体验馆、防灾生活用品店的体验以及参与社会组织的各种应急预案演练,来增强对应急文化的感知,可以为公众的行动提供方向,使行动者分辨何种行为是适宜的、会引起积极回应的。同时,在我国这种导向作用也体现在国家、企业单位、个人三个层面:从国家层面来说,直接影响我国确定"以人民为中心、一切为了人民"为核心的应急工作理念、应急法律法规、应急工作体系、应急物质储备等,更有效地在国家层面动员一切力量投入应急工作;从企业单位层面来说,直接影响企业单位确定"安全第一、生命至上"为核心的企业理念、企业责任、安全设施设备建设、企业安全工作制度和机制等,确保安全生产;从个人层面来说,引导人民群众树立安全意识、应急意识,做好安全生产和个人保护。

3. 凝聚功能

应急文化的凝聚性是指当突发事件发生后,让陷入突发事件的公众团结在一起,相信自己有信心、有能力去战胜眼前的危机。我国的应急文化作为全社会的共同价值观,在危机发生和应急救援时,可以自觉形成"万众一心、众志成城、团结一致、共同抗击"的高度凝聚力和向心力,使陷入危机的人民群众看到希望,对党和政府有强烈的信任感和归属感,能有效克服恐惧和慌乱,树立战胜灾害的信心和决心,从而自觉听从指挥、服从安排,并同心协力主动参与应急工作,形成强大的"中国力量"。这一点在我国近年来发生的各类重大事件中均有明显体现。如武汉发生新冠肺炎疫情后,全国各地人民踊跃地捐款捐物,各地的医疗支援队伍及救援组织纷纷驰援武汉,与武汉人民团结在一起形成强大的凝聚力共同抵御疫情。

4. 激励功能

文化能够以自身独具的精神超越性,构建一种立足于当下社会现实基础上的社会理想,并以此来号召和牵引整个社会的发展。作为社会文化的重要组成部分,应急文化的激励性体现在公众应对突发事件中来自国家、社会、公众间的相互鼓励、帮助与支持。国家和社会通过专业救援队伍和社会救助组织进行紧急救援,公众之间进行自救互救,以达到相互激励、战胜困难的目的,为应急救援活动提供强有力的精神支柱。我国的应急文化是中国精神的重要组成部分,其基础是社会主义核心价值观及反映全体人民安全和谐的共同社会价值和社会理想,是激励全体人民为之奋斗的强大精神支柱。在面临危机的时候,通过党员先锋作用、专业人员主导作用、志愿者积极作用等榜样力量,自发激励广大人民群众正确认识使命,积极应对危机和参与应急救援工作,以确保应急救援工作顺利进行。通过应急文化建设,公众的应急行为和活动将会从被动、消极的状态转变成一种自觉、积极的行动,从而在应对事故灾害时能更好地发挥主观能动性,快速、高效地参与救援。

5. 规范功能

现代社会经济多元化导致文化和价值观的多元化,社会异质性、离心力多样纷呈,在危机时刻人们有不同的需求和诉求。目前在全社会建立的广泛且统一的应急文化主要包含两方面内容：一方面，它有助于使持有不同价值观的人群在应对危机时形成大体一致的观念，把应急规范化为公民的行为准则，进而使危机发生时原本混乱不堪的社会秩序逐步转变为有序状态，按照应急工作规范和要求办事，克服遭遇危机时产生的慌乱、混乱和杂乱无章，确保应急救援工作有条不紊地开展，让广大人民群众自觉遵守应急行为规范，提升整个社会的危机应对能力。另一方面，在非常态下，应对主体基于价值判断与思维方式，依据社会规范，运用技术、管理等手段，通过物质、能量和信息等方式作用于承灾体以影响突发事件的发生演化规律。规范制定法律法规和应急预案，规范进行安全生产、应急物质储备，规范应急响应工作机制等，保证应急工作的科学性、实效性和针对性。应急文化的宣传和教育，将会加深人们对应急目标、愿景、任务的正确理解和认识，从而对人们应对事故灾害的行为起到引领、规范作用，形成自觉的、持久的行为引导性和约束性。

6. 动力功能

应急文化建设的目的之一是树立正确的应急管理思想、观念及行为准则，使社会或组织成员灵魂深处具有强烈的应急管理的政治使命感和责任感，并产生巨大的应急管理工作推动力。过往的认知心理学研究表明：个体越能认识行为的意义，行为的社会意义越明显，越能产生行为的推动力。倡导应急管理文化是帮助成员认识应急管理要义，从"被动应急管理"转变为"主动应急管理"，进而发展到"能动应急管理"和"能效应急管理"。

7. 保障公共安全功能

应急文化是长期以来人们经验的积累，一旦形成，便成为一种价值观、行为规范被确认和遵从。应急文化对人的影响是潜移默化的，充分发挥应急文化的导向作用，能够提高公众防灾应急意识和应急能力，有利于塑造良好的应急文化氛围，并在应急文化潜移默化的影响下改变公众的意识形态，提高公众的应急素质和应急能力，从而促进该地区的应急管理建设，以期在突发事件中将损失降到最低，保障公共安全。

8. 整合功能

任何部门都要重视应急文化的建设。作为应急综合部门，要以应急文化指导和协调相关部门的行动。由此可见，应急文化在面对突发事件时发挥着自身强大的作用。过去我国应急管理能力的提升侧重于"术"（主要指应急技术、技能、技巧等）的层面，对"道"（主要指应急制度和文化）的层面的重视和探索不足。其实，应急制度比应急技术更重要，而支撑应急制度的正是应急文化。以"人本思想"为根基，以先进的应急文化为引领，构建科学的应急制度，开发合理的应急技术。

未来几年，特别是"十四五"时期，是我国推动应急管理事业大发展、大繁荣的关键时期，而推进应急文化建设是促进应急管理工作的重要举措和保障。因此，我国应急管理相关部门和工作者要抓住这一重要机遇，大力开展应急文化建设研究与实践工作，努力开创应急文化建设和应急管理工作新局面。

6.1.3 我国应急管理模式发展历程

应急管理是指政府及其他公共机构在突发事件的事前预防、事发应对、事中处置和善后恢复过程中,通过建立必要的应对机制,采取一系列必要措施,应用科学、技术、规划与管理等手段,保障公众生命、健康和财产安全,促进社会和谐健康发展的有关活动。

中国在应对灾害的漫长岁月中,积累形成了"居安思危,思则有备,有备无患""安不忘危,预防为主"等丰富的应急文化。自新中国成立以来,我国应急管理工作应对的范围逐渐扩大,从以自然灾害为主逐渐扩大到自然灾害、事故灾难、公共卫生和社会安全等方面,应急管理工作内容从应对单一灾害逐步发展到需要综合协调的复杂管理,其发展历程大致可分为以下四个阶段。

1. 新中国成立之初到改革开放之前的单项应对模式

在党的集中统一领导下,我国有效建立了国家地震局、水利部、林业部、中央气象局、国家海洋局等专业性防灾减灾机构,部分机构又设置若干二级机构并成立了一些救援队伍,形成了各部门独立负责各自管辖范围内的灾害预防和抢险救灾的模式,这种模式趋于分散管理、单项应对。在这一时期,我国政府对洪水、地震等自然灾害的预防与应对尤为重视,但相关组织机构职能与权限划分不清晰,在应对突发事件时,多采取"人治"方式,应急响应过程往往是自上而下地传递计划指令,是被动式的应对。

2. 改革开放到抗击"非典"之前的分散协调、临时响应模式

改革开放之初到 2003 年"非典"疫情之前这一时期,政府应急力量分散,表现为应对"单灾种"多,应对"综合性突发事件"少,处置各类突发事件的部门多,但大多部门都是"各自为政"。为提高政府应对各种灾害和危机的能力,中国政府于 1989 年 4 月成立了中国国际减灾十年委员会,后于 2000 年 10 月更名为中国国际减灾委员会。1999 年,朱镕基总理提出政府应建立一个统一的社会应急联动中心,将公安、交管、消防、急救、防洪、护林防火、防震、人民防空等政府部门纳入统一的指挥调度系统。2002 年 5 月,广西南宁市社会应急联动系统正式运行,标志着"应急资源整合"的思想落地。在此阶段,当重特大事件发生时,通常会成立一个临时性协调机构以开展应急管理工作,但在跨部门协调时,工作量很大,效果不佳。这种分散协调、临时响应的应急管理模式一直延续到 2003 年"非典"疫情爆发。

3. "非典"后至 2018 年初的综合协调应急管理模式

2003 年春,我国经历了一场由"非典"疫情引发的从公共卫生领域到影响社会、经济、生活全方位的突发公共事件。应急管理工作得到政府和公众的高度重视,全面加强应急管理工作从此开始起步。2005 年 4 月,中国国际减灾委员会更名为国家减灾委员会,标志着我国探索建立综合性应急管理体制。

2006 年 4 月,国务院办公厅设置国务院应急管理办公室(国务院总值班室),履行值守应

急、信息汇总和综合协调职能,发挥运转枢纽作用。这是我国应急管理体制的重要转折点,是综合性应急体制形成的重要标志。同时,处理突出问题及事件的统筹协调机制不断完善,国家防汛抗旱总指挥部、国家森林防火指挥部、国务院抗震救灾指挥部、国家减灾委员会、国务院安全生产委员会等议事协调机构的职能不断完善。此外,专项和地方应急管理机构力量也得到充实。

国务院有关部门和县级以上人民政府普遍成立了应急管理领导机构和办事机构,防汛抗旱、抗震救灾、森林防火、安全生产、公共卫生、公安、反恐、海上搜救和核事故应急等专项应急指挥系统进一步得到完善,解放军和武警部队应急管理的组织体系得到加强,形成了"国家建立统一领导、综合协调、分类管理、分级负责、属地管理为主的应急管理体制"的格局。

这种综合协调应急管理模式应对了汶川特大地震、玉树地震、舟曲特大山洪泥石流、王家岭矿难、雅安地震等一系列重特大突发事件,但也暴露出应急主体错位、关系不顺、机制不畅等一系列结构性缺陷,而这需要通过顶层设计和模式重构完善新形势下的应急管理体系。

4. 2018年初开始的综合应急管理模式

2018年4月,国家应急管理部正式成立,将分散在国家安全生产监督管理总局、国务院办公厅、公安部、民政部、国土资源部、水利部、农业部、国家林业局、国家地震局、国家防汛抗旱总指挥部、国家减灾委员会、国务院抗震救灾指挥部、国家森林防火指挥部等部门的应急管理相关职能进行整合,以防范化解重特大安全风险,健全公共安全体系,整合优化应急力量和资源,打造"统一指挥、专常兼备、反应灵敏、上下联动、平战结合"的中国特色应急管理体系。

纵观我国应急管理工作发展历程,从单项应对发展到综合协调,再发展到综合应急管理模式,我国应急管理工作理念发生了重大变革,即从被动应对到主动应对,从专项应对到综合应对,从应急救援到风险管理。

当前,我国应急管理工作更加注重风险管理,坚持以预防为主,更加注重综合减灾,统筹应急资源。现代社会风险无处不在,应急管理工作成为我国公共安全领域国家治理体系和治理能力的重要构成部分,明确了应急管理由应急处置向以防灾减灾和应急准备为核心的重大转变。这个转变将有利于进一步推动安全风险的源头治理,从根本上保障人民群众的生命财产安全。

6.1.4 中国特色应急管理体系的优势

中国特色应急管理体系与能力的显著优势,首先体现在制度的整合动员能力上,这是中国突发事件应对制度最根本的优势。在灾害发生时,能够迅速、充分地调动全国人力、物力、财力,凝聚共同抵御风险和灾害的全社会合力,保障人民生命财产安全、维护社会和谐稳定;其次表现在综合性的应急管理体系上,各级政府的应急管理部门同时也是一个综合协调机构,通过综合协调构成一套制度体系;再次是具有韧性的应急管理能力,习近平总书记提出"坚持常态减灾和非常态救灾相统一,努力实现从注重灾后救助向注重灾前预防转变";最后,从危机中学习经验教训。恩格斯曾经说过,一个民族最大的进步来自本民族的灾害教训。应急管理的制度建设是基于无数个典型的危机事件带来的教训、总结的经验,通过总结使制度变得更加有韧性、更加完善。中国特色应急管理制度体系与能力优势溯源,可以总结为以下几点。

1. 党的集中统一领导

从中国特色应急管理制度体系与能力优势溯源来看,党的集中统一领导是我国社会主义制度最大的政治优势,党始终对应急管理工作发挥着总揽全局、协调各方的领导核心作用。突发事件发生后,中国共产党迅速开展决策部署,通过自上而下的中国特色举国体制,发挥强大的组织动员能力,形成"全国一盘棋""集中力量办大事"开展救援。党委领导、政府主导、社会和市场力量广泛参与的防灾减灾救灾体系在应对跨层级、跨地域、跨领域的灾害时能够统一指挥并整合多元力量,各级党组织、人民军队迅速反应、冲锋在前,协同应对各类突发事件。

2. "以人民为中心"的价值根基

"全心全意为人民服务"是中国共产党的根本宗旨。"一切从人民出发、维护人民利益"是推进国家治理效能的出发点和落脚点。防灾减灾救灾工作坚持"生命至上、安全第一"的价值取向,将人民生命财产安全放在第一位。中国作为社会主义国家,强调国家一切权力属于人民,其制度体系设计保障了人民当家作主。中国将"以人为本"作为指导应急管理工作的总体原则,充分体现了"执政为民"的价值理念。国家制度深深植根于人民之中,应急管理建设也充分调动了人民群众的积极性、主动性、创造性,体现了人民的智慧与力量。

3. 社会活力作为驱动力

社会主义制度强大的社会活力为应急管理社会动员提供了有效的制度保障,激发多元应急管理主体的积极性、主动性、创造性,构建跨层级、多主体、全方位系统联动的应急管理网络,既可以减轻政府风险预防与应急救援压力,也能更高效、更专业、更灵活地应对突发事件,提升应急管理的总体效能。

6.2 社会文化心理对应急管理的影响

6.2.1 社会文化心理与应急管理的关系

"应急管理"又常称为"危机管理"或"灾害管理",目前还没有一个被普遍接受的定义。综合学界的观点,可将应急管理归纳概括为狭义和广义两种。

狭义应急管理,是指为了最大限度地减少突发公共事件的消极影响而实施的计划、组织、指挥、协调、控制等管理活动和过程。

广义应急管理,是指一种对突发公共事件爆发前、发生时、消亡后的有计划的、科学的、全周期、全过程组织管理活动,涵盖预案管理、风险管理、预警管理、应急处置、恢复重建等应急管理各个过程与方面。它包括事前的风险减缓、监测预警和评估准备,事中的决策指挥、调度协调和紧急救助,事后的理赔服务、恢复重建与减灾改善等工作;涉及危机评价、灾情反馈、紧急决策、预案响应、资源调配、干预控制、社会动员、信息发布与善后处理等环节；以最大限度拯救生命、减少财产损失和环境损害、促进社会持续健康发展为目标；以整合性和协调性为特征，兼顾安全效益与经济效益，采取不同于常态管理的程序和紧急措施的特殊管理形态。

应急管理的本质就是心理响应。应急具备三层含义、三种特性：一是有受到生理伤害的可能性；二是把这种紧张的、求救的信息发出去的急迫性；三是同族同类收到求救信号采取集体救援行动的主动性，这个过程和动作完全是在心理响应的支配下展开的。

影响应急管理水平和能力的因素很多，包括政府应急救援、指挥与协调、培训与演练、信息沟通共享、宣传以及法律法规的完善程度等，而且这些因素之间也存在相互交叉影响。但总体来说，除了物质条件和技术保障外，关键因素都在于社会文化心理，其与应急管理主体密切相关。它在影响应急管理能力过程中是看不见、摸不着的，但又是真真切切存在的深层次因素。

随着世界范围内的公共突发事件日益频繁化，国家应急管理能力越来越成为国家综合实力与发展能力的重要体现。近些年来，虽然我国应对公共突发事件的能力有了很大程度的提升，但与国外发达国家相比，政府、企事业单位、公众等治理主体的危机意识、避险能力、自救能力等均存在一定的差距，而这归根结底是与社会文化心理密切相关的。

6.2.2 社会文化心理影响应急管理的基础机制

习近平总书记在中共中央政治局第十九次集体学习中，就我国应急管理体系和能力建设进一步强调："应急管理是国家治理体系和治理能力的重要组成部分……要发挥我国应急管理体系的特色和优势，借鉴国外应急管理有益做法，积极推进我国应急管理体系和能力现代化。"同时还指出了具体的建设路径，包括全程精准管理、法律法规修订、安全文化培育、坚持社会共治、创新装备技术供给、提高信息化水平、加强学科建设与人才培养等[116]。党的十九届四中全会通过的《中共中央关于坚持和完善中国特色社会主义制度 推进国家治理体系和治理能力现代化若干重大问题的决定》明确提出，要"构建统一指挥、专常兼备、反应灵敏、上下联动的应急管理体制，优化国家应急管理能力体系建设，提高防灾减灾救灾能力"。应急管理在制度层面得到高度重视[117]。

近些年，大型突发灾难的频发，如地震、洪涝、台风和化工爆炸等，彻底改变了公众以人为中心的生态理念，在公众心底埋下了一种居安思危的心理状态，出现大量灾难电影、文学作品，建构出一种独特的当代社会文化心理。

以"中国精神"为核心的应急文化是我国社会主义先进文化的重要组成部分，也是我国应急管理工作的重要智力支撑。2019 年末 2020 年初，一场突如其来的新冠肺炎疫情席卷全球，严重威胁亿万人民的生命和健康。在疫情面前，我国"以保护人民群众生命财产安全为出发点和落脚点"的应急文化充分发挥了导向、凝聚、激励和约束作用。14 亿人民在同一个社会文化环境下团结一心，彰显了我国制度的显著优势。抗击新冠肺炎疫情的伟大实践中，在取得阶段性成功的同时，再一次厚植了全民族的"众志成城、同心协力、英勇奋斗、共克时艰"的应急文化基因。

社会文化心理是社会成员在社会生活实践中自发形成的一种相对稳定的具有阶段性特征的共同社会意识。在特定范围内,社会文化心理对人的社会行为有一定的内在约束和支配作用,社会成员的价值判断和意识选择均遵循着本民族特定的社会文化心理。现实生活中,不同国家和地区由于社会制度、历史背景、文化传统等方面的不同,形成了形式各异的社会文化心理。但社会文化心理存在差异并不意味着要形成矛盾甚至产生冲突,反而应该通过消除疑虑和隔阂,把世界多样性和各国差异性转化为发展活力和动力[118]。我国在借鉴发达国家的应急管理体系建构经验的同时结合了自身国情与群众基础,在社会生活中贯彻到细枝末节,为人民群众打造出具有自身文化特色的应急管理体系。

6.2.3 社会文化心理提升应急管理能力的基本路径

1. 营造应急文化氛围,提高防灾备灾意识和心理应急能力

通过对应急理念文化的普及和推广,必然会在加强思想引领、教化的同时,影响城市应急管理主体的个体价值观、人生观,增进其学习风险文化、应急知识和应急技能的自觉,更好地激发个体在危机应对中的潜能;而应急行为文化、制度文化和物质文化的建立,将营造一种良好的、有形的城市应急文化氛围,潜移默化地改变公众的应急心理和行为,进而提高其应急能力。

2. 厚植应急文化心理,增强城市应急主体自救和互救能力

在文化管理模式下,既要弘扬、回归"守望相助"这一中华民族的传统美德,让公众从文化中感受到一种积极感召的、催人奋进的力量;又要通过应急制度、应急行为规范等加以约束,使城市各应急管理主体的行为在自觉的基础上,能有章可循,有法可依,全面提升公众的自救、互救能力。同时,应急管理还要以教育为基本方式,通过应急知识的系统教育、培训和学习,提高公众的安全意识和自救、互救能力。

3. 凝聚应急文化共识,增强应急协作能力

实施文化管理,是发挥文化的凝聚和辐射效应,产生文化的凝聚力、辐射力作用。在城市范围内所倡导的并广为社会公众接受的应急理念文化,能使公众在心理上产生共鸣,在精神上达成共识,能正确面对各种突发事件,并齐心协力,增强应急管理各个环节的协作能力。

6.3 应急管理"以人为本"和"安全发展"的目标

应急管理的宗旨是实现群体的心理安定和幸福感。《尚书·大禹谟》记载的十六字心传:"人心惟危、道心惟微、惟精惟一、允执厥中。"《管子·心术下》写道:"心安,是国安也,心治,是国治也。治也者心也,安也者心也。"

观今宜鉴古，无古不成今。坚持总体国家安全观是我们党治国理政的重大原则；坚持安全发展理念是发展的根本遵循。平安成为极重要的民生，是人民群众进入新时代的第一需求。在这样的历史背景下，安全发展必然成为实现伟大复兴中国梦的基础性保障。应急管理的宗旨就是实现群体的心理安定和幸福感。

6.3.1 以人为本

随着社会经济的不断发展和人类社会的不断进步，"以人为本"的社会思想、管理思想，与"一切从人出发""一切为了人"和"一切由人来完成"的观念，已成为一种主导观念、一种社会理念和一种贯穿于人类社会活动中的主体现象。

以人为本是一种价值取向，它是人们在处理和解决问题时的态度、方式、方法。以人为本强调尊重人、解放人、依靠人和塑造人，同时它也是一种思维方式，要求政府在分析、思考和解决一切问题时，关注人的共性、人的普遍性与人的个性，树立起人的自主意识并同时承担责任。具体到政府应急管理中的以人为本，要以人为出发点和归宿点，坚持把人民的利益放在首位，采取突发事件应对的各项管理措施。

1. 应急管理中以人为本的原则

近十年来，我国应急文化建设取得了重大成就。以人为本、尊重生命的理念，成为科学发展观的核心，成为应急活动的首要准则，成为一种得到普遍认可的价值观，越来越深入人心，这是应急文化建设里程碑式的巨大进步，其中所倡行的原则理念功不可没。

(1) 按照"管应急要管人本"的原则，赵千里[119]提出了"人本文化"五阶段建设模型。如图6-1所示，五阶段建设模型可将应急行为理念固化成应急行为规范，将应急行为规范入脑入心，形成应急行为定势、习惯，积淀成应急行为文化。通过此五阶段建设，可让决策层依法决策高度自觉并形成习惯，管理层依规管理高度自觉并形成习惯，操作层按章操作高度自觉并形成习惯，从而控制应急行为失控风险，实现以应急行为文化管理科学应急行为。

(2) 秉承"一切为了人民、全心全意为人民服务"的初心和理念。新冠肺炎疫情发生以来，党中央高度重视，习近平总书记亲自部署、亲自指挥，始终把疫情防控工作作为当前最重要的工作来抓。习近平总书记反复强调，"必须牢记人民利益高于一切"。从各地紧急行动纷纷启动重大突发公共卫生事件一级响应机制，到各有关部门紧急驰援武汉共同抗击疫情；从组织各方力量开展防控，到压实属地防控责任、落实强化防控措施；从全力救治患者，到及时发布疫情信息、全国迅速形成联防联控体系，都充分体现了我们党一切为了人民的情怀与担当。

(3) 将融合、协同、可持续作为发展原则。应急文化是政府、社会组织、公众等应急管理主体在突发事件应急管理中，在物质、精神、制度等维度体现出的思维特征和行为方式。智慧城市发展遵循的精神内核同样是以人为本，提供智能服务，将融合、协同、可持续作为发展理念，在公共安全治理中重视加强文化认同、促进主体间利益协调和构建安全共同体。因此，智慧城市环境下应急文化建设更需将以人为本、需求导向的公共安全服务作为核心内容，推动多元安全风

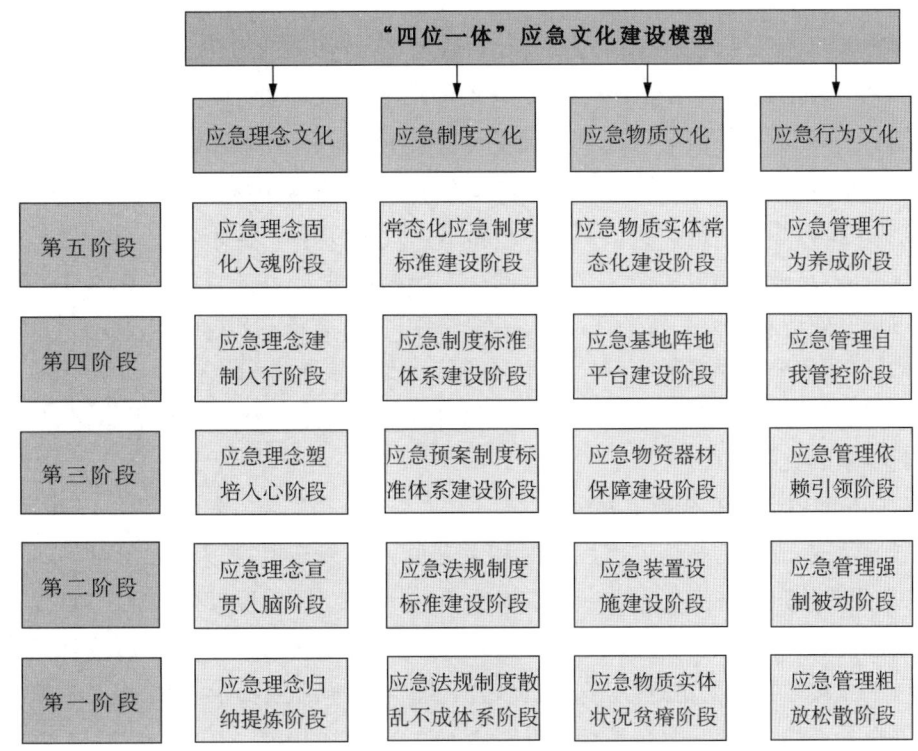

图 6-1 "人本文化"五阶段建设模型

险实现前馈预控和过程治理、多元参与主体实现利益协调和实时互动。以应急文化结构的系统性和应急管理要素的整体性为总体原则,以融合、协同、可持续作为基本原则。

(4) 应急管理工作要牢固树立以人为本的观念,关爱生命,关注安全,要以保障人的生命权和健康权为最高原则,高度重视人的生命、健康和精神、情感意识等,大力推进应急安全文化建设。

2. 应急管理以人为本的具体要求

突发事件应对的预警、预测,发生时的应对,事后的恢复与重建等各阶段都应贯彻人本原则。突发事件应对阶段人本原则的具体要求包括以下四个方面。

(1) 决策方案以生命安全为首要目标

以人为本的原则要求在突发事件应对过程中,最大限度保障人的生命安全。在 2003 年 12 月 23 日重庆开县井喷事故中,根据国务院专家组的鉴定报告分析,从 22:03 井口失控至 23:20 井场泥浆泵停泵,至少有 1 小时 17 分钟,完全可以安全地放喷点火,实际却迟迟没有点火,是因为怕损失财产,结果酿成 243 人死亡、2 142 人因硫化氢中毒住院治疗、6.5 万人被紧急疏散安置的惨剧。在该事件中很显然没有贯彻突发事件应对的人本原则,没有把最大限度保障人的安全作为决策的首要目标。

(2) 突发事件的工作重点以人为中心

人本原则要求突发事件发生后将人的救治、救助、安置作为应对工作的中心。2011年7月23日甬温线特别重大铁路交通事故发生后,铁道部把尽快在48小时内恢复通车作为应对工作的中心,导致一系列应对举措饱受公众和媒体的质疑和诟病。相反,此次新冠肺炎疫情中,国家将人放在首要地位,全国人民都感受到了自己存在的价值,也就出现了2020年1月27日晚20时,武汉市多个小区组织居民在家合唱国歌的场景。居民高喊"武汉加油!",这些发自内心的呐喊非常鼓舞人心,这种家国情怀不仅激励着武汉人民渡过难关,也为全国人民支援武汉注入精神动力。可见有效应对重大突发事件,不仅需要科学的、工程的、技术的、法制的、行政的、经济的策略和措施,还需要依靠有法、有规、有标、有序、有度的领导力和执行力,而文化力决定领导力和执行力。这些对策措施和行动基石是民族文化,是国民个体和社会组织意识、观念、精神、意志等文化要素的集中体现。

(3) 发布新闻以生命安全为主题

人的救治情况、安置措施是灾害发生时相关新闻内容发布的主题。2010年6月21日18时,江西省抚州市临川区抚河干流右岸唱凯堤溃决,6月23日,央视《24小时》节目报道江西抚河汛情的新闻视频在网络上引起不小的争议。争议并非源于新闻本身,而是因为江西省防汛办公室副主任平其俊在接受采访时,反复介绍多名上级领导的关心、指示,却未提及唱凯堤溃决对下游群众安全是否构成威胁、群众是否及时转移等公众关心的内容。

(4) 培养公众的参与意识和自救技能

突发事件应对归根结底还是依靠人。人本原则的具体要求,不仅要遵从原则本身的内涵和规范,还要结合地区的具体实际和事件特点,不断探究和完善。首先,加强公众应急意识的培养,不定期地做应急演练,这样可以在无形中加强公众应急意识的肌肉记忆力。其次,通过影视公益宣传,多制作一些贴近人民群众的视频,加强应急知识的学习扩充,积累更多应急办法。再次,可以开展知识讲座,培养公众的团结互助精神,众人拾柴火焰高,在突发情况下团结一致互助,会更快地解决问题。最后,可将应急教育纳入基础教育,进行相关的课本知识学习,这样可以从小培养应急意识反应和自救技能。诸如此类,在应急管理中培养公众的参与意识和自救意识。

6.3.2 安全发展的理念

2020年,国务院安全生产委员会办公室在推动创建国家安全发展示范城市工作中,首次提出了科技、管理、文化三个维度的考量系统,并具体提出城市安全发展的评价要求。

1. 持续强化城市安全科技支撑

加快建设城市安全管理信息化监控平台,整合危化品、地下管线、建筑施工、道路交通、人员密集场所、水文、电梯等监测预警系统,覆盖城市全要素、全区域,通过大数据、云计算等技术应用,对城市运行情况进行实时动态监控、预警处置。建立健全城市安全运行管理机制,明确平台运行管理机构,实现部门联动高度协同、应急指挥高度统一。着力推动市、区、街镇三级应用,分级分类建立信息报送和处置机制,实现协调一致、信息共享、快速反应。

2. 科学规划城市空间安全布局

加快推进产业结构调整,结合现代产业体系构建工作,严格落实国家和地方禁止和限制类产业目录,推动高危企业关闭或转型升级。合理规划各功能区布局,化工园区、危险化学品仓库等与城市建成区、人口密集区、重要设施等保持足够的安全防护距离,在城市与周边森林之间科学设置防火隔离设施。统筹推进应急避难场所和疏散救援通道规划建设,形成布局合理、全面覆盖和重点突出的城市防灾减灾空间。

3. 突出防范化解城市重大安全风险

抓紧开展城市安全风险辨识,点线面结合精准识别城市风险,摸清城市安全风险底数、状况。重点针对危化品、城市燃气、地下管线、路面塌陷、道路交通、建筑施工、高层建筑、人员密集场所、城市内涝等城市突出风险,深入分析原因,科学精准制定针对性防范化解措施。鼓励引导社会力量参与风险防控各个环节,探索创新金融、保险机构社会化服务新模式,切实提升风险防控水平。

4. 加快提升城市应急处置能力

围绕重特大事故、自然灾害等提升应急预案实战性、操作性,高效开展应急演练。坚持属地救援与业务指导相结合,强化统一指挥、上下联动。持续推进应急救援队伍建设,加强联演联训,提升装备配置和战术能力,构建与城市体量相适应、相协调的救援力量。建立健全应急物资储备与调拨机制,科学编制应急物资储备规划和需求计划。

5. 健全完善城市安全文化体系

充分发挥文化引领作用,从安全理念、安全制度、安全环境和安全行为四个层面打造具有本地特色的城市安全文化体系,把安全转化为全社会的情感认同和行为习惯。统筹城市宣传资源和平台,以"五进"(进社区、进企业、进学校、进农村、进家庭)活动为载体,推动防灾减灾、安全知识宣传教育走近公众。建设具有城市特色的安全教育场馆,开展体验式安全主题教育,提升市民自救、互救、他救的意识和能力。

7 应急管理者的心理能力建设

20世纪以来,随着科学技术的飞速发展、社会文明的进步,新的发明创造不断涌现,人类社会发生了翻天覆地的变化。伴随着现代社会高速运转的生活节奏,人类在现代社会的激烈竞争中不断地改变和提高自己,学习新的知识技能,从而提高自身的社会适应能力,以应对越来越激烈、越来越残酷的社会竞争。在这个过程中,每一个社会成员都承受着不同程度的压力,成就越高,责任越大,压力也就越来越大。而事实往往是,人们掌握了如何让自己取得成功的知识和技能,却没有学会如何面对压力和如何有效地管理压力,由各种压力引起的社会问题层出不穷。

在经济全球化的背景下,人与人之间、国家与国家之间、地区与地区之间的交流、沟通日益紧密,从而导致人类处在一个高度风险的社会环境里。在这样的社会环境中,各种各样的全球性风险,如金融危机、突发疾病、环境污染等问题给人类自身的生存和发展带来严重的威胁。毫无疑问,在这样的社会环境中,人类新的需求会越来越多,而人类面临的压力与问题也会不断涌现。因此,如何做好应急管理者的压力管理成为当前亟须解决的问题。

自2006年1月8日国务院出台《国家突发公共事件总体应急预案》以来,经过十多年的发展,我国应急预案框架体系初步形成。是否制定应急预案及防灾减灾预案,标志着社会、企业、社区、家庭安全文化的基本素质程度。作为社会成员的一员,每个人都应具备一定的应急管理知识,尤其是要具备良好的应急心理素质。

因此,在高度紧张的现代社会中,在突发事件中,人们的心理疏导和心理干预工作受到全社会的高度关注,尤其是在新冠肺炎疫情爆发以来,统筹推进疫情防控和促进经济发展成为当前我国最重要的任务。当然,应急管理者的心理干预和心理疏导工作也是当前工作中的重点。一方面,既要坚决做好风险社会中的应急工作,保证应急管理者的战斗力、影响力;另一方面,也要做好应急管理者的压力管理,既要稳定人心、提供人文关怀,也要保障社会安全有序地运转。

7.1 应急管理工作与压力管理

7.1.1 应急管理工作的内涵

应急管理工作是指政府及其他公共机构在突发公共事件的事前预防、事中应对和事后善后恢复过程中,通过建立必要的应急机制,采取一系列必要措施,保障公众生命财产安全,促进社会和谐健康发展的有关活动。与应急管理相关的工作就是应急工作。应急工作是现代社会保障公众生命财产安全的重要手段。应急工作的顺利开展能够辅助政府做好突发事件的事前预防、事中应对、事后安抚工作,从而避免、减少和减缓突发事件给社会造成的危害,消除突发事件对社会产生的不良影响,逐步建立起以政府为核心、社会公益组织和公众共同参与的应急工作体系。在最大限度上提升社会运行的和谐程度,保障公众的生命及财产安全,从而推动社会的和谐健康发展。

应急工作需要做好突发事件的事前预防、事中应对、事后安抚工作,更重要的是要建立起一套切实可行的应急工作管理制度。

第一,应急工作管理制度是经过应急工作实践检验,并在现实社会中被证明是行之有效且在一定时间内较为固定的工作方法。任何组织和个人都必须遵守的一套工作方式,它不会因应急管理者的变动而发生改变。此外,应急工作也有别于社会中非应急的普通工作,普通工作仅仅是一种单纯的工作方式、谋生手段,具体的工作方式变动较大,可以根据个人的主观能动性而改变。

第二,应急工作本身包含着一套特殊的工作制度,并且要求所有的应急工作者、应急管理者等相关人员严格遵守这一工作制度。应急工作的工作程序具有严格的先后次序,不能随意颠倒。而单纯的非应急工作的具体工作方法往往体现为个人工作习惯的一种偏好或经验。例如,红十字会应急工作制度,包括红十字会物资捐赠的具体工作流程以及物资发放所需的审批管理流程。

第三,应急工作管理制度与一般的社会制度相比更具刚性。社会制度虽然也同样要求人人都必须遵守,但一般的社会制度在要求人们遵守的同时仍然保留一定的自由空间。或者说,一般的社会制度在具体的执行过程中尽管有硬性要求,但考虑到人文关怀因素,仍具有一定的弹性。

第四,应急工作源于现实生活。基于现实生活中遇到的各种困难、各种风险,人们总结出了具有良好成效的应对措施。而应急工作制度正是在各种各样的应对措施中总结和提炼出来的,并且经过加工后形成的一套系统化、科学化、理论化的工作制度。而普通的非应急工作仅仅是一套带有明显个人喜好的工作制度,它无法上升到理论的高度,更不可能形成一套放之四海而皆准的工作范式。

第五,应急工作制度一般是依靠多种方式、多种方法共同协作的运作方式,而一般的工作方法却可以由单一方式起作用。例如,现代社会的应急工作除了建立起各种工作机制以外,还包括相应的激励机制、动力机制、容错机制、善后机制等来保证应急工作的顺利落实,应急工作的内容也变得越来越丰富。就目前而言,我国的应急管理工作主要可以分为以下四大类。

一是自然灾害。主要包括水旱灾害、气象灾害、地震灾害、地质灾害、海洋灾害、生物灾害和森林草原火灾等。

二是事故灾难。主要包括工矿商贸等企业的各类安全事故、交通运输事故、公共设施和设备事故、环境污染和生态破坏事件等。

三是公共卫生事件。主要包括传染病疫情、群体性不明原因疾病、食品安全和职业危害、动物疫情以及其他严重影响公众健康和生命安全的事件。

四是社会安全事件。主要包括恐怖袭击事件、经济安全事件和涉外突发事件等。

在全球化的背景下,国际环境变得日益复杂且变化莫测,全球正处在一种紧张的氛围中,新一轮的"世界战争"一触即发,因此,对恐怖暴力活动的应急工作成为各个国家安全管理的共识。首先,恐怖暴力活动漠视国家主权和基本人权,无视联合国在国际安全事务中的地位和作用,造成一种国际范围内的无政府状态,漠视国际人道主义基本原则,滥用暴力或极端手段,造成大量人员伤亡。其次,恐怖暴力活动通过各种非法渠道敛取钱财,破坏社会人力、物力、财力资源,损坏社会公共设施,直接造成财产损失,损毁多年积累的人类历史文明成果,毁灭性地破坏人类赖以生存的自然资源环境,对世界经济形成直接或间接危害。对恐怖暴力活动的应急工作核心在于遏制乃至消除恐怖暴力活动的发生。在恐怖暴力活动无法避免时,要将公众的生命、财产损失降至最低。

7.1.2 压力管理

1. 压力与压力管理

在现代社会中,人都面临着各种各样的压力,不管是在生活中,还是在学习中、工作中,压力都广泛存在。在心理学中,压力是指心理压力源和心理压力反应共同构成的一种认知和行为体验过程。心理学认为,当一个人觉得自己无法应对环境要求时而产生的负面的、消极的感受和信念就是压力。

压力是人或有机体在某种环境下所产生的一种适应环境的反应状态,即在一定的社会环境中,对个人能产生影响的刺激或情境,被其感知到了,在作出主观评价后会产生相应的一些心理、生理变化,从而对刺激作出反应。如果这个刺激或情境需要人作出较大的努力去适应,甚至超出个人所能承受的适应能力,这时就会出现紧张状态,也就是产生了压力[120]。然而,压力所带来的影响也并非全然都是消极的、负面的,在特定的情况下,压力也能促进个体的发展,也就是常说的要变压力为动力。压力之所以能变成动力,是由于个体在面对压力时,并不是手足无措、全盘接受,相反,个体会采取一定的行动处理外部的威胁。在适度压力或轻度压力状况下,个体可能在理智控制下充分发挥主观能动作用,对压力事件进行妥善处理,从而也使自己心理承受力得到增强,使个体生物性行为和正向的适应性行为增多,动力性随之增长。

2. 压力管理的原则

压力,既是一种阻碍,同时也是一种动力。然而,过度的压力会严重危害人们的身心健康,甚至会导致忧郁症、社交冷漠症,乃至危及生命。因此,在生活压力日益剧增的现代社会中,必须对压力进行有效的管理,使之成为一种动力。压力管理需遵循以下原则。

（1）适度原则

对压力进行管理并不是对社会效益、经济效益不管不顾,一味地减轻人们的生活压力、工作压力、学习压力,而是要在生活、工作、学习等各个方面寻求一种最优解。一方面,人不可能完全没有压力;另一方面,一个人所承受的压力也不能超过他的心理极限。因此,需要对压力管理采取适度原则,既不能没有压力,也不能压力过大。

(2) 相对原则

由于压力的大小在很大程度上取决于个体的主观感受,而每个人所能承受的压力值不尽相同,因此并不存在一个适用于每个人的绝对压力值。在进行压力管理时,对于不同的对象,需要采取不同的压力管理策略。考虑到不同策略的相对性和对不同个体的适应性,根据压力对象的不同特点,具体问题具体分析。

(3) 引导原则

由于现实生活环境并不是一个没有压力的真空地带,因此,压力的产生无法避免。对于个体而言,引导压力变成动力至关重要。唯有将压力引导为动力,才能够发挥压力的积极作用,使其促进人的全面发展,乃至促进社会的和谐运转。

(4) 区别原则

在缓解和消除压力之前,首先需要找出压力的来源,并对不同的压力来源采取不同的管理措施。在现实生活中,有些压力是可以人为避免的,例如复杂的人际关系、杂乱无章的管理制度等,都可以通过人为的努力来避免。然而,诸多工作、社会环境带来的压力却无法避免。在这种情况下,人们只能通过提高自身的工作能力和心理承受能力来缓解个人的压力。因此,在面对不同的压力时,需要区别对待,从而采取不同的管理策略。

3. 压力管理的方法

压力管理的方法通常包括宣泄、咨询和引导三种。

(1) 宣泄

宣泄作为一种最常见的减压方式,包括剧烈运动、唱歌、大声呼喊等方式。大量的体育心理学研究表明,一定的体育运动对减轻压力具有良好的作用。除此之外,现代人常见的减压方式还包括报复性消费,企图通过购物来宣泄内心的郁闷与不满,从而达到释放压力的目的。

(2) 咨询

咨询是指向专业的心理人员或自己的亲朋好友倾诉心中的苦闷、忧愁及引发这些负性情绪的具体事件。在现实生活中,每个人都有向他人倾诉的经历,倾诉本身并不是为了获取解决压力的办法,却是一种非常有效的减压方式。专业的心理咨询师通过语言、文字等方式与当事人进行有效的沟通,从而调整当事人的心理或情绪,使其能够正确地看待压力或外部环境。

(3) 引导

引导是指心理咨询师或他人帮助压力大的人改变其心态和行为方式,使其能够正确地看待压力,重新确认目标。引导作为一种重要的减压方式,主要包括转移当事人的注意力,或使其面对现实。例如,可以鼓励当事人积极培养、发展各种业余爱好,转移注意力。

7.1.3 应急工作与压力管理的关系

党的十九届四中全会强调,要"优化国家应急管理能力体系建设,提高防灾减灾救灾能力"。

习近平总书记指出:"各种矛盾风险挑战源、各类矛盾风险挑战点是相互交织、相互作用的,如果防范不及、应对不力,就会传导、叠加、演变、升级。"应急工作要求应急管理者随着环境的变化而不断提高自己的工作能力。在高强度的应急工作氛围中,必然伴随着高度的压力。对于应急管理者而言,如何正确处理好高强度、高难度的应急工作带来的压力,是每一名应急管理者都必须面对的问题。

一方面,应急工作与压力管理如影相随。由于应急工作的紧迫性和重要性,应急管理者常常需要面临诸多的压力。正如在新冠肺炎疫情期间,为了尽可能地挽救新冠肺炎患者的生命,那些支援湖北、支援武汉的医务人员在身体和心理方面都承受了极大的压力。面对被感染的风险,面对日益严峻的疫情,如果支援湖北、支援武汉的医务人员没有良好的应急工作经验和压力管理能力,是无法胜任这一工作的。

另一方面,恰当的压力管理也能提升应急工作的效率。对于应急管理者而言,如何正确地、妥善地处理好应急工作中的压力,事关他们是否能够继续顺利地开展应急工作。做好应急工作和妥善进行压力管理,两者是相辅相成的。应急管理者有适当的压力,在一定程度上能够转移他们在应急工作中的焦虑与不安,使他们能够以饱满、充沛的热情重新投入应急工作中。

7.2 应急指挥与危机决策

7.2.1 应急指挥

自 2006 年我国应急管理体系成立以来,"应急指挥"一词主要是指,在突发事件应急处置活动中,上级领导及其机关对所属下级的应急活动和应对突发事件进行的特殊的组织领导活动。

应急指挥在现代社会多发生在突发事件中,具有一定的紧迫性和重要性。随着风险社会的到来,应急指挥并不仅仅局限于军事领域,还作用于经济领域、政治领域、文化领域、环保生态等社会各个领域。进入 21 世纪后,人类社会面临的风险问题日益增多,且呈现越来越复杂、越来越紧急、越来越突出的趋势。特别是在 2008 年后,我国面临着交通事故、安全事故、卫生事故频发,自然灾害连绵不断且灾情惨重。在这种形势下,应急指挥显得格外重要。2008 年发生"5·12 汶川特大地震"时,温家宝总理率领抗震救灾应急指挥小组,第一时间奔赴灾区前线开展救灾工作,为抢险救灾工作作出许多重要指示,并垂范于前、身教于后。

7.2.2 危机决策

危机决策是指决策者在有限的时间、资源等约束条件下,确定应对危机的具体行动方案的过程。危机决策的目的是控制危机的蔓延和危机事态的恶化,避免和减少危机的危害,将危机转化为机会。危机决策是危机管理的核心环节,而危机管理按照事件发生的不同时间,可以分为事前决策、事中决策和事后决策三个环节。事前决策以预防为主,即在危机发生之前,尽可能地降低危机发生的概率,把危机事件尽可能消灭在萌芽状态。一般而言,事前决策以常规决策和程序化决策为主。如果危机事前决策的问题具有良好的结构框架,则可以向人民群众广泛征集意见,充分发挥民主决策。如果危机事前决策不能遏制危机的发生,那么在危机发生时,危机决策的目标就会随着事态的发展而不断变化。因此,应急管理者需要不断地根据危机事态的发展对危机决策行为作出调整和修正。此时,应急管理者可以根据以往的应急工作经验来作出当下最为恰当的决策。所以,危机决策的过程一定要做到"因时而定""因地而宜""因事而论",避免做出不合时宜的决策行为。危机的事后决策以安抚、救济为主。一方面,要妥善安置危机事件中的受害者,照顾他们的情绪和心理问题;另一方面,也要在危机事件中吸取经验教训,避免日后再出现类似的问题,也可以为日后处理同类型的危机事件提供经验。

提高和改进当前应急管理者在突发危机事件中的危机决策能力,需要重点关注以下问题。

(1) 转变危机决策观念

从我国目前的危机决策现状来看,危机发生后应急管理者很难在高度紧张的氛围中,在极其有限的时间里迅速作出有效决策,控制危机事态的蔓延和发展。应急管理者通常会向上级部门汇报危机事件的现状,并听从上级部门的决策,而上级部门亦会向更上一级部门寻求决策支持意见。在这种层层上报的决策模式中,往往容易耽误突发事件的处理。因此,要想提高危机决策能力和危机决策效率,应急管理者首先要改变危机决策的观念,不只停留在事中决策,也要注重组织日常运作中的常规决策,包括事前决策、效率至上、生命至上以及救援至上等观念。

(2) 优化危机决策组织结构

由于历史原因以及过去计划经济体制的影响,目前我国在危机决策上存在权力和利益部门化的倾向,从而导致危机决策部门化或"踢皮球"的现象,把危机决策变成维护和捍卫本部门权威、谋取利益的手段,严重影响危机决策的正确性和有效性。此外,我国目前各种咨询机构的水平参差不齐,咨询决策人员素质不高,更缺乏科学的、系统的决策方法和政策理论。因此,危机决策的组织结构需要进一步优化,加强咨询机构的管理,明确具体的调研流程和调研规范,在社会范围内整合咨询机构的功能,改善提高危机决策的智慧团水平,真正发挥集体的智慧。

(3) 提高危机决策系统的创新能力

目前我国危机决策能力尚不能很好地遏制危机事件的恶化和蔓延,主要表现在以下三点:一是危机决策者未能在危机事件中合理运用各种先进的决策技术和决策方式;二是危机决策者在作决策时带有明显的个人色彩以及主观情绪;三是现阶段的危机决策在政策层面,往往采用强制干预手段,仅仅依靠行政命令、行政指挥来实现,缺乏法治层面的规范。在危机决策和危机管理过程中,危机决策者和应急管理者应该与时俱进,以现代决策理论和决策方法为指导,综合运用各种手段,主要包括充分利用基础设施和信息技术、建立危机事件案例库等,不断提高危机决策系统的创新能力和危机决策管理能力。

(4) 制定危机应急预案

制定危机应急预案是指为了及时应对危机发生时出现的各种状况而事先制定的处置方案,

它是危机决策的重要组成部分,贯穿危机决策的全过程,从事前到事中,再到事后。危机应急预案是实现危机决策科学化、系统化、规范化的基础,现有的危机应急预案体系不够成熟,尚缺乏系统性。此外,各个部门之间的实物预案多,机制预案少,危机应急预案的灵活性和操作性都有待提高。

7.2.3 应急指挥与危机决策的关系

在新的经济环境下,政府应对危机事件的处理能力、管理能力、善后能力只有在不断优化创新、完善科学的应急管理体系建设的基础上,才能切实保障人民群众的根本利益。无论是过去还是现在,应急指挥常常与危机事件联系在一起。应急指挥是对危机事件采取危机决策的首要任务,应急指挥的目的在于化解危机事件给人民群众、社会经济造成的损失。应急指挥作为危机决策的首要环节,能够最大限度地降低危机事件造成的损失。

一方面,应急指挥提高了社会应急响应的速度和危机决策的能力,能够有效预防、及时控制和消除突发危机事件的危害,从而保障人民群众的生命财产安全,维护社会的正常秩序。另一方面,危机决策能力的高低亦会影响应急管理者的应急指挥水平。在突发危机事件中,应急指挥是一项复杂的系统工作,涉及公共安全、监控管理、民生经济、社会安全等多个专业领域。为了做好应急指挥工作,应急管理者需要联合各个领域的专家、学者作好危机决策,才能更好地指挥应急工作。

7.3 应急救援与心理急救

7.3.1 应急救援

应急救援一般是指针对突发、具有破坏力的紧急事件采取预防、预备、响应和恢复的计划与活动。根据紧急事件的不同类型,分为卫生应急、交通应急、消防应急、地震应急、厂矿应急、家庭应急等领域的应急救援。

应急救援的目标主要包括两个方面:一是对紧急事件和突发危机事件进行控制,防止事件进一步恶化和蔓延;二是对事件开展有效的救援,包括人身救援、财产救援、环境救援等,要尽可能地减少人民群众的生命财产损失并恢复社会的正常运行。一般来说,应急救援的对象主要有突发性的危机事件、重大公共安全事故、自然灾害等。

1. 应急救援的基本任务

应急救援的基本任务主要包括三个方面:一是要立即组织营救受害人员,尽可能挽救受害人员的生命和财产,组织救援地的人民群众有序撤离,或采取其他措施保护受害地区人民群众的人身安全和财产安全;二是要当机立断,迅速作出决策控制危机事态的发展,并且要对危机事故造成的危险、危害进行检测,测定事故的危害区域、危害性质以及如何对危机事态进行维护;三是救援后要消除危机危害的后果,并且采取行动恢复现场,同时,也要查明事故发生的原因,核定事故的责任人等,避免日后再次出现类似的问题。此外还要评估危机带来的后果,以及给人民群众和社会带来的负面影响。

2. 应急救援的特点

重大事故往往具有突发、扩散迅速、危害范围广等特点,因而决定了应急救援行动必须做到迅速、准确、有效。

面对突发事件,应急管理者能够快速响应应急工作机制,能够迅速准确地传递突发事件的相关信息,并具有迅速动员人民群众的能力。

应急管理者要有相应的应急决策机制,能够基于突发事件的规模、性质、特点以及现场环境等信息,作出准确的判断,并能够有效地预测危机事态的发展,采取准确的应急救援措施。

应急救援的有效性,在很大程度上取决于应急管理者的应急准备工作是否充分,包括应急救援队伍的建设与培训是否到位,应急救援设备的物资是否齐全,以及应急救援的方案是否有效。

7.3.2 心理急救

心理急救是一种用于帮助身处灾害和恐怖行为中的儿童、青少年、成人和家庭的有着循证的模块式方法。心理急救被设计用于减轻灾难事件给受害者带来的痛苦,培育他们短期和长期的适应能力和应对灾难的技能。

1. 心理急救的基本内容

(1) 接触与投入。应急管理者对受害者发出需要接触的信息,或是以非侵入性的并富有同情心、爱心以及乐于助人的、平等的态度主动接触受害者。

(2) 安全与舒适。应急管理者要提高受害者当下持续的安全感,逐步提高受害者身体上、情感上和心理上的舒适度,使受害者能够积极地面对现实环境。

(3) 稳定情绪。应急管理者要时刻安抚和引导情绪崩溃或精神紊乱的受害者,关注其情绪或精神状态的变化。

(4) 收集信息。应急管理者要识别受害者当下的现实需求和忧虑,并在与受害人交流沟通的过程中,收集相关信息,根据受害者的实际状态制订心理急救的干预措施,帮助受害者走出当前的心理困境。

(5) 实际帮助。应急管理者要为受害者提供直接的、相关的帮助,为受害者排忧解难,缓解受害者的生活困难、情绪困难。

(6) 联系社会支持系统。应急管理者要帮助受害者与最初的救援人员,为其提供相应的支持资源,并与受害者建立起短期的或长期的联系,这些资源主要包括受害者的家人、朋友,以及受害者所在的社区资源等。

(7) 应对信息。应急管理者要为受害者提供相关的应对信息,包括为受害者提供关于应急反应和用于减轻压力、促进受害者生活适应能力的相关信息。

（8）联系协助性服务机构。应急管理者要帮助受害者联系可以协助的服务机构，帮助受害者利用应急管理者所能接触到的资源改善他们的生活。

2. 心理急救的功能

应急管理者对受害者进行心理急救，主要是帮助受害者缓解情绪压力、帮助其积极面对现实，以及帮助受害者解决实际问题。

第一，心理急救的主要功能是帮助受害者缓解情绪压力。一方面，情绪宣泄本身具有一定的治疗作用，应急管理者在接触受害者时，耐心地倾听受害者的表述，有助于受害者缓解紧张、焦虑、不安的情绪；另一方面，个体情绪宣泄的过程，同时也是个体慢慢恢复理性的过程，在宣泄完之后，情绪得以平复，此时受害者才能正常地面对问题。

第二，心理急救能够较好地帮助受害者积极面对现实。很多心理问题的根源在于受害者不愿面对现实，沉溺于自己幻想或虚构的乌托邦世界里。与其说是危机等突发问题导致他们焦虑、不安、恐慌，倒不如说是由于受害者不敢直面问题而导致自己陷入自我怀疑的困境。因此，要缓解受害者的心理问题，首先要让受害者认清形势，直面问题，不逃避、不躲避。

第三，应急管理者进行心理急救可以帮助受害者有效地解决问题。应急管理者首先要帮助受害者认清形势，直面问题。其次，应急管理者要引导受害者学会利用社会资源，帮助他们建设性地解决问题。从更深的含义来看，心理急救的目的就是帮助受害者恢复对生活的控制感，达成新的心理平衡，相信通过自己的努力可以摆脱困扰，从而改变现状，努力迎接新生活。

7.3.3 应急救援与心理急救的关系

绝大多数的突发事件都会对当事人造成巨大的伤害，不仅包括身体上的创伤，同时还包括心理上的创伤，波及受害者恐惧、悲伤、无助等情绪以及认知障碍、关系恐惧等诸多方面。已有研究表明，灾后24~72小时是心理危机干预和心理急救最重要的阶段，灾后3~30天是心理危机干预和心理急救的主要时期，对于防治急性应激障碍（Acute Stress Disorder，ASD）、预防创伤后应激障碍和其他精神障碍意义重大[121]。

因此，应急管理者在进行应急救援时，除了要关注受害者身体上的伤痛以外，还要关注受害者心理上的问题。首先要确保自身的情绪状态不会对受害者产生二次伤害；其次，对受害者的隐私要给予尊重，从而确保能够与受害者建立相互信赖、相互依赖的关系。

心理急救作为应急救援工作中的重要环节，不仅事关应急救援工作能否顺利、有序地展开，同时还是检验应急救援工作能否取得良好成效的关键指标。应急救援不仅仅是治疗受害者身体上的疼痛与伤病，同时还要抚平受害者心理上的创伤。有形的伤口可以通过药物来治疗，而看不见、摸不着的心理创伤只能通过应急管理者的专业心理急救来解决。不管是应急救援，还是心理急救，两者都是为了让受害者能够忘记突发事件带来的伤痛与悲惨的经历，同时鼓励受害者能够直面现实，重新开启新的生活。

7.4 应急心理能力建设

7.4.1 应急心理能力建设的必要性

风险作为现代社会普遍存在的一种现象,不仅仅是某个地区、某个领域发生的问题,也不仅仅是某些个体独特的感受。风险是人类社会走向现代化和迈向全球化过程中所遇到的共性问题,是一种具有普遍性的集体问题。在全球化的背景下,经济、文化、科技等资源的快速流动以及各个国家、各个地区人员的相互联系日益紧密,这也加剧了风险的发生。

现有的社会形势倒逼政府必须从系统层面、制度层面给予应急管理者更多的保障。一方面,要加强应急管理者的心理能力建设,化解社会心理安全风险;另一方面,政府应积极建设覆盖社会各个领域的心理救助体系,从不同的角度来认识应急心理能力建设的重要性和必要性。

回顾我国 21 世纪以来的社会发展历程可知,近 20 年来,突发公共卫生事件、重大交通事故、自然灾害频发,每一次重大灾难不仅给人民群众带来身体上、经济上的损失,更会带来心理上、精神上的严重创伤。这种心理创伤对受害者和应急工作者乃至应急管理者而言,都是一种巨大的挑战和伤害。然而,一直以来,应急工作和救援工作的重点都放在对受害者身体创伤的救治和减少社会经济损失上,而一直忽略了对受害者、受害者家属、应急工作人员和应急管理者的心理状况和精神状况的关注。

事实上,在重大突发事件面前,应急工作者和应急管理者必须以"不计任何代价,无论生死"的态度立刻投身到救援工作中,由于他们工作环境的特殊性和险恶性,以及救援角色的紧迫性,会使他们产生一系列严重的心理应激反应。应急工作者和应急管理者在实施救援时,常常面对着常人无法忍受的悲痛,这也使得他们容易产生恐惧、焦虑、无助等心理。在大多数情况下,他们还要带着救死扶伤的"包袱"坚守在应急救援的前线。这也使得突发事件对应急工作者和应急管理者的心理折磨不断累积甚至恶化,在救灾结束后会出现不同程度的创伤压力症候群,有些甚至会严重影响应急工作者和应急管理者的身心健康和生活状况。

应急工作者和应急救援人员在参与重大突发事件的救援工作中和完成救援任务后,容易产生救援心理创伤反应。常见的心理创伤反应主要有两类:一是急性应激反应,又称急性应激障碍,是指在遭受到急剧、严重的精神创伤性事件后数分钟或数小时内所产生的急性、短暂性精神障碍,一般在数天或一周内可以缓解,最长不超过一个月。如果超过一个月还不能康复,就可能发展为创伤后应激障碍,主要表现为创伤性再体验症状、回避和麻木类症状等,严重的还会有自杀倾向甚至产生自杀行为。二是替代性创伤,原指专业心理治疗者,因长期接触患者,受到了咨访关系的互动影响,而出现了类似病症的现象,即治疗者本人的心理也受到了创伤。重大突发事件中的替代性创伤是指,在目击大量残忍、破坏性场景之后,损害程度超过其中部分人群的心理和情绪的耐受极限,间接导致的各种心理异常现象,这些异常现象,通常都是出于对生还者及其创伤的同情和共情,而使自己出现严重的身心困扰,甚至精神崩溃的现象[122]。

在面对紧急艰难的救援任务时,各级应急管理部门和应急救援部门的应急救援工作者,包括现场的应急指挥人员、一线的救援人员都迫切需要专业的应急心理能力建设,提升救援人员的心理危机应对能力和心理救援能力,并最大限度地减少应急救援人员的心理创伤,保证应急救援人员的战斗力和救援能力。因此,必须从制度上给予应急救援人员和应急管理者保障,确保应急救援工作能够顺利开展和实施。

7.4.2 应急管理者心理能力建设意义

加强应急工作管理,提升应急管理者的工作能力,对提高突发事件的预防能力、处置能力具有重要作用。此外,应急管理者的应急工作处理能力、压力管理能力建设也是事关国家经济发展和人民群众生命安全的大事,同时也是构建社会主义和谐社会的重要内容。

在现代社会,突发事件的种类越来越多,人们面临的压力越来越大,各国政府的应急工作的内涵和外延也在不断更新,应急工作的框架、模式也在不断丰富。从美国政府的相关实践来看,应急工作和压力管理对应急管理者的心理能力建设具有重要作用。美国发生"9·11"事件后,于2003年11月成立了国土安全部,负责危机管理和应急处置。为了更好地履行使命,国土安全部的核心管理团队不乏心理学家、应急管理专家和其他相关领域的资深研究人员,并且开展了一系列应急管理领域的心理研究。

总的来说,应急工作和压力管理与应急管理的心理能力建设相辅相成。在每一次的突发事件中,应急管理者的压力管理能力会深刻影响其应急工作水平,而提升应急管理者的应急工作能力和压力管理能力,能够增强应急管理者的心理承受能力,使其在面对突发危机事件时,能够临危不乱,有序地开展应急救援工作,尽可能挽救人民群众的损失;应急管理者如果心理素质过硬,哪怕在高强度的工作氛围下,即使有可能出现各种心理异常和应激反应,其工作处理能力和压力管理能力也能够有效地消除突发危机事件给当事人带来的伤害。在危机消除后,应急管理者也能总结归纳危机事件中的经验教训,实现一个良性循环。

7.4.3 应急心理能力建设的现实困境

我国进入了经济发展、社会转型阶段,同时也进入了一个社会矛盾剧增、自然灾害频发的风险时期。各种突发事件严重威胁着社会公共安全和人民群众的幸福生活。目前,我国在突发事件应对领域已经有了一定数量的法规和制度性的预案。随着各项法规和预案的出台,我国政府公共危机管理已经初步建立了突发事件应对有章可循、有法可依的制度化、程序化的应急管理运行机制,具备了集中统一、分级负责的管理体制,但在具体实施过程中,还存在着一些问题。

1. 政策滞后

从宏观层面来看,2007年11月1日实施的《中华人民共和国突发事件应对法》,标志着我国正式将应急工作管理纳入法律体系层面。从司法体系的角度,对公共危机的事前预防、事中决策与救援、事后妥善处理恢复秩序等方面提供法律支持,从而建立一个由上至下,从中央到地方的法律法规体系。但是,尽管在应急工作管理领域有了司法体系的支持,但我国的立法程序较为繁琐、所需时间长等现实原因导致《中华人民共和国突发事件应对法》一直存在滞后性。此外,尽管《中华人民共和国突发事件应对法》对社会动员机制作出了较为详细的规定,但在突发事件发生后,具体的社会动员情况较为复杂,特别是一些危急且高风险的突发事件,往往很难动员社会群众参加,只能依靠公安、消防等部门进行紧急救援。

我国的应急管理体系经过多年的运转和建设,经过无数次实践的检验,已经形成了一套较为完整的应急救援运作体系。但是,从目前的应急救援工作来看,我国政府将突发事件的应急工作视为一种非常态的管理方式,即有突发事件才需要应急工作,需要应急救援才进行相关的管理或采取一些补救性的措施,而不是将应急工作纳入常态化管理。

此外,应急工作者和应急管理者的心理能力建设长期被忽略,没有得到政府和社会的关注。对应急工作管理来说,社会心理安全风险是一个基础性问题。在重大突发事件中,政府相关部门要警惕因突发事件而引起的地域歧视、性别歧视、职业歧视等问题。这种社会心理现象会对受害者、应急工作者和应急管理者造成严重的伤害。例如在报道新冠肺炎疫情后,公众的"恐鄂"心理将6 000多万湖北人民贴上妖魔化、污名化的"病毒"标签,如果政府部门、应急工作者和应急管理者不能及时妥善处理这一问题,将会在社会上引起恐慌,甚至会影响到国家的和谐稳定。

2. 公众意识缺乏

应急心理能力建设的困境除了社会心理、政府治理、立法体系等宏观原因外,还存在公民意识不强、认知不足等方面的微观困境。

由于各级政府及相关部门对开展应急救援宣传教育和应急救援培训的认识不到位,存在不重视的问题,没有在社会范围内开展有效的宣传教育活动,忽视了培养公众的应急救援能力和宣传应急救援技能的重要性。

而公众因为对突发事件的应急工作不了解,缺乏相关的知识与能力,公众自救、互救的能力不强,不能在突发事件发生时立即采取相应的行动。相关突发事件缺乏广泛的社会参与。此外,公众对应急心理能力建设存在一定程度的认知偏差。

7.4.4 应急心理能力建设途径

经过多年的发展,我国的应急工作与应急救援心理工作有了很大的改善,要把应急工作者的心理能力建设视为一项长期发展的事业,将应急管理者的心理能力建设提升到一个新的高度。各级政府部门以及应急管理部门要高度重视社会心理安全风险给社会公众带来的巨大冲击和影响,在面对突发事件时,不仅要关注公众的伤亡情况,更要关注公众的心理健康。应急管理者心理能力建设依赖于社会心理服务体系建设,只有完善社会心理问题治理体系,才能提升社会心理问题治理能力[123]。

首先,加强应急管理者的心理能力建设要把社会心理安全风险预警纳入突发事件预警预防应对体系建设中,并且要在社会法治层面树立牢固的防范化解社会心理安全风险的意识。此外,政府相关部门应联合社会组织建立动态的社会心理监测体系,基层社区应联合医院、学校等组织开展重大灾难公众心理认知、心理病理症状和心理行为分析活动,从而确立社会心理安全风险预警等级,并在突发事件发生或触发社会心理预警时,及时采取相应的心理能力建设方案。

其次,加强应急管理者的心理能力建设必须同时高度重视应急心理服务队伍建设和社会心理干预机制建设。在学校、社区等地方可以安排心理咨询岗位,鼓励社会企事业单位建立基层心理咨询室,引导群众积极应对心理问题。此外,在应急管理者队伍建设和应急救援队伍建设中,应设置应急救援心理咨询岗位,从而提高应急管理者和应急救援人员的心理自助能力和心理互助能力,并且能够对应急救援现场的应急管理者和应急救援人员造成的心理问题进行评估。同时,应急管理者的心理能力建设要紧密联系社会各个层面、各个领域的心理服务资源和专业师资力量,在进行应急救援时,全面夯实应急心理服务的社会化基础,在社会范围内形成应急心理自救能力。

再次,加强应急管理者的心理能力建设要提高应急指挥人员的危机决策水平。在突发事件的应急指挥过程中,应急指挥人员容易陷入危机事件带来的负面情绪和消极情绪中,从而作出不恰当的危机决策。一方面,应急指挥人员在面对突发事件对人民群众造成的生命财产损失时常常会感同身受而悲痛万分;另一方面,应急指挥工作面临的责任重大、时间有限、后果不确定等因素会导致紧张焦虑心理。这些负面因素都使得应急管理者在进行危机决策时承受着重重压力。因此,应急管理者的心理能力建设还需要提高应急管理者的危机决策能力,在应急指挥过程中建立专家支援体系,充分发挥专家团队的经验和智慧,帮助应急指挥人员降低决策压力,并弱化压力及情绪的不良作用。同时,在危机决策后还要通过心理专家给应急指挥人员提供适当的心理辅导,稳定危机决策者的情绪。

最后,加强应急管理者的心理能力建设要从提高应急管理者的压力管理能力入手,全面提高应急管理者和应急救援人员打硬仗、打恶仗、打长期仗的心理准备。要全面提高应急管理者的压力管理水平,提高突发危机状态下应急管理者的心理危机应对能力和心理创伤修复能力。同时,要提高应急管理者在抢险救灾过程中对受灾群众进行心理急救的能力,帮助受灾群众释放压力,舒缓紧张、焦虑、不安等情绪,最重要的是要激发受灾群众的求生欲望,提高他们的抗灾能力。此外,提高应急管理者的压力管理能力的同时,也要提高应急管理者的灾后心理救援能力。重大突发事件往往容易给受灾者以及救援者造成应激障碍,而要解决好这一问题,首先要建立和完善应急心理干预职业和职业培训认证体系,培养建设一支有别于普通心理咨询人员、能够真正在应急管理的全流程发挥心理干预作用的专业队伍。

案例 "3·30"四川木里森林火灾

1. 事故概述

2019年3月30日18时许,四川省凉山彝族自治州木里藏族自治县雅砻江镇立尔村发生森林火灾,着火点在海拔3 800米左右,地形复杂,坡陡谷深,交通、通信不便。截至2019年4月1日18时30分,这次森林火灾已确认遇难30人。为哀悼遇难的30名救火人员,应急管理部官网首次变灰。2019年4月2日6时30分,四川省消防救援总队攀枝花支队100人、成都大队150人共250人向火场增援。现场联合指挥部经过现场勘察,火场已没有明火,只有内线悬崖上有少量烟点,已没有蔓延威胁。

凉山彝族自治州决定2019年4月4日为全自治州哀悼日,全自治州范围内停止一切公共娱乐活动。凉山森林火灾30名牺牲人员被批准为烈士、记一等功。4月4日,凉山火灾新增一名牺牲救火人员,遇难人数升至31人。

2. 现场消防员的心理应激反应

火灾五天后,火场得到了控制,但消防员的心理问题也不能忽视,经专家初步判定,从火场平安返回的消防员开始出现急性应激反应。在西昌森林消防大队,许多消防员表示灭火时没有感到害怕,但最近开始出现频繁叹气、回忆火场等闪回现象和睡眠障碍。

针对消防员的应急心理障碍,有关专家规划了为期一年三个阶段的康复计划。第一个阶段是应急期,主要是安抚各类应急情绪问题;第二个阶段是安置期,将开展团体和个体辅导工作,组建当地的骨干队伍开展培训;第三个阶段是恢复期,总结出一套适用于当地的心理援助工作模式。

3. 反思:打造铁军需要系统的心理建设

事发后20天,《中国应急管理报》发表了祝卓宏、王文杰的文章《打造铁军需要系统的心理建设》,摘录如下:

  3月30日,四川凉山州木里一场山火,牺牲了31个鲜活的生命。在祭奠英灵、怀念英雄的同时,我们更要关心仍然和仍将战斗在一线的消防队员:他们很多人目睹了战友的牺牲,留下了严重的心理创伤,不少队员反映灭火时没有感到害怕,但之后开始出现频繁噩梦、反复回忆火场等闪回现象和睡眠障碍。经心理专家评估,四川凉山大火幸存消防员或多或少存在一定程度的急性应激反应。这种情况必然会影响士气,甚至导致非战斗减员。

  我们经常说"水火无情",许多情况下抢险救灾就是和平时代的战争。救援任务的高应激性、高对抗性和高危险性以及特殊的工作环境必然会给应急救援专业人员的作战心理素质带来巨大的挑战。这就需要应急救援专业人员每个人都成为一个内心强大的人,队伍成为每个个体都"内心强大"的团队。要做到这一点,就必须对应急救援专业人员进行系统的心理建设,包括征召入队时进行必要的心理科目测试、日常训练中结合案例进行体验式教育、大型救援任务完成后进行集中和分散相结合的团体心理咨询和一对一心理辅导、对受伤和牺牲队员给予物质上和荣誉上的补偿、抚恤和奖励。

  同时,应提高消防等应急救援专业人员在抢险救灾过程中对受灾群众进行心理救援的能力,在第一现场、第一时间对受灾受困群众作出必要的心理急救,帮助他们释放压力，舒缓紧张情绪，激发求生欲望，可以极大地提高受灾受困群众战胜灾害的勇气，挽救更多人的生命。

随着国家应急体制的改革以及消防等应急救援专业人员向专业化、职业化发展，迫切需要在应急救援专业队伍中开展应急心理方向的能力建设，补齐短板。这既需要专业的心理压力模拟训练，快速提升特殊状态下的心理危机应对能力和心理救援能力，也需要专业的心理指导和系统的减压培训。要组织专职的心理干预专家在灾害应急救援工作完成后制定心理恢复的干预方案，定期对应急救援人员进行心理体检，及时发现创伤后应激障碍者并及时治疗，最大限度地减少心理创伤造成的减员，保证战斗力和综合救援能力的持续提高，全力打造应急救援铁军。

8 信息技术在应急心理管理中的应用

在应急心理管理中,信息是全流程不可或缺的关键要素,贯穿于风险预警、灾害评估、风险处置、资源管控、系统反馈及预测模型完善的全环节。随着信息技术的发展,当前应急心理管理已经实现了信息化与现代化,特别是随着大数据时代的到来,相关信息分析技术与大数据技术已经被应用到心理风险识别系统的构建之中,为全社会的心理风险预警及应急心理管理提供服务。本章将从论述信息技术与心理学的融合出发,梳理现有的信息技术与生理情绪分析的结合路径,并介绍依托相关情绪分析技术和大数据分析技术的风险心理识别系统的最新进展。

8.1 信息技术与心理学的融合

信息技术的发展改变了人们通信交流、处理信息、学习、工作和研究的方式,同时也改变了设计和建造事物的方式,尤其在心理学领域,信息技术极大地扩展了心理学实验研究和应用的边界。从现阶段来看,信息技术至少在三个方面为心理学实践提供科技支撑:一是通过各类传感设备的开发运用,结合大数据分析,整合关键信息,判断心理健康状况,及时进行心理健康预警;二是通过人工智能设备,基于语言、行为、情绪等状况的数据分析辅助心理健康诊断;三是利用互联网和移动智能终端技术,根据心理干预理论和方法,开发具有适应性的心理健康应用软件,进行心理健康普及型教育。

从技术层面分析,信息技术与心理学的融合体现在以下六个方面。

8.1.1 数字信号、图像处理技术

数字信号处理是指一维信号的数字处理,它的应用面很广,可进行地震信号、语音信号、电生理信号、水声信号、雷达信号和各种震动信号的分析和处理,其中电生理信号被广泛应用于心理实验及心理检测。

数字图像处理是一门应用数字技术与计算机技术来研究图像的学科。数字图像处理与模式识别的研究工作起始于20世纪60年代,随着不断的深入研究和发展,目前人工智能、专家系统和神经网络等新兴方法使数字图像处理技术进入了新的发展阶段[124]。

当前数字图像处理的主流研究大致有:图像并行处理或分布处理的算法研究,三维信息获取与表面重建的研究,基于知识的图像处理方法研究,图像处理的神经网络方法研究,高速高精

度图像输入输出设备的研制,快速实时图像处理系统的研制等。

神经影像学技术是目前心理检查的主要信息技术手段之一,包括结构影像学技术和功能影像学技术。结构影像学技术包括超声、X 线、CT、磁共振成像、脑电图、脑磁图和眼动追踪成像技术等;功能影像学技术包括单光子发射计算机断层成像(SPETCT)、正电子发射断层成像(PET)、功能性磁共振成像(fMRI)、事件相关电位(ERP)、近红外线光谱分析技术(NIRS)以及脑电控制技术(EGG)等[125]。通过神经影像学技术,研究人员不仅可以观察到脑结构形态学的改变,还可以通过测量脑部血流、物质代谢及受体的功能状态,了解大脑的功能,为更好地研究和解释人类心理行为异常的生物学病因提供了先进的研究手段。

8.1.2 脑功能成像技术

脑的部分功能位于大脑的神经组织结构之中,脑功能成像技术可以将脑的结构与其功能联系起来,并以数字或图像方式展示出来。对不同脑结构功能的详细成像可以为研究者提供关于基本心理过程的可靠证据。一旦确定特定的脑区与某一心理过程有关系,就可以超越这种结构与功能的简单对应关系,利用统计技术(如区域相关、因素分析、结构方程建模等)来进一步考察与复杂心理任务有关的激活环路,分析出心理任务中包含了哪些基本过程的组合。使用脑功能成像技术还可以分离心理过程,如果能够获得不同心理任务对应的激活模式的数据,就可以用它来检验心理任务是否存在双重分离。由于存在两个不同的激活脑区(通过脑功能成像技术可以对脑区进行空间上的限制,使二者不叠加),便可得出任务中存在两个独立心理过程的结论。

假定工作记忆至少由两个子系统组成,一个用来处理空间信息,另一个用来处理语言信息,这个假定后来在对脑正常和脑损伤被试的行为研究中得到了证实。研究者通过脑功能成像技术发现,在完成空间工作记忆任务时,大脑右半球新皮层的作用占主要地位,而语言空间记忆任务主要是由大脑左半球新皮层的作用完成的,这便证实了工作记忆是由两个独立的系统组成的,它们分别对不同类型的信息进行加工。

8.1.3 PET 和 fMRI

PET 和 fMRI 的测量内容包括结构像扫描(structural scan)、区域脑激活(regional brain activation)、解剖联系(anatomical connectivity)、受体结合(receptor binding)和基因表达(gene expression)。表 8-1 中概括了以 PET 和 fMRI 为测量手段时可检测到的多种参数。

表 8-1　　　　　　　　　　　　PET 与 fMRI 的检测参数

成像内容	PET	fMRI
脑结构	—	T1 和 T2 扫描
区域脑激活	血流量(15O) 葡萄糖代谢(18FDG) 氧消耗	BOLD(T2*) 动脉自旋标记(AST) FAIR

(续表)

成像内容	PET	fMRI
解剖联系	—	扩散张量成像
受体结合与区域	苯(并)二氮、多巴胺、乙酰胆碱等	核磁共振光谱学
化学分布	动力学建模	—
基因表达	多种同位素示踪化合物	动力学建模中的核磁共振光谱学

作为两种最主要的脑成像技术,PET 和 fMRI 各有其特点(表 8-2),分别适用于不同类型的实验并解决相应类型的成像问题。

表 8-2　　　　　　　　　　　　　PET 与 fMRI 的特点

PET	fMRI
成像受体和其他刺激神经组织的作用物 对葡萄糖代谢进行直接测量 没有核磁感受性的人为现象 可为听觉任务创造安静的环境 在靠近流动性空间处成像 因不存在磁场,可与 ERP 及其他测量设备结合	可重复扫描 可进行单被试分析 更高的空间分辨率 更高的时间分辨率 单一实验设计 评估血动力反应,分离刺激与任务 造价较低

8.1.4　眼动追踪技术

眼动追踪技术是通过测量被测试者眼动数据来对视线方向进行计算并分析视觉行为的人机交互方法。目前国际上主流的眼动仪产品有美国 ASL 眼动仪、加拿大 EYELINK 眼动仪、德国 SMI 眼动仪等[126]。ASL 眼动仪的视线追踪系统非常成熟,但美中不足的是稳定性不够高;EYELINK 眼动仪具有跟踪处理速度快、配套数据分析功能强大等优点,但其缺点在于价格过高且分辨率不高;SMI 眼动仪因其成熟的视线追踪技术和配套数据分析功能,在科研、医疗领域有广泛的应用。

在心理实验与治疗中,眼动追踪技术被广泛应用于各类心理及精神疾病的检测,如通过对自闭症儿童视觉追踪可观测到视觉回避,从而判断自闭症儿童的视觉刺激点和心理成像;对恐怖症患者的视觉刺激筛查等。

8.1.5　脑电控制技术

1929 年,德国科学家汉斯·博格(Hans Berger)首次发现脑电,之后很长一段时间针对脑电的研究主要集中在医疗和科研领域。20 世纪 70 年代,加利福尼亚大学(UCLA)真正实现了脑控机器人接口技术(Brain-Controlled Robot Interface,BCRI)的实际应用。沃尔帕(Jonathan R. Wolpaw)带领的团队在 90 年代首次提出脑电控制技术,通过对脑电信号中节律波动幅度的改变，实现了对移动目标光标的控制，并据此提出了大脑驱动控制技术（Brain Actuated Control, BAC）这一概念。

在国外脑电设备产业化领域，来自美国硅谷的 Neurosky（神念科技）生产的脑电感应设备以及美国加州旧金山的神经科技公司 Emotiv Systems 研发的附有电极的 EmotivEpoc 在应用领域最为著名。EmotivEpoc 工作原理与 Neurosky 工作原理相似，机身包含 16 个传感器，运用贴合在皮肤表面的非植入性电极获取脑电波，感测并学习用户脑电信号模式，读取用户大脑对特定动作产生的反馈，利用相关配套软件对其产生的反馈进行分析，并加以解读转化为电脑信息，解读成功后再以无线的形式传输回电脑，在荧屏上复制出相应的动作。

在心理实验中，脑电控制技术被用来检测神经递质活动对认知、睡眠、情绪等一系列状态的影响，通过与对照组数据进行比对，从而判断出被试的生物激素分泌水平和神经递质的活动轨迹与认知、睡眠、情绪等一系列状态的关系。

8.1.6 多通道非精确交互方式

多通道人机界面（Multimodal Interaction, MMI）是基于视线追踪、语音识别、手势输入、感觉反馈等新的交互技术的一种全新人机交互界面，它允许操作者利用多个交互通道以并行、非精确的方式与计算机系统进行交互，旨在提高人机交互的自然性和效率[127]。

目前，随着科技的发展，多通道人机界面已发展为智能交互系统，并努力向着更多的人类感知觉通路整合。多通道人机界面的自然交互方式将为心理学研究中的多动态行为模式追踪提供更加便利的可视路径。

随着电子技术的不断发展，错综复杂的心理活动将被更精细地展示出来。未来对心理疾病、精神疾病的治疗及情绪问题的诊断将更加科学、准确、有效。

8.2 信息技术在生理情绪分析中的应用

8.2.1 情绪的生理反应

随着信息技术和认知神经科学技术的发展，对情绪的生理研究也成为一个热点领域。一般认为情绪是以个体的愿望和需要为中介的一种心理活动，当客观事物或情境符合主体的愿望和需要时就能引起积极的、肯定的情绪。情绪的产生往往伴随着生理唤醒，即情绪的生理反应，它涉及广泛的神经结构。

情绪生理反应主要表现在躯体和表情肌的运动、激素的变化和内脏功能的变化三个方面。

8.2.2 应急心理管理系统中的情绪治理

在遭遇危害公共安全的事件时，人们往往会产生消极的情绪，从整个社会层面来看，每一个人都会受到不同程度的影响。为了完善社会应急心理管理系统，应该对社会中的不同人群分别进行有针对性的干预和疏导，不仅要对创伤后应激障碍患者进行积极的心理干预，还需要对医护人员进行有效的心理疏导，从而缓解其压力。同时，对于弥漫在整个社会环境中的社会情绪也需要进行有效的治理。新冠肺炎疫情的发生，让建设更加完善、系统、规范的应急管理体系显得尤为紧迫。

1. 对创伤后应激障碍患者的情绪关注

创伤后应激障碍（PTSD）的特征性症状为：病理性重现创伤体验、持续性警觉性增高、持续性回避、对创伤性经历的选择性遗忘以及对未来失去信心等。脑成像的相关研究发现，创伤后应激障碍患者在额-颞皮层存在机能性损伤，包括内侧前额叶、前扣带回、额眶皮层、杏仁核、海马及海马后部等脑区。这些脑区均与情绪的信息加工有关，这表明情绪对创伤后应激障碍患者的记忆存在直接影响，且情绪在记忆中占据优势地位。情绪记忆往往持久而强烈，创伤后应激障碍就是消极的经历和情绪记忆久久难以忘记而形成的心理障碍。创伤后应激障碍患者经历创伤性事件之后，记忆中形成了恐惧网络，该网络由创伤事件刺激信息、个体认知、行为和生理方面的反应信息、刺激与反应的联系信息组成。情绪刺激（创伤的遗留物）能激活恐惧网络，使网络中的信息进入意识，个体不断重复性体验创伤经历，既会表现出对情绪刺激的持续警觉性提高，又会表现出持续性回避症状。大量行为及脑成像研究均证实创伤后应激障碍患者存在情绪记忆优势，且该优势与杏仁核、海马、内侧颞叶及前额叶等激活有关。

创伤性事件可能会给患者带来长久的影响，因此应积极预防创伤事件的发生，在遭遇无法避免的创伤事件后应及时采取有效的心理干预，同时应涵盖所有的相关人群，不论是创伤的幸存者、旁观者还是援助者，都应该得到积极的关注，同时应特别关注那些情绪反应强烈的个体，通过恰当的心理疏导缓解创伤性经历的不良心理影响。

2. 对医护人员的情绪关注

对于公共卫生紧急事件中的援助者（如医护人员）来说，他们经常处于高压力、高风险、高强度的工作环境中，这极易引起医护人员紧张、焦虑的情绪，他们的心理健康状态遭受到极大的威胁，需要予以特别的关注。一项对新冠肺炎疫情期间援鄂护士的调查结果表明，公共卫生紧急事件中一线护理人员的焦虑水平较高，护理人员离开日常熟悉的工作环境前往抗击新冠肺炎疫情一线，工作量和职业风险骤增导致的精神紧张，加剧了负性情绪的产生。

医护人员是此类疫情相关的应急风险防控系统中的中坚力量，他们的情绪状态和心理健康水平应该得到应有的关注。为全面构建我国社会应急管理系统，应从各级医疗机构入手，加强、落实一线医护人员的心理关爱体制，让医护人员没有后顾之忧，从而提高我国预防和处置公共卫生紧急事件的综合能力，为未来可能发生的公共卫生事件做好准备。

3. 对公众的情绪治理

对于社会公众来说，类似于此次新冠肺炎疫情的公共卫生紧急事件会引起不同程度的个人恐惧和社会恐慌（social scare）。社会恐慌可以理解为某一事件和信息引起的社会大部分人的极度不安，是"一群面临威胁的人以一种不合作、不合理的方式作出的种种反应"。恐惧与社会恐慌在人群中都会传染，因相互感染而愈演愈烈。社会恐慌有一个不断累积、持续发酵、迅速扩散和突然爆发的过程。一旦形成了社会恐慌，会对公众造成大面积的心理不安全感，如果不能及时采取恰当的措施积极应对，时间久了会对社会的和谐稳定造成一定影响。信息传播是公众形成疫情风险认知之始，疫情期间，来源多样化、碎片化和透明度不足的信息肆意传播所带来的心理不适直接导致了公众的认知失调。公众通过网络搜索得到大量有关疫情的信息，一些模糊、杂乱、失实的信息在一定程度上影响了公众的社会认知，在个人恐惧基础上形成的情绪开始在信息的传播和人与人的互动过程中，形成了具有一定强度的社会恐慌。

在构建应急管理系统的过程中，加强社会情感治理非常重要，可以通过"由心而治"的路径实现目标，情感治理的目的在于增强正向社会情绪，消解负向情绪，使情感成为黏合剂，因此要关注社会情绪信号，发挥情绪动力机制，培育积极的社会心态，发挥社会情感作用。"由心而治"是指依循人类心理行为规律开展国家治理和社会治理，在社会应急管理系统中，微观层面上要关注个体心理治疗和心理疏导，宏观层面上要对社会心态进行有效的调节和引导，更重要的是为公众提供社会心理支持。

8.2.3　信息技术应用于生理情绪分析

在信息时代，随着互联网技术、生理信号技术和认知神经科学的发展，探索人体情绪引发的生理信息在实际生活和实践中的应用已经成为一个趋势。基于计算机和人机交互技术，情感计算逐渐成为情绪研究的新兴领域，情绪识别又是情感计算中不可或缺的一环，生理信号比其他指征如面部表情、语音语调、身体姿势等更难以伪装，因此，基于生理信号的情绪识别更准确，也能提供更丰富的信息。随着信息技术的发展和各种仪器在心理学中的应用，测谎技术不断升级，运用的仪器也越来越精确，包括事件相关电位、反应时分析法、嗓音压力分析技术和无接触测谎技术等。

1. 情感计算

（1）情感计算的定义

情感计算是指通过构建情绪状态而建立计算模型，对行为和生理信号进行分析，并基于测量到的情绪状态在人机之间建立情绪交互。其中最重要的一个环节是情绪识别（emotion recognition），即通过用户的行为和生理反应来辨识相应的情绪状态。

（2）情感计算的应用

随着有关生理信号的情绪识别研究逐渐深入，更多的研究者开始思考如何将研究成果转化和应用。传统的采集生理信号的方式是在实验室环境下完成的，采集过程需要精密的实验仪器以及一系列的准备过程和繁琐的操作程序，耗时耗力，且收集到的生理信号多数只能用于线下分析。近年来，微针型干电极技术的不断发展以及可穿戴设备的与时俱进，使得情绪识别的相关研究成果更加丰富。干电极生理信号采集系统采用无线通信技术，使用简便，不易受环境制约。有研究者采用14导干电极脑电帽采集被试的脑电数据，建立了实时监测高兴/不高兴（即正性/负性）识别系统，并基于该系统开发了两款游戏：头像游戏和奔跑游戏。头像游戏是用户高兴时呈现高兴的面孔和音乐，不高兴时则呈现不高兴的面孔和音乐；奔跑游戏是用户越高兴则游戏角色跑得越快，越不高兴则游戏角色跑得越慢。14导干电极脑电帽设备本身也能够实时识别多种情绪状态。

(3) 情感计算在心理应急系统中的应用

有研究者利用收集到的脑电资料构建了数据库，如DEAP数据库是用音乐视频诱发情绪并采集了连续的脑电信号及外周生理信号的公开数据库。随着未来技术的不断更新换代，基于生理信号的情绪研究必将在多个领域发挥重要作用，在社会心理应急管理系统中也会发挥重大作用。可以对受难者或其他相关人员的生理情绪信息进行采集，从而构建相应的生理情绪数据库，在实现数据共享的同时，会对相关研究领域进行更加深入的探索，也会促进和完善社会心理应急系统的构建。

2. 测谎技术

(1) 测谎技术原理

测谎，又称多导心理测试或多参量心理测试。测谎仪是一种科学的心理测试仪器，是根据情绪状态下个人不能控制其生理变化的原理来设计的。测谎仪主要采集呼吸、血压、皮肤电阻等自主神经的生理活动指标。具体的工作原理是，人在说谎时会不由自主地产生一定的心理压力，如果被试对主试的提问说谎，由于害怕谎言被揭穿而产生恐惧的情绪，而心理上的恐惧会引起被试生理指标的改变，测谎仪将生理上的变化以曲线形式记录下来，通过对图表进行分析，判定被试是否说谎。

(2) 测谎问卷技术

引发情绪发生的测谎问卷技术主要有两种：罪识测试法（Guilty Knowledge Test，GKT）和准绳问题测试法（Comparison Question Test，CQT）。具体来说，罪识测试法是把与犯罪有关的人、物、事的实物/照片呈现给罪犯或用言词刺激时，能更多地触发罪犯较强的生理反应；当把无关实物/照片呈现给罪犯或用言词刺激时，触发的生理反应比较弱。而对无辜者来说则没有这种差异。准绳问题测试法的编题方式包括两类主要问题：相关问题和准绳问题。相关问题是与被调查事件有直接关系的问题，即所要探明的谎言；准绳问题是与相关问题在同一范围内的几乎每个人都可能做过的普通的反社会行为。这一方法的假设使有罪者的注意力更集中于其所犯罪行上，所以他更关注相关问题，对相关问题的反应应超过准绳问题；而无辜者可能更担心自己的反社会行为被揭穿，因而对准绳问题的反应更强烈。这两种方法都提出了两类问题，一类问题与案件有关，一类问题与案件无关，通过比较两类问题的生理反应是否有差异来推断受测者是否在说谎。

(3) 测谎技术对心理应急系统的启示

随着信息技术的飞速发展，测谎技术也得到了不断的发展，计算机的应用也提升了其准确性。在司法领域和人事测评领域,测谎仪的研究和应用越来越受到人们的关注。从测谎仪发明、应用,直到今天,近一个世纪过去了,虽然它的使用在学术界备受争议,但不可否认的事实是测谎技术已经应用到了刑事司法领域和实际生活中。当发生涉及公众利益的事件时,测谎仪可以用来搜索更多的信息和证据,并且可在一定程度上判断信息的准确性,相信在应急心理管理系统中,测谎仪也能得到恰当的应用。

8.3 大数据在心理风险识别系统中的应用

随着现代经济社会的不断发展,人类所面临的风险也日益增多,如何规避风险使自身获得更好的发展,成为大家关注的焦点问题,因此,风险识别应运而生。

风险识别是指在风险事故发生之前,运用各种方法系统地、连续地认识所面临的各种风险以及分析风险事故发生的潜在原因。比如,在经济学中,风险管理人员会在收集资料以及调查研究的基础上运用各种方法对尚未发生的潜在风险以及客观存在的各种风险进行系统归类和全面识别,以期及时规避风险或降低风险发生的可能性,将损失降到最低。

利用大数据进行风险识别是风险管理的第一步,也是风险管理的基础,只有在正确识别出自身所面临风险的基础上,才能够主动地选择适当有效的方法及时进行处理,以避免造成更大的损失。

一直以来,风险识别被广泛地应用于经济学中,主要包括对环境风险、市场风险以及技术风险的识别等。然而,随着我国经济社会发展水平的不断提高以及综合国力的不断增强,风险识别已不仅仅局限在经济学中的运用。自党的十九大报告提出,"加强社会心理服务体系建设,培育自尊自信、理性平和、积极向上的社会心态",到十九届四中全会强调,"健全社会心理服务体系和危机干预机制,完善社会矛盾纠纷多元预防调处化解综合机制"以来,心理风险识别已逐渐成为部分心理学专家学者研究的新热点。随着 2019 年底以来新冠肺炎疫情在全球的持续蔓延,我国应急心理管理服务体系的建设更是达到了前所未有的高度,心理风险识别也逐渐进入大众视野[128]。

8.3.1 心理风险识别

心理风险识别是指及时发现存在严重心理问题甚至实施自伤、自杀等心理危机事件风险的个体。心理风险识别在学校、企事业单位等校园和工作场所颇具应用前景,良好的心理风险识别能力不仅可以及早发现问题、解决问题,以避免不必要的生命财产损失,还可以促进社会更加稳定和谐地发展,越来越重视心理风险识别能力的建设。

在加强心理风险识别能力建设的过程中,要坚持以下三点原则。

(1) 坚持全面推进的原则

在培养具有心理风险识别能力的个体时,要尽可能坚持全面推进的原则。以学校为例,不仅要对学校专职心理健康老师进行心理风险识别能力的培养,也要着意提高任课老师的心理风险识别能力,因为任课老师是日常生活中与学生接触最多的人,往往也是最容易觉察到问题的人。任课老师心理风险识别能力的提高,对及时规避学生因心理问题做出的某些风险行为将会有很大帮助。对企业而言,要在安全管理人员的队伍中普遍开展心理风险识别能力培养;在社区,要在社会工作者队伍中开展心理风险识别能力培养。总之,要把心理风险识别能力培养在应急管理队伍、社会治理队伍以及其他相关人员中全面推开。

(2) 坚持高水平、严要求的原则

要建立起专业的社会心理风险识别和管理队伍,既要有心理风险识别能力,也要有过硬的专业素质和实际解决心理问题的能力。例如,许多学校的心理辅导员不具备过硬的心理疏导能力,除了做一些简单的心理量表工作,不具备高水平的心理干预和疏导的经验和能力,不能帮助学生走出心理困境,即使识别了心理风险,也无益于问题的解决。当然,这种现象的出现和我国目前面临的心理学人才严重缺乏有关,需要系统解决。

(3) 坚持系统化原则

系统化是指要对服务对象和特定的需要进行心理风险识别的人群建立系统化的档案资料,这样既有助于了解和把握服务对象的心理情况,也有助于提早发现可能出现的心理问题,对心理风险识别会有很大帮助。以大学为例,在大学生的心理风险识别中,还可以在各个班级增设"心理健康委员"和"宿舍心理联络员"等职位,更好地帮助学生解决心理问题,帮助他们走出心理困境。

目前,国外心理风险识别已经发展得较为完善,特别是美国、英国等发达国家,已建有专业的心理风险识别机构,并配有专业的心理风险识别人员。而我国由于心理学起步较晚以及受经济、文化和社会发展状况等客观因素的影响和制约,心理风险识别的发展与西方发达国家相比还有一定差距,但随着政府、社会以及公民自身对心理问题的重视程度越来越高,建设完善的心理风险识别系统也是指日可待。

8.3.2 我国心理风险识别系统的发展

从2003年"非典"疫情、2008年南方冰冻灾害、"5·12"汶川特大地震到目前的新冠肺炎疫情,社会各界已经逐渐意识到灾难给公众带来的影响绝不仅仅是身体上的,给心理上造成的伤害甚至更为严重。因此,为了更好地保护公众,尽早提高公众抗击灾难的心理能力,心理风险识别在应急心理管理中的应用已经越来越占有举足轻重的地位。

为了可以更快更好地对公众进行心理风险识别,心理风险识别系统逐渐进入公众的视野。心理风险识别系统是指通过数据采集和分析形成一个数据系统,个体的各项心理或生理指标输入系统之后,可以自动与系统中的常模进行对照,系统会依据这些信息自动作出个体是否存在心理问题的诊断。心理风险识别系统大大提高了心理问题识别的速度和准确度,具体表现在以下三个方面。

第一，范围广。在传统的心理风险识别中，一名心理风险识别工作者识别百人是否具有心理问题已是相当困难，在一个社区中，至少需要两名心理识别工作者才能在灾难发生后，及时甄别出可能存在心理问题的个体，并及时进行帮扶工作。而面对一个区、一个市，所需心理风险识别工作者的数量之大更是难以想象。因此，在灾难来临之际，如果单纯依靠人工识别的方式，不仅会违背心理风险识别及早发现、及早干预的初衷，还可能会对识别的准确度产生影响，这都不利于灾难中对心理问题的及时干预和解决；而心理风险识别系统处理范围广、效率高，有利于及时识别灾害中公众的心理问题。

第二，精度高。人工识别心理风险的过程中难免会出现由于心理风险识别工作者疲惫等因素造成误诊或漏诊等情况，使得心理风险识别的准确度下降，甚至会对个体以后的发展造成难以估量的影响，后果不堪设想。心理风险识别系统的出现则很好地解决了这一问题，通过系统性的对照和分析，对每个个体都可以作出精确的判断，有效避免了人工识别时可能出现的问题。此外，人工识别也会出现不同的心理风险识别工作者掌握判定标准不一致的情况，虽然存在一定程度上的上下浮动是合理的，但这也很有可能造成对个体错误估计的情况，心理风险识别系统由于是一个系统、一套标准，几乎不会出现这样的情况。

第三，有条理。在以往人工识别心理风险的过程中，虽然也会将问题个体的信息及时录入资料系统，以备日后查验，但不同的工作者录入数据时由于个人工作习惯等原因，录入的数据格式、详细程度等都可能会存在一定的差异，这会导致录入的信息没有系统性和条理性，在查询个体信息时，无法同等程度地展现出不同个体的情况。心理风险识别系统则可以很好地避免这一情况，由于固定的程序设定，它在整理各个个体的信息时会更加有条理，更加直观，方便不同的工作人员及时查阅，这对尽早尽快解决存在心理问题风险的个体的心理问题也会有莫大帮助。

近年来，我国的应急心理管理不断发展，应急心理管理能力不断增强，特别是在经历过2003年抗击"非典"疫情的经验和教训后，政府更加重视对各级组织的应急心理管理能力的培养。2008年，国家开始启动以"一案三制"为核心的应急管理体系，这一体系在应对2008年"5·12"汶川特大地震、南方冰冻灾害和2013年雅安地震等重大灾害事件中发挥了重要作用，通过了实践的检验[129]。与2003年"非典"疫情和2008年"5·12"汶川特大地震的应急心理管理工作相比，我国针对本次新冠肺炎疫情的应急心理管理工作取得了很大的进步，具体表现在以下两个方面：第一，管理有序。在本次抗击新冠肺炎疫情工作中，上到国家，下到社区，都在用政府官微新闻公告、短信、张贴宣传单等方式每天及时向社会宣布新冠肺炎疫情的最新进展情况，保证信息透明，公众也不会再像抗击"非典"疫情时那样终日处在惶恐之中，时时刻刻担心自己是否有被感染的风险，最大程度地帮助公众减少了惶恐不安的情绪。第二，援助有径。在本次抗击新冠肺炎疫情过程中，通过国家应急管理部门和高校科研院所单位的安排组织，一大批有经验、有爱心、有方法的心理援助人员都可以有途径积极参与到心理援助工作中去，为来自全国四面八方的求助者提供心理援助。同时，需要心理援助的个体，不论是感染新冠肺炎的患者、新冠肺炎患者的家属，还是日日夜夜奋斗在抗疫一线的医护人员，都可以通过热线电话等各种途径寻求到专业心理援助人员的帮助。以上两个方面是在本次抗击新冠肺炎疫情中尤为突出的,这既是对国家应急心理管理能力提高的有力证明,也是对国家心理风险识别系统取得长足发展的充分肯定。

8.3.3 大数据应用于心理风险识别系统

随着心理风险识别在应急心理管理中正发挥着越来越重要的作用,建立一个完备成熟的心理风险识别系统就显得十分必要。

如何建立一个适合我国国情的心理风险识别系统,一直是心理学专家学者考虑的问题。想要建立心理风险识别系统,数据采集工作是必不可少的,但是令大多数心理工作者困惑的一个问题就是:怎样才能大范围地捕捉个体信息以获取更多个体的心理情况?随着信息技术的不断发展,这个困扰许久的问题也逐渐有了答案。

大数据(big data),又称"巨量资料"(mega data),是指具有海量的数据规模、快速的数据流转、多种数据类型、价值密度低的庞大数据组,往往具有实时性。当前,互联网已经走进了千家万户,与互联网一起产生的大数据无疑成为解决心理风险识别系统中数据采集问题的最佳选择。大数据具有高可扩展性、高性能、高容错、低延迟、易于使用、具有开放界面、向后兼容、低成本、支持异构环境等特点[130]。通过建立大数据工作平台,真正发挥大数据的强大作用[131]。大数据在心理风险识别系统中的作用主要体现在以下三个方面。

第一,信息量大。大数据可以提供的是所有使用互联网的公众在互联网上留下的足迹信息,包括搜索和浏览信息等,通过对大量的数据信息进行分析,可以对公众普遍的心理健康状况以及可能存在的心理问题风险有一个大致的了解,以便于及时制定相应的应急处理方案。

第二,精确分析。通过大数据分析不仅可以了解到公众普遍的心理健康状况,还可以在众多信息中定位到可能存在心理健康问题的个体,这是非常关键的一点,也是开发心理风险识别系统的核心目的。只有精确定位到可能存在心理健康问题的个体,才能及时对症下药,提前帮助这些个体解决问题。

第三,实时性强。大数据的特点之一就是实时性强,而这一特点在心理风险识别系统中显得尤为重要。正是因为大数据提供的数据信息是实时更新的,通过这些实时更新的数据可以及时了解到个体的心理健康状况,特别是在一些应急事件中,随着事件的发展,个体心理发生的新的变化是心理学者非常关心的一个问题。只要做到数据的实时更新,就能更好地把握个体心理健康发展的脉搏,及时对症下药,提前做好危机干预的预案,尽最大可能保护公众的心理健康安全[132]。

8.4 信息化技术支撑下的应急心理能力建设

要实现新时代的应急心理能力建设,需要将新一代信息技术与应急心理体系充分融合,利用高科技手段,辅助应急心理信息系统的建设,使应急心理能力建设实现信息化、数字化、智能化,以更好地服务于应急心理领域,更好地服务于民生大众。在科学方法的指导下,让应急心理管理有据可依,人民心理健康有据可依,实现对心理问题及时发现、及时解决,建立有效的闭环系统进行跟踪管理,从而有效推进人民心理健康建设,提升人民幸福感。

将新一代采集技术、识别技术与边缘计算技术充分有效地融合,可以大大扩展心理健康数据采集的范围与准确性。此外,相关领域最前沿的情绪识别技术、人脸识别技术、行为识别技术等的引入尝试,也能进一步扩大数据的覆盖面,使采集的数据更加完整、可靠、可用。

将新一代信息技术融合应用,分层次地建设应急心理能力,需要实现业务层面的大数据化,充分利用大数据分析技术、人工智能技术、云技术等,将心理健康数据与对应的业务应用相结合,以更完善、更精准地服务于管理应用,更有效地服务于人民心理健康建设。

应急心理能力建设需要系统性、体系化的思考,系统要完整闭环,充分考虑数据化建设的同时,也要注意引入最新一代的信息技术,将数据采集、数据传输、数据存储、数据分析处理、数据应用相结合,形成有机的、动态化的系统。此外还要做到心理健康数据来源清晰、传输途径清晰、存储方式可行、分析方法有效。要能将个体心理健康数据与群体心理健康数据结合管理和分析,实现对个体心理健康数据和群体心理健康数据的及时分析与长期观察,能够对个体心理健康数据及群体心理健康数据中出现的问题及时干预。系统性建设不仅要满足数据分析功能,更需要将其应用于现实中的群体干预和个体关怀,并将实施数据重新输入系统模型,形成迭代的数据环路系统,以不断完善系统,使得发现问题时能有明确的解决方法和路径。

参 考 文 献

[1] 张广利,赵云亭.特大城市社会心态风险:特征、机制与治理[J].长白学刊,2018(5):8.

[2] GILLIAN H, GENE R. A characterisation of the methodology of qualitative research on the nature of perceived risk: trends and omissions[J]. Journal of Risk Research, 2008, 11(5): 617.

[3] COHEN J, DEARNALEY E J, HANSEL C E M. The risk taken in crossing a road[J]. Opercational Research Quarterly, 1955, 6(3): 120-128.

[4] ZWAHLEN H T. Driver risk-taking: the development of a driver safety index[J]. Highway Research Record, 1973.

[5] HU Z H, SHEU J B. Post-disaster debris reverse logistics management underpsychological cost minimization[J]. Transportation Research Part B: Methodological, 2013, 55(9): 118-141.

[6] 李俊岭,牛梦英,李利利.备选项序列特征对动态决策行为影响的实验研究[J].河北师范大学学报(哲学社会科学版),2009,32(2):160-164.

[7] 张桂清,徐寅峰.概率预期下在线报童问题的最小风险策略[J].中国管理科学,2010,18(6):131-137.

[8] VORST H. Evacuation models and disaster psychology[J]. Procedia Engineering, 2010, 3:15-21.

[9] GE X X, DONG W, JIN H Y. Study on the social psychology and behaviors in a subway evacuation drill in China[J]. Procedia Engineering, 2011, 4(11): 112-119.

[10] 李华强,王顺洪,范春梅,等.突发性灾害中的公众恐惧心理及其应急管理研究[J].华东经济管理,2011,25(9):36-40.

[11] 章志红,兰华,朱小康,等.洪灾后安置期受灾群体焦虑状况及影响因素[J].中国健康心理学杂志,2013,21(2):248-249.

[12] 魏玖长,韦玉芳,周磊.群体性突发事件中群体行为的演化态势研究[J].电子科技大学学报(社会科学版),2011,13(6):25-30.

[13] 曹庆奎,王海新,任向阳.考虑受灾人员恐慌心理的应急资源配置研究[J].物流科技,2016,39(3):1-3.

[14] 王旭坪,马超,阮俊虎.考虑公众心理风险感知的应急物资优化调度[J].系统工程理论与实践,2013,33(7):1735-1742.

[15] 徐选华,薛敏,周声海,等.芦山地震个体心理风险影响因素及应对策略研究[C]//中国管理现代化研究会,复旦管理学奖励基金会.第八届(2013)中国管理学年会——管理与决策科学分会场论文集,2013.

[16] TOM C, AMANDA G. Commentary Ⅲ: monitoring the changing organization of work: a commentary [J]. Sozial-und PrVentivmedizin, 2003, 48(6): 354-355.

[17] STAMATOGIANNI E,ANYFANTIS I D,DIMOPOULOS C,et al. Validating the accuracy of ESENER-Ⅱ in assessing psychosocial risks for the case of micro firms in Cyprus[J]. Safety Science,2019,120:783-797.

[18] MIRZA M Z,ISHA A S N,MEMON M A,et al. Psychosocial safety climate,safety compliance and safety participation:the mediating role of psychological distress[J]. Journal of Management & Organization,2019,35:1-16.

[19] PIKHART H,PIKHAR T J. The relationship between psychosocial risk factors and health outcomes of chronic diseases:a review of the evidence for cancer and cardiovascular diseases[M]. Copenhagen:WHO Regional Office for Europe,2015:156-162.

[20] 余善法. 关注工作场所社会心理危险因素及其预防控制[J]. 环境与职业医学,2020,37(3):218-224.

[21] HANS S. The stress of Life[M]. New York:McGraw-Hill,1956:56-65.

[22] 时勘. 灾难心理学[M]. 北京:科学出版社,2010:4-50.

[23] 杨雪冬. 风险社会理论述评[J]. 国家行政学院学报,2005(1):87-90.

[24] 杜仕菊,程明月. 风险社会中的社会心态表征与重塑[J]. 甘肃社会科学,2020(4):52-59.

[25] 王小章. 论焦虑——不确定性时代的一种基本社会心态[J]. 浙江学刊,2015(1):11.

[26] BECK U. Risk society:Towards a new modernity[M]. London:Sage,1992:10.

[27] 彭小兵. 论"中国梦"与公共精神的培育[M]//吴康明,张四平."中国梦"与政府建设. 北京:光明日报出版社,2014:119-122.

[28] 安东尼·吉登斯. 现代性的后果[M]. 田禾,译. 南京:译林出版社,2000.

[29] 约翰·杜威. 确定性的寻求[M]. 傅统先,译. 上海:上海人民出版社,2005.

[30] 中共中央马克思恩格斯列宁斯大林著作编译局. 马克思恩格斯文集(第1卷)[M]. 北京:人民出版社,2009.

[31] 杨宜音. 个体与宏观社会的心理关系:社会心态概念的界定[J]. 社会学研究,2006(4):117-131.

[32] 弗里德曼. 选择的共和国[M]. 高鸿钧,等,译. 北京:清华大学出版社,2005.

[33] 丹尼尔·贝尔. 资本主义文化矛盾[M]. 赵一凡,等,译. 北京:三联书店,1989.

[34] 秦攀博. 城市公共安全风险治理中的社会心理及其干预[J]. 特区实践与理论,2014(1):87-90.

[35] 段媛媛. 新时代城市公共安全危机成因的五大维度[J]. 上海城市管理,2019,28(6):84-88.

[36] 薛晓源,刘国良. 全球风险世界:现在与未来——风险社会理论创始人乌尔里希·贝克教授访谈录[J]. 马克思主义与现实,2005(1):44-55.

[37] 乌尔里希·贝克. 风险社会[M]. 何博闻,译. 南京:译林出版社,2004.

[38] 范如国. "全球风险社会"治理:复杂性范式与中国参与[J]. 中国社会科学,2017(2):89-92.

[39] BRIAN U. Complex systems—A new paradigm for the integrative study of management,physical,and technological systems[J]. Management Science,2007(7):45-49.

[40] 胡象明,张丽颖. 新中国70年社会稳定风险治理模式的探索与创新[J]. 行政论坛,2019(7):32-36.

[41] 葛敏,陈晓平,吴凤平. 基于灾害链情景下应急资源网络优化的配置策略[J]. 统计与决策,2017(22):102-105.

[42] 曹惠民. 治理现代化视角下的城市公共安全风险治理研究[J]. 湖北大学学报(哲学社会科版),2020

(1):67-69.

[43] 周晓虹.现代社会心理学[M].上海:上海人民出版社,2011:451.

[44] VAN Z M,Postmes T,Spears R. Toward an integrative social identity model of collective action:A quantitative research synthesis of three socio-psychological perspectives[J]. Psychological Bulletin,2008,134(4):504-535.

[45] 韩运荣,黄田园.我国当前社会问题舆论调控研究[M].北京:中国传媒大学出版社,2011:42.

[46] Sorokin P A,Carle C Z. Principles of rural-urban sociology[M]. New York:Henry Holt and Company,1929.

[47] 山鹿城次.城市地理学[M].武汉:湖北教育出版社,1986.

[48] 沃纳·赫希.城市经济学[M].北京:中国社会科学院出版社,1990.

[49] 林国先.论城镇化的道路选择与制度供给[J].中国农村经济,2002(8):67-71.

[50] NORTHAM R M. Urban geography[M]. New York:John Wiley & Sons,1975.

[51] 贺韵竹.城市化进程中公交服务商业模式创新研究[D].大连:大连海事大学,2020.

[52] 联合国国际人口学会.人口学词典[M].杨魁信,等,译.北京:商务印书馆,1992.

[53] 刘铮.人口学辞典[M].北京:人民出版社,1986.

[54] 傅允生.城市化逻辑与进程:中国的实践[J].浙江学刊,2019(1):4-13.

[55] 肖子华,等.人口流动与社会融合:理论、指标与方法[M].北京:社会科学文献出版社,2018(3):3.

[56] 吴瑞君.关于流动人口涵义的探索[J].人口与经济,1990(3):53-55.

[57] 段成荣,等.我国流动人口统计口径的历史变动[J].人口研究,2006(7):70-76.

[58] 顾朝林,吴莉娅.中国城市化研究主要成果综述[J].城市问题,2008(12):2-12.

[59] FERNANDO R,DAVID F. A comprehensive framework for ecotourism and wetland restoration:the case of Bogotá,Colombia[J]. Journal of Ecotourism,2014,13(2-3):128-151.

[60] 司鹄,贾文梅.城市公共安全风险评估指标敏感性分析[J].中国安全生产科学技术,2014,10(11):71-76.

[61] 董晓峰,王莉,游志远,等.城市公共安全研究综述[J].城市问题,2007(11):71-75.

[62] 罗云.小康社会安全生产发展战略研究[C]//中国职业安全健康协会.中国职业安全健康协会首届年会暨职业安全健康论坛论文集,2004:7.

[63] 田玉国.英国城市交通安全管理的调查与思考[J].中国安全生产科学技术,2012,8(5):203-206.

[64] 刘承水.基于因子分析和模糊神经网络的城市公共安全评价研究[J].北京城市学院学报,2010(1):31-37.

[65] 佟瑞鹏,王露露,杨校毅,等.社会心理风险因素对工人行为安全影响机制研究[J].中国安全科学学报,2020,30(8):18-24.

[66] 白玉苓.工作压力、组织支持感与工作倦怠关系研究[D].北京:首都经济贸易大学,2010.

[67] 苏悦,刘明明,赵楠,等.基于社交媒体数据的心理指标识别建模:机器学习的方法[J].心理科学进展,2021,29(4):571-585.

[68] 金国华.城市公共安全社会心理研究[M].上海人民出版社,2014.

[69] 朱力.中国社会风险解析——群体性事件的社会冲突性质[J].学海,2009(1):69-78.

[70] 张艳华. 乌合之众：大众心理研究[M]. 北京：清华大学出版社，2017.

[71] 于建嵘. 社会泄愤事件中群体心理研究——对"瓮安事件"发生机制的一种解释[J]. 北京行政学院学报，2009(1)：1-5.

[72] 刘晓君，杨菁. 重大突发事件中公众安全感的影响因素研究——基于32起事件网络爬虫数据的QCA分析[J]. 风险灾害危机研究，2018(1)：22.

[73] 李明欢. 20世纪西方国际移民理论[J]. 厦门大学学报(哲学社会科学版版)，2000(4)：12-18.

[74] 刘峰，佐斌. 群际情绪理论及其研究[J]. 心理科学进展，2010(6)：8.

[75] 龙迪. 心理危机的概念、类别、演变和结局[J]. 青年研究，1998(12)：42-45.

[76] 胡玲，韦静. 突发重大疫情引起的群体恐慌心理分析与干预——以新型冠状病毒事件为例[J]. 湖北经济学院学报(人文社会科学版)，2020，17(10)：17-19.

[77] 孟博，刘茂，李清水，等. 风险感知理论模型及影响因子分析[J]. 中国安全科学学报，2010，20(10)：59-66.

[78] SOWBY F D. Radiation and other risks[J]. Healthy Physics，1965，11(9)：879.

[79] SLOVIC P. Perception of risk[J]. Science，1987，236(4799)：280-285.

[80] LANGFORD I H，MARRIS C，MCDONALD A L，et al. Simultaneous analysis of individual and aggregate responses in psychometric data using multilevel modeling[J]. Risk Analysis，1999，19(4)：675-683.

[81] 方曼. 风险感知跨学科研究的理论进展与范式变迁[J]. 国外理论动态，2017(6)：117-118.

[82] KASPERSON J X，KASPERSON R E，PIDGEON N，et al. The social amplification of risk：assessing fifteen years of research and theory[J]. The Social Amplification of Risk，2003(1)：13-46.

[83] SIMON H A. The new science of management decision[M]. New York：Harper & Brothers Publishers，1960.

[84] 汪胤. 皮尔士现象学及其意义[J]. 上海交通大学学报(哲学社会科学版)，2008(2)：59-65.

[85] 杜骏飞. 危如朝露：2010—2011中国网络舆情报告[M]. 浙江大学出版社，2011.

[86] 谢晓非，徐联仓. 公众在风险认知中的偏差[J]. 心理学动态，1996.

[87] GIDDENS A. The consequences of modernity[M]. Cambridge，UK：Polity，1990.

[88] PAVLOU P A. Consumer acceptance of electronic commerce：integrating trust and risk with the technology acceptance model[J]. International Journal of Electronic Commerce，2003，7(3)：101-134.

[89] 牟笛，陈安. 突发公共卫生事件多维智库研判模型及其应用[J]. 农业图书情报学报，2020，32(4)：15-22.

[90] 杨宜音，王俊秀，等. 当代中国社会心态研究[M]. 北京：社会科学文献出版社，2013.

[91] 王俊秀. 社会心态理论：一种宏观社会心理学[M]. 北京：社会科学文献出版社，2015.

[92] 张继亮，王映雪. 制度与伦理：社会疫情治理中规范个体理性行为的双重路径[J]. 阅江学刊，2020，12(2)：67-75.

[93] 张岩. 非常规突发事件态势演化和调控机制研究[D]. 合肥：中国科学技术大学，2011.

[94] CRAIG C. A world of emergencies：fear，intervention and the limits of cosmopolitan order[J]. The Canadian Review of Sociology and Anthropology，2004，41(4)：373-395.

[95] 陈刚,谢科范,刘嘉,等.非常规突发事件情景演化机理及集群决策模式研究[J].武汉理工大学学报(社会科学版),2011,24(4):458-462.

[96] 杨宜音.个体与宏观社会的心理联系:社会心态概念的界定[J].社会学研究,2006(4):117-131.

[97] STARR C. Social benefit versus technological risk[J]. Science, 1969, 165(3899): 1232-1238.

[98] Thomson M E, ÖNkal D, Gülbanu G. A cognitive portrayal of risk perception in Turkey: some cross-national comparisons[J]. Risk Management, 2003, 5(4): 25-35.

[99] SAAKVITNE K W. Transforming the pain: A workbook on vicarious traumatization for helping professionals who work with tramatized clients[M]. New York: W. W. Norton, 1996.

[100] 朱天,马超.互联网情绪传播研究的新路径探析[J].现代传播(中国传媒大学学报),2018,40(6):139-144.

[101] 于建嵘.守住社会稳定的底线[J].看世界,2010(7):34-35.

[102] 陈力丹.舆论学:舆论导向研究[M].北京:中国广播电视出版社,1999.

[103] 古斯塔夫·勒庞.乌合之众:大众心理研究[J].北京:法律出版社,2011.

[104] 邹建华.微博时代的新闻发布与舆论引导[M].中共中央党校出版社,2012.

[105] 人民网舆情监测室.指尖上的"政"能量[M].人民日报出版社,2013.

[106] 张淑华,孙保营.云生活与后媒体时代的舆论场重构[M].郑州:郑州大学出版社,2016.

[107] 衣俊卿.文化哲学十五讲[M].北京:北京大学出版社,2004:41-42.

[108] 谢菊.应急文化视阈下的社会组织研究[J].新视野公共管理变革,2011(3):44-46.

[109] 潘俊杰.坚持以人为本　形成整体合力——浙江省应急管理专家组组长陈荣谈应急文化建设[J].中国应急管理,2013(5):46-49.

[110] 夏保成,王碧,陈安.从灾难影视中看中外应急文化[J].河南理工大学学报(社会科学版),2015,16(3):297-301.

[111] 张华文,陈国华,颜伟文.城市社区应急文化体系构建研究[J].灾害学,2008(4):101-105.

[112] 张鹏.对大城市的应急文化建设的思考[J].辽宁行政学院学报,2010(3):15.

[113] 薛澜.学习四中全会《决定》精神,推进国家应急管理体系和能力现代化[J].公共管理评论,2019,1(3):33-40.

[114] 李昊青,刘国熠.关于我国应急文化建设的理性思考[J].中国公共安全(学术版),2013(2):34-39.

[115] 李仲良,卢芳革.试论我国应急精神文化对"新冠肺炎抗疫"的作用和影响[J].企业科技与发展,2020(8):217-218,221.

[116] 新华社.充分发挥我国应急管理体系特色和优势　积极推进我国应急管理体系和能力现代化[N/OL].(2019-11-30). http://www.gov.cn/xinwen/2019/11/30/content_5457226.htm.

[117] 新华网.中共中央关于坚持和完善中国特色社会主义制度推进国家治理体系和治理能力现代化若干重大问题的决定[N/OL].（2019-11-05）. http://www.xinhuanet.com/politics/2019-11/05/c_1125195786.htm.

[118] 人民网.共同创造亚洲和世界的美好未来[N/OL].(2013-04-08). http://politics.people.com.cn/n/2013/0408/c1024-21047504.html.

[119] 赵千里.新时代"四位一体"应急文化建设模式——金川集团股份有限公司文化建设实践[J].中国应

急管理,2019(2):27-29.
[120] 宋官东.对从众行为的新认识[J].心理科学,1997(1):88-90.
[121] 王昕.突发事件下公众心理应激障碍因素影响机制及态势研究[D].秦皇岛:燕山大学,2017.
[122] 马君英.替代性创伤研究述评[J].医学与社会,2010,23(4):91-93.
[123] 新华社评论员.加强应急管理体系和能力建设[N/OL].(2019-12-03). http://www.qstheory.cn/llwx/2019-12/03/c_1125301883.htm.
[124] 沈庭芝,方子文.数字图像处理及模式识别[M].北京理工大学出版社,1998.
[125] 马存根,朱金富.医学心理学与精神病学[M].北京:人民卫生出版社,2019.
[126] 徐晓天.基于脑电与眼动的多通道交互控制技术研究[D].南京:南京大学,2018.
[127] 沈模卫,李新宇.心理学在高新技术领域的应用[J].心理与行为研究,2011(增刊):17-20.
[128] 陈雪峰,傅小兰.抗击疫情凸显社会心理服务体系建设刻不容缓[J].中国科学院院刊,2020,35(3):256-263.
[129] 王俊秀.社会心理服务体系建设与应急管理创新[J].学术前沿,2019(5):22-27.
[130] 张丛铄.基于大数据的研究生心理危机预警机制的构建[J].中国新通信,2020,22(2):80-81.
[131] 余成武.大数据背景下高校心理危机预警工作的困境与对策[J].锦州医科大学学报,2017,15(4):80-83.
[132] 王春秀."大数据"范式与"新媒体"无感干预——大学生心理危机防范的新路径[J].沈阳大学学报,2019,21(3):328-332.